DIREITO PRIVADO, RAZÃO E JUSTIÇA

DIREITO PRIVADO, RAZÃO E JUSTIÇA

2023

Cláudio Michelon

DIREITO PRIVADO, RAZÃO E JUSTIÇA
© Almedina, 2023
AUTOR: Cláudio Michelon

DIRETOR ALMEDINA BRASIL: Rodrigo Mentz
EDITORA JURÍDICA: Manuella Santos de Castro
EDITOR DE DESENVOLVIMENTO: Aurélio Cesar Nogueira
ASSISTENTES EDITORIAIS: Larissa Nogueira e Letícia Gabriella Batista
ESTAGIÁRIA DE PRODUÇÃO: Laura Roberti

DIAGRAMAÇÃO: Almedina
DESIGN DE CAPA: Roberta Bassanetto

ISBN: 9786556278834
Julho, 2023

Dados Internacionais de Catalogação na Publicação (CIP)
(Câmara Brasileira do Livro, SP, Brasil)

Michelon, Claudio
Direito privado, razão e justiça / Claudio Michelon. -- 1. ed. -- São Paulo : Almedina, 2023.
ISBN 978-65-5627-883-4
1. Direito privado - Brasil 2. Inconstitucionalidade das leis 3. Justiça I. Título.

23-153158   CDU-347(81)

Índices para catálogo sistemático:

1. Brasil : Direito privado 347(81)
Aline Graziele Benitez - Bibliotecária - CRB-1/3129

Coleção IDiP
Coordenador Científico: Francisco Paulo De Crescenzo Marino

Este livro segue as regras do novo Acordo Ortográfico da Língua Portuguesa (1990).

Todos os direitos reservados. Nenhuma parte deste livro, protegido por copyright, pode ser reproduzida, armazenada ou transmitida de alguma forma ou por algum meio, seja eletrônico ou mecânico, inclusive fotocópia, gravação ou qualquer sistema de armazenagem de informações, sem a permissão expressa e por escrito da editora.

EDITORA: Almedina Brasil
Rua José Maria Lisboa, 860, Conj.131 e 132, Jardim Paulista | 01423-001 São Paulo | Brasil
www.almedina.com.br

Para o Gabriel

PREFÁCIO

Judith Martins Costa[1]

Que a Filosofia venha com frequência a incubar o Direito Privado é uma verdade histórica. Foi assim no Direito Romano, com o estoicismo a se projetar no pensamento ciceroneano, influenciando o programa humanista – de *iure civile in artem redigendo*[2]; no Iluminismo racionalista do século XVIII, resultante na Codificação Moderna[3]; no pensamento de Leibniz que possibilitou a concepção de uma Parte Geral de códigos civis, como o germânico e o nosso[4]; no utilitarismo, refletido, por exemplo, nas regras consequencialistas hoje constantes da Lei de Introdução às Normas do Direito Brasileiro. Ainda assim, são raras, ao menos na bibliografia brasileira, as reflexões acerca das relações entre Filosofia e Direito Privado. Que laços existem entre a Lei, a Jurisprudência e a Filosofia do direito positivo, *in concreto* considerada? Quais foram as ideias filosóficas que frutificaram em nosso Direito Privado, quer seja compreendido como complexo de institutos e regras (isto é, como

---

[1] Doutora e Livre Docente em Direito Civil pela Universidade de São Paulo. Foi professora de Direito Civil na Faculdade de Direito da Universidade Federal do Rio Grande do Sul. É Presidente do Instituto de Estudos Culturalistas – IEC.

[2] *In artem* a significar o método dialético. Da obra restaram apenas fragmentos, sendo compatível com o que está no *De Oratore*, Li. I, XLII, edição bilíngue, tradução francesa de Désiré Nisard. In: *Oeuvres Complètes de Ciceron*. Tomo I. Paris: Firmin Didot, 1899, p. 204-205.

[3] Entre a torrencial bibliografia, *e.g.*, SÈVE, René. Systeme et Code. *Archives de philosophie du droit*, vol. 31, 1986, p. 71; WIEACKER, Franz. *História do Direito Privado Moderno*. Trad. de António Manuel Hespanha. Lisboa: Fundação Calouste Gulbenkian, 1983, p. 280 e ss.

[4] Tentei averiguar essas relações em MARTINS-COSTA, Judith. O sistema na Codificação Civil brasileira: de Leibniz a Teixeira de Freitas. *Revista da Faculdade de Direito da UFRGS*, vol. 17, 1999, p. 189-203.

direito positivo), quer como termo de referência da reflexão científica, logo, como ciência do Direito ou "sapiência jurídica", como diriam os mais antigos?

A essas indagações de partida, muitas outras podem ser acrescidas. O que significa Direto Privado? Seria o campo da experiência jurídica que interessa aos privados? Seus institutos e regras comportariam interesses coletivos ou mesmo o interesse público? Quais os critérios de justiça que o polarizam – a justiça comutativa, o *do ut des* da relação interprivada, apenas, como é tradicionalmente assente, ou, por igual, a justiça distributiva que interessa ao círculo amplo da sociedade? Qual é o objeto, qual é a *arché* do Direito Privado? Qual é a função de sua doutrina, de onde provém sua autoridade?

Essas e outras instigantes questões formam o objeto das reflexões de Cláudio Michelon, que conheci nos finais do século transcurso como aluno da Faculdade de Direito da Universidade Federal do Rio Grande do Sul – já então, um jovem brilhante, indagador e reflexivo, tanto que logo o convidei para a monitoria da disciplina Teoria Geral do Direito Privado, que eu então coordenava. Em seguida, fomos colegas naquela Faculdade, Cláudio tendo ingressado na docência já então Mestre (UFRGS, 1996) e Doutor (Universidade de Edimburgo, 2001). Em 2006, esses laços tiveram uma inflexão. Eu tomava a decisão de deixar a universidade, intento sofrido e, afinal concretizado em 2010; Michelon, aprovado em concurso para a docência na Universidade pela qual obtivera seu doutorado, iniciava sua formidável carreira europeia, sendo hoje Diretor do *Edinburgh Centre of Philosophy of Law*, Professor Catedrático de Filosofia do Direito da Universidade de Edimburgo, Escócia. Nunca nos afastamos, porque as afinidades eletivas têm a vantagem de independer de um *locus* institucionalizado. Por seu lado, Cláudio jamais se absteve de olhar com atenção e perspicácia às suas origens, ao Direito positivo brasileiro, cultuando como poucos a *sapientia iuris*, como dá conta esse *Direito Privado, Razão e Justiça* agora acrescido à sua relevante obra na Filosofia e no Direito[5] e o qual tenho a alegria imensa de prefaciar.

---

[5] Entre outros: *Aceitação e objetividade*: uma comparação entre as teses de Hart e do positivismo precedente sobre a linguagem e o conhecimento do Direito. São Paulo: Revista dos Tribunais, 2004; *Direito Restituitório*. São Paulo: Revista dos Tribunais, 2006; *Being Apart from Reasons*: The Role of Reasons in Public and Private Moral Decision-Making. Dordrecht: Springer, 2006; Lawfulness and the perception of legal salience. *Jurisprudence*, vol. 9, n. 1, 2018, p. 47-57; What has Private Law ever done for Justice? *Edinburgh Law Review*, vol. 22, n. 3, 2018, p. 329-346; Legal inquiry and legal arguments. *Netherlands Journal of Legal Philosophy*, vol. 2, 2022, p. 170-178.

Nesse precioso livro, Michelon reúne estudos produzidos desde o ano de 2002. Mas, em rigor cronológico, sua reflexão recai sobre os temas que o preocupam desde aqueles bons anos 1990, quando um projeto acadêmico de qualidade, sob a liderança de Clóvis do Couto e Silva, pareceu possível em terras gaúchas. Creio não estar equivocada ao perceber no que agora está desenvolvido e exposto neste livro com integral maturidade pelo Autor os ecos de temas e discussões então travadas em nossos seminários, como se esses fossem sementes que agora brotam com vigor. Nutrida sua inteligência pela experiência desde então desenvolvida, resulta um fundo mergulho nas questões de saber "que coisa é o Direito Privado", o que está em seu substrato, quais são os significados de sua trama conceitual, como se interrelacionam Direito positivo e justiça, de onde provêm e como ali se expressa a autoridade da razão, quais os modelos intelectuais estruturantes do pensamento doutrinário, como raciocinam – e se podem conciliar – filósofos e juristas.

O foco da Primeira Parte está voltado ao mais clássico dos temas da Filosofia do Direito, qual seja, as conexões entre o Direito Privado e a "virtuosa circularidade" mantida com a justiça, especialmente na alocação de bens. O tema da alocação, é dizer, da atribuição, pela ordem jurídica, de um determinado bem a um determinado alguém, fora objeto da atenção de Michelon sob a ótica do Direito Positivo, sendo de sua autoria a mais aguda análise, em minha opinião, acerca da disciplina do Direito Restitutório na doutrina brasileira[6]. Agora o filósofo se conjuga ao jurista e advogado que também é, dessa conjugação resultando uma das respostas possíveis à questão de saber quais são as interconexões entre a Filosofia e o Direito Positivo. Esse é um dos pontos marcantes da originalidade do pensamento de Michelon ao voltar ao clássico tema de uma perspectiva própria, inusual e nada trivial. Sua reflexão sobre as relações entre o Direito Privado e a justiça vai para muito além das corriqueiras respostas acerca da relação *causal* entre suas regras e uma justa alocação de recursos na sociedade. Essa relação, sustenta o Autor, é verdadeiramente *constitutiva*. Sendo linguagem normativa e muitas vezes performativa, o Direito viabiliza, funcionalmente, as concepções de justiça comutativa e distributiva ao alocar um bem em particular a uma pessoa em particular e, consequentemente, ao disciplinar as migrações interpatrimoniais. Sem o Direito Positivo, afirma, nem a justiça comutativa, nem a distributiva, podem realizar suas funções.

---

[6] Refiro-me a: MICHELON, Cláudio. *Direito Restituitório*. São Paulo: Revista dos Tribunais, 2006.

Os dois primeiros ensaios da Primeira Parte[7] preparam o terreno para investigar como e em que medida Filosofia e Economia se encontram na busca dos fundamentos econômicos e não econômicos para a defesa do consumidor[8]. Ultrapassando as explicações por vezes rasas dos argumentos de *Law and Economics* ou aqueles da vulgata consumerista, o Autor situa a vulnerabilidade do consumidor como *topos* útil à articulação de formas de justiça cuja importância prática vem logo enunciada: sendo a Economia elemento de um processo de justificação do Direito do Consumidor, argumentos sobre o impacto estatístico de certas formas de regulação nas estruturas motivacionais de agentes sociais podem auxiliar na construção de modelos que permitam antecipar as consequências da regulação, não apenas em perspectiva macroeconômica, mas, igualmente, em outros aspectos da vida social. No substrato do ensaio está o debate, ainda não encerrado, entre ética utilitarista e ética dos deveres.

A Primeira Parte da obra encerra ainda outra dualidade, formada pelo par conceitual "deveres primários e deveres secundários". Voltando-se à estrutura dos deveres componentes da relação obrigacional, o Autor toma como mote a tese de John Gardner acerca da continuidade entre o dever de cumprir e o de indenizar para questionar: entre o dever primário de prestação e o dever secundário substitutivo – nomeadamente, o dever de indenizar – haveria um laço de continuidade ou de identidade? Transpondo a questão para o Direito positivo brasileiro: se acaso não cumprida a prestação "no tempo, lugar e forma que a lei ou a convenção estabelecer", como enuncia o art. 394 do Código Civil, qual seria a relação entre o dever primário incumprido e o dever de indenizar consequente ao incumprimento, comandado pelo artigo 389?

Analisando a tese da continuidade e a da identidade e as objeções arguidas a uma e a outra, sustenta Michelon oferecer, a tese da continuidade, uma estrutura melhor para entender a relação entre o dever primário de prestar e o dever destinado a corrigir a falta da prestação. O entendimento do filósofo, que é *esclarecimento*, no sentido literal dessa palavra, confere clareza sobre enquadramento e implicações das teorias sobre os deveres, pois podemos perceber que cada uma dessas duas teorias, considerando diferentes razões normativas, resulta em também diferentes implicações. Sua análise

---

[7] Respectivamente: "A Virtuosa Circularidade: Direito Positivo e Justiça Particular"; e "O que o Direito Privado já fez pela Justiça?".
[8] No ensaio "Fundamentos Econômicos e não-econômicos para a defesa do consumidor".

possibilita, assim, melhor afinar o nosso pensamento para que realizemos uma correta fundamentação (inclusive ao nível da prática jurídica) sobre os deveres primários e os deveres secundários de prestação.

Ainda outro tema clássico habita a Segunda Parte, a saber: quais são as relações entre as esferas pública e privada, componentes quer da vida humana, quer do Ordenamento? Dessa indagação descendem outras, igualmente inquietantes. O Direito Privado tem ou não uma natureza pública? Como se estruturam e se articulam ambas com o Direito? Se privado é o terreno do *oikós* e público o domínio da *polis*, como ignorar a relevância política da esfera privada? Há *distinção* entre as esferas, ocorrendo, embora, mútuos reflexos, múltiplas interconexões entre ambas? Ou há *dicotomia*, a razão dicotômica sendo *per se* excludente, isolacionista de uma e de outra[9]?

Analisando finamente as diferentes posições sobre tema e desvendando o seu por vezes encapuçado fundo ideológico, sugere Michelon servirem as instituições políticas (dentre elas, o Direito) como uma alternativa ao solipsismo pós-moderno, à 'coisificação" do outro, do que vive conosco nesse *intermundo* do qual falou Merleau-Ponty[10]. O Direito Privado – estrutura institucional que torna "certos tipos de ação necessariamente relacionais" –, embora não carregue um antídoto contra a "coisificação" do outro, é o meio para a conexão entre as duas esferas. Seus princípios e regras impositivos de um comportamento correto, viabilizam as interações dos agentes privados no espaço privado, preservando a noção de este ser ainda um espaço de conexões livremente estabelecidas. Adere, assim, à tese da distinção, mas não à perspectiva dicotômica.

O tema é atualíssimo, dados os desvios que têm sofrido o conceito de "liberdade" em nossos dias. E, em passagem que – confesso – eu gostaria de ter escrito, afirma: "Essa é a função pública do direito privado: preencher com a noção de respeito mútuo o espaço privado, ambiente no qual não se pode presumir que as necessidades e os interesses de cada agente serão levados em consideração pelos demais agentes. O direito privado torna cogentes determinadas formas de comportamento que promoveriam o respeito mútuo"[11].

---

[9] Assim a distinção apresentada por BOBBIO, Norberto. *Estado, Governo, Sociedade*: para uma teoria geral da política. 9 ed. São Paulo: Paz e Terra, 2001.
[10] A expressão é do filósofo Maurice Merleau-Ponty (*O visível e o invisível*. Trad. de José Artur Giannotti e Armando Mora. 4ª ed. 2ª reimp. São Paulo: Perspectiva, 2005).
[11] Nesta obra, p. 124.

Finalmente, na Terceira Parte, o olhar se volta à doutrina, essa produtora de "modelos hermenêuticos" que, secularmente, têm construído o edifício do Direito Privado ao propor explicitações e significações ao discurso da lei e da jurisprudência.

A Filosofia do Direito, assinalou Guastini, atividade fundamentalmente conceitual, consiste em modelar os conceitos aptos a descrever o Direito positivo[12]. Nada a estranhar, pois, que Michelon se tenha detido, desde há vinte anos, a mapear as diversas concepções de *arché* no Direito Privado, tema de um dos seus primeiros textos[13]. Esse estudo prossegue com um ensaio que especialmente me honra acerca da autoridade da doutrina[14], no qual, adotando estratégia oposta à dos intelectuais da Idade Média (que, sitiados, se encastelaram em mosteiros esperando que a onda da barbárie arrefecesse), propõe enfrentar – isto é: olhar de frente – o problema da ausência de refinamento doutrinário e seus reflexos na construção dos modelos hermenêuticos, mister próprio à doutrina. Quais serão as formas inferenciais e as estruturas argumentativas compartidas pelos participantes da tradição doutrinária? Quais são, enfim, as estruturas racionais centrais da doutrina jurídica?

O problema ao qual aponta, agudizado ao paroxismo em nossos dias pela explosão dos meios de divulgação da palavra escrita e falada, por sua irrestrita acessibilidade e pelo seu dificílimo controle, é enfrentado por Michelon pela tentativa de compreensão acerca das credenciais racionais da doutrina. Refletindo sobre o texto e contrastando-o com o panorama circundante, fico pessimistamente a pensar se a construção jurídica é *sistema*, como sempre considerei, ou se é o resultado de uma *tradição* (viva, semovente) de uma comunidade formada por professores, advogados, juízes, legisladores, e por igual, por agentes do poder econômico entre si interagentes, dessa comunidade – de suas forças, do modo de suas interações – resultando, afinal, o que chamamos de "jurídico".

A reflexão finaliza – suscitada talvez pelo contraste entre presente e passado da atividade doutrinária –, por um refinadíssimo ensaio sobre um dos maiores doutrinadores que o Brasil conheceu, Augusto Teixeira de Freitas. Nesse ensaio de encerramento do livro, Michelon mergulha fundo na análise

---

[12] GUASTINI, Riccardo. *Filosofia del Diritto Positivo*. Lezioni. Torino: Giapipichelli Editore, 2017, p. 9.
[13] MICHELON, Cláudio. Um ensaio sobre a autoridade da razão no Direito Privado. *Revista da Faculdade de Direito da UFRGS*, vol. 21, mar./2002, p. 101-112.
[14] MICHELON, Cláudio. A Inferência à Melhor Explicação e a Autoridade da Doutrina. In: BENETTI, Giovana *et al* (Orgs.). *Direito, Cultura, Método*: leituras da obra de Judith Martins-Costa. Rio de Janeiro: GZ Editora, 2019, p. 3-26.

de conceitos centrais do Direito Privado: ilicitude, culpa, imputabilidade, discernimento, intenção, liberdade. Desse texto sofisticado resulta, de um lado, a reparação ao *jurista filósofo* que Teixeira de Freitas foi, e, de outro, a identificação de um modo importante pelo qual a investigação típica do filósofo e aquela própria ao jurista, mantendo suas distinções, se podem relacionar de modo produtivo.

É dos anos 60 do século XX a ideia de certos textos constituírem uma *opera aperta*, não no sentido de entregar ao arbítrio exclusivo do leitor a sua interpretação, mas no proporem modelos cognoscitivos que não encerram o discurso[15], suscitando renovadas leituras e indagações. Por certo não retirarei aos leitores que até aqui me acompanharam neste Prefácio o prazer de encontrar nos textos de Cláudio Michelon ora as respostas às muitas questões que polvilham esse Prefácio, ora o suscitamento a novas dúvidas. Posso, porém, garantir que este livro ajuda a todos que, como eu, cultivam o Direito Positivo, a separar o joio do trigo, a perceber as falácias, a reconhecer os enganos, a precaver-se contra a existência velada de premissas e de conclusões e a melhor reparar nos vícios (no mais das vezes disfarçados em virtudes) que, ao tentar compreender e concretizar o Direito, encontramos cotidianamente em nosso caminho.

Barra Grande/São Paulo/Canela, março e abril de 2023.

---

[15] A referência é a ECO, Umberto. *Obra Aberta*. 10. ed. Trad. Giovanni Cutolo. São Paulo: Perspectiva, 2015.

ÍNDICE

INTRODUÇÃO   19

PARTE I
DIREITO PRIVADO E JUSTIÇA   23

CAPÍTULO 1
A CIRCULARIDADE VIRTUOSA: DIREITO POSITIVO
E JUSTIÇA PARTICULAR   25
1.1. Justiça Particular   28
1.2. A Concepção Informativa da Relação entre o Direito e a Justiça Particular   31
1.3. Para que serve a Justiça Particular?   35
1.4. Alocação, Exclusividade e por que o Direito Positivo é condição necessária
 para a Justiça Particular   40
1.5. O Propósito da Justiça Particular   45

CAPÍTULO 2
O QUE O DIREITO PRIVADO JÁ FEZ PELA JUSTIÇA?   49
2.1. O Valor das Regras de Alocação de Direito Privado   49
2.2. O Que é uma Alocação?   54
2.3. Justificando Alocações   58
2.4. Como Parear Pessoas Específicas com Bens Específicos   63
2.5. Os Valores das Instituições de Direito Privado   66

CAPÍTULO 3
DEVER PRIMÁRIO ≠ DEVER SECUNDÁRIO? 71
3.1. Deveres Primários, Deveres Secundários e Identidade 72
3.2. Fundamentos e Identidade do Dever Primário e do Dever Reparatório. 81
3.3. Deveres, Razões e Continuidade 84

CAPÍTULO 4
FUNDAMENTOS ECONÔMICOS E NÃO-ECONÔMICOS PARA A DEFESA DO CONSUMIDOR 95
4.1. A Unidade do Direito do Consumidor do Ponto de Vista de sua Fundamentação 96
4.2. Justiça como Fundamento do Direito do Consumidor 99
4.3. O Papel dos Argumentos Econômicos na Fundamentação do Direito do Consumidor 105
4.4. Conclusão 108

PARTE II
O DIREITO PRIVADO E A ESFERA PRIVADA 111

CAPÍTULO 5
A NATUREZA PÚBLICA DO DIREITO PRIVADO 113
5.1. O Direito como Expressão de uma Conexão 114
5.2. O enigma da Conexão Privada 120
5.3. O Direito Privado e a Esfera Privada 123

CAPÍTULO 6
O PÚBLICO, O PRIVADO E O DIREITO 127
6.1. Introdução 127
6.2. Imaginários Sociais do Público e do Privado 130
6.3. Alteridade no Direito e na Política 135
6.4. O Enigma do Direito Privado 141
6.5. Direito Privado e Formas de Desrespeito 144
6.6. Conclusão 151

PARTE III
DIREITO PRIVADO E DOUTRINA ... 153

CAPÍTULO 7
UM ENSAIO SOBRE A AUTORIDADE DA RAZÃO
NO DIREITO PRIVADO ... 155
7.1. Introdução ... 155
7.2. Funcionalismo e Autonomia Privada ... 156
7.3. Uma Moralidade para o Direito Privado. ... 161
7.4. A Teoria da Causa do Negócio Jurídico ... 164
7.5. O Direito Privado e a Razão como *Techné*. ... 166
7.6. Os Limites da Justiça Corretiva: sociedades transicionais
e o estabelecimento da justiça distributiva como pressuposto da justiça
corretiva ... 169
7.7. Conclusão ... 170

CAPÍTULO 8
A INFERÊNCIA À MELHOR EXPLICAÇÃO E A AUTORIDADE
DA DOUTRINA ... 173
8.1. A Autoridade da Doutrina ... 176
8.2. A Atividade Intelectual do Doutrinador ... 179
8.3. A Inferência à Melhor Explicação ... 183
8.4. O Joio do Trigo ... 194

CAPÍTULO 9
ILICITUDE E VONTADE NO *ESBOÇO*: TEIXEIRA DE FREITAS
FILÓSOFO? ... 199
9.1. Ato Ilícito no *Esboço* ... 202
9.2. O Ato Voluntário como Pressuposto da Ilicitude no *Esboço* ... 207
9.3. Conclusão ... 221

NOTA EXPLICATIVA ... 223

INTRODUÇÃO

Ouvi certa vez que cada livro é escrito com um leitor em mente. Parece justo perguntar, portanto, para quem este livro foi escrito? A resposta mais honesta, e talvez a menos comercialmente astuta, é admitir que o leitor a quem os textos aqui publicados se dirigem é o próprio autor. Nos seus diversos capítulos, as teses e argumentos apresentados e discutidos são tentativas de articular claramente (e resolver) alguns dos desconfortos intelectuais que me acometem. Estes desconfortos surgiram da experiência de enfrentar, ao longo das últimas décadas, como acadêmico e como advogado, problemas relacionados ao que se convencionou chamar de Direito Privado: quais as condições de validade e eficácia de negócios jurídicos?; quais as consequências da ilicitude civil?; que tipos de fonte obrigacional existem no direito brasileiro?; qual a natureza do controle que os direitos reais dão aos seus titulares sobre determinados bens?; como este controle se relaciona com uma alocação justa de bens em uma comunidade política?; como esta ou aquela regra pode ser mais ou menos justa?; como escolher entre teorias rivais sobre alguma das muitas questões controvertidas do Direito Privado?; como o Direito Privado se relaciona com o domínio privado?

Estes incômodos (e outros) explicam porque escrevi os ensaios aqui contidos. Mas as respostas que eles demandam ajudam a entender quem são os potenciais beneficiários desses ensaios. Entre os possíveis beneficiários, se encontram aqueles que habitam o terreno instável localizado na confluência de investigações sobre, de um lado, o sentido e significado das instituições de Direito Privado e, de outro, as concepções de justiça capazes de justificar estas instituições. Entre eles se encontram também aqueles que procuram entender a atividade intelectual do privatista e, mais genericamente, de todo aquele que se incumbe de compreender e explicar o direito.

Os nove ensaios que compõem este livro foram publicados ao longo dos últimos vinte e um anos. Alguns foram publicados originalmente em português e são aqui republicados (os capítulos 4, 7, 8 e 9). Os demais foram publicados originalmente em inglês e, posteriormente, traduzidos para o português, sendo que três deles aparecem em português pela primeira vez neste volume (os capítulos 1, 3 e 6). Os colegas Camila Nienow, Gustavo Melo e Rafael de Freitas Vale Dresch traduziram em conjunto, sob a coordenação do último, os capítulos 1, 3 e 6, em 2023; o capítulo 2 foi traduzido por Osny da Silva Filho, em 2022; o capítulo 5 por Gustavo Stenzel Sanseverino, nos idos de 2013. Quero expressar aqui minha profunda gratidão pelo empenho de todos neste trabalho inglório, mas importante, que é traduzir. Todas as traduções foram também revisadas por mim para garantir maior uniformidade na linguagem empregada ao longo do livro.

As teses e argumentos apresentados nos diversos capítulos se conectam de diversas maneiras, mas podem ser ordenados ao longo de três eixos temáticos. A parte I deste volume está primariamente focada na relação entre, de um lado, regras, conceitos e institutos do Direito Privado e, de outro, critérios de justiça. Eles apresentam uma malha de relações entre Direito Privado e justiça, de tipo e alcance diferentes, e irredutíveis umas às outras. Os dois primeiros ensaios procuram resistir à tentação de conceber estas relações como sendo redutíveis a um modelo simplificado que denominei "informativo". Neste modelo, os critérios de justiça nas alocações de bens podem ser perfeitamente compreendidos e utilizados para avaliar a realidade das relações sociais, competindo ao direito apenas auxiliar (contingentemente) a implementar as alocações perfeitamente definidas por critérios de justiça. Mas as relações entre o Direito Privado e a justiça são bem mais complexas do que esta concepção reducionista leva a crer.

De fato, o Direito Privado tem um papel constitutivo (ou pelo menos, ainda que instrumental, não-contingente) em relação a um aspecto central da justiça, tanto distributiva quanto comutativa (ou corretiva), qual seja, a *alocação de bens*. Em primeiro lugar, porque o significado de uma alocação é parcialmente determinado pelas regras sobre o que ocorre quando esta alocação é, de alguma forma, perturbada, e estas regras, por seu turno, estão no centro do Direito Privado (regras sobre responsabilidade civil, ou sobre o enriquecimento injustificado etc.). Em segundo lugar porque a família de concepções de justiça distributiva hoje dominante utiliza critérios de alocação que eu rotulo como "não-vinculados" e, pelas razões expostas no segundo capítulo, a incompletude inerente a esses critérios os torna dependentes de regras de Direito Privado.

Os ensaios contidos nos capítulos 3 e 4 olham para a relação entre Direito Privado e justiça a partir de uma perspectiva diversa: em ambos, o que está em jogo é a estrutura normativa que subjaz ao Direito Privado. Haveria boas razões para crer que o Direito Privado seja primariamente "informado" pela noção de justiça corretiva (ou comutativa)? Uma das implicações de uma concepção de Direito Privado fundada exclusivamente na justiça corretiva é o fato de que o dever primário na responsabilidade civil (i.e. o dever de não agir culposamente de modo a causar o dano) é substancialmente idêntico ao dever secundário de indenizar. Mas o que significa dizer que os dois deveres são substancialmente idênticos? Mais importante: seria a tese da "identidade" entre dever primário e secundário superior a alternativas rivais, como a tese da continuidade? O terceiro capítulo trata deste espinhoso tema e procura demonstrar que esta identificação entre deveres primários e secundários é surpreendentemente robusta ainda que, em última análise, outras concepções das relações normativas entre os deveres lhe sejam superiores. O quarto capítulo, por fim, discute as diversas maneiras como diferentes tipos e ordens de valor podem fundar certas características contemporâneas do Direito Privado.

Os textos incluídos na parte II do livro se ocupam primariamente do lugar e a função do Direito Privado em um contexto social dividido entre um espaço público e um espaço privado. Um refinamento da distinção entre estes espaços, ubíqua na modernidade, é o ponto de partida para uma explicação da relação entre Direito Privado e domínio privado. Uma das preocupações centrais dos ensaios contidos nos capítulos 5 e 6 é a de demonstrar que a falsa correlação entre os bens e valores fundantes do domínio privado e do Direito Privado obscurece as complexas relações existentes entre eles e não permite perceber o papel público do Direito Privado.

Na parte III do livro, se encontram ensaios que discutem a atividade intelectual de entender e explicar o direito, em particular o Direito Privado, e os critérios de racionalidade nos permitem distinguir entre melhores e piores teses e argumentos na doutrina e na prática do Direito Privado. O objetivo da discussão não é apenas o de orientar o investigador, mas também o de refletir sobre o significado e o valor da investigação.

Alguns dos textos abaixo contêm agradecimentos específicos a colegas que me ajudaram no processo de confeccioná-los. Mas é importante reconhecer que eles foram escritos a partir de um ponto de vista sobre o Direito Privado que se desenvolveu, ao longo de muitos anos, por meio da reflexão conjunta com uma robusta comunidade de colegas, da qual fazem parte, entre muitos outros, Gerson Luiz Carlos Branco, Rodrigo Cantali, André Rodrigues Correa, Jorge Cesa Ferreira da Silva, Vera de Fradera, e Ruy Rosado de Aguiar Jr. Essa perspectiva também foi desenvolvida por meio da discussão com outros colegas, espalhados pelo mundo, entre os quais John Gardner, Diego Papayannis, Verónica Rodrigues-Blanco, Sandy Steel, Ernest Weinrib e Ben Zipursky. E há também aqueles que me ajudaram a testar e refinar algumas das ideias e argumentos aqui contidos, mesmo não sendo primariamente privatistas, como Amália Amaya, Humberto Ávila, Fernando Atria, Luiz Fernando Barzotto, Antony Duff, Luís Duarte d'Almeida, Cormac MacAmhlaigh, Euan MacDonald, Ronaldo Porto Macedo Jr e Neil Walker.

Entre todas estas vozes, a mais determinante foi, sem dúvida, a de Judith Martins-Costa. Tanto naquilo que concordamos quanto naquilo que discordamos, se encontra a marca do nosso diálogo, que iniciou há mais de 30 anos, em uma entrevista para a admissão no programa de mestrado da Universidade Federal do Rio Grande do Sul. Depois da (para mim) intensa discussão sobre diversos temas jurídicos, passamos a discutir o romance realista russo (com o querido professor Almiro do Couto e Silva, meu outro entrevistador), descortinando a mistura de rigor analítico e entusiasmo juvenil que marca esse diálogo desde então. Não há uma palavra adequada na língua portuguesa para descrever o impacto do nosso primeiro ano de convivência acadêmica (1993) na minha forma de ver o Direito Privado: um ano anormal, intenso, cheio de trabalho e deleite intelectual, e que deixou marcas profundas em mim. Ou seja: o oposto de um trauma. De lá para cá, eu e Judith produzimos um espaço intelectual comum, que visitamos com maior ou menor frequência, em diferentes momentos, mas que pode ser sempre invocado por um novo livro, por uma mensagem ou por um telefonema. Seu papel no empreendimento intelectual que resultou nos ensaios coletados nesse volume é imenso.

Portanto, o presente volume é, a um tempo, uma obra profundamente pessoal e intensamente comunitária, carregando as marcas das mãos do autor e das de seus interlocutores. Ela carrega também a paciência lendária da Laila, da Laura e do Gabriel, que, frequentemente encurralados na mesa de jantar, ouviram muitos dos argumentos contidos neste livro antes de qualquer outro (com variados graus de entusiasmo). Peço a eles todas as desculpas e ofereço a eles todos os tributos.

Edimburgo, Primavera de 2023

PARTE I
DIREITO PRIVADO E JUSTIÇA

CAPÍTULO 1
A CIRCULARIDADE VIRTUOSA: DIREITO POSITIVO E JUSTIÇA PARTICULAR*

Enquanto A dirige seu carro novo e muito caro pela estrada, um dos muitos que possui, B colide contra ele de forma negligente. O carro de B é muito barato, comprado com um salário modesto, pacientemente economizado ao longo dos anos. Ao lidar com as consequências do acidente, B pode pensar que ter que pagar danos à A é tanto justo quanto injusto. Justo, porque ele agiu de forma negligente, mas, ao mesmo tempo, talvez injusto se pensarmos em termos um pouco mais amplos. Deveríamos, pode-se pensar, levar em consideração não apenas a relação contingente entre A e B que o acidente automobilístico criou, mas olhar mais amplamente e considerar os bens que são alocados em geral para ambos. Pode ser que a diminuição no patrimônio de A, causada pela destruição parcial de seu carro, não o leve a um nível de alocação de bens que seja distributivamente mais justo em nossa sociedade e, inversamente, o pagamento de danos por B tornaria sua alocação de bens menor do que a parcela de distribuição que lhe caberia. Não é nada óbvio por que um conjunto de critérios alocativos (aquele que justifica imputar a B um dever de reparar o dano de A e atribui à A um direito de ter seu dano indenizado por B) deve ser preferível a outro (aquele que pode resultar na conclusão de que A já tinha o suficiente e não deveria receber mais bens, e/ou que B tem muito pouco e não deveria ter que abrir mão do pouco que tem).

Essa tensão entre critérios de justiça comutativa e justiça distributiva é bastante familiar aos teóricos da justiça. Alguns, como veremos abaixo, respondem a isso reduzindo a justiça corretiva/comutativa à justiça distributiva,

---

* Este capítulo se beneficiou enormemente de comentários recebidos em vários estágios de seu desenvolvimento de Zenon Bankowski, Luis Fernando Barzotto, Sharon Cowan, Wendy Van Der Neut, Francisco Saffie, um *referee* da Revista *Ratio Juris*, e membros do Stirling Political Philosophy Group. Agradeço também aos tradutores, Camila Nienow, Gustavo Melo e Rafael de Freitas Vale Dresch (que coordenou a tradução).

a primeira sendo apenas uma maneira mais fácil de chegar à segunda, em certas situações. De fato, a relação entre justiça comutativa e justiça distributiva é muitas vezes retratada como aquela em que o valor da primeira é o serviço que ela pode prestar à implementação da segunda.

Isso é, a meu ver, um erro. É um erro por três razões relacionadas. Em primeiro lugar, não leva suficientemente a sério a afirmação de que critérios comutativos podem ter que regular a situação e, ao fazê-lo, fica cego para a dependência mútua da justiça distributiva e comutativa. Se a reivindicação de A de ter justiça comutativa aplicada for vista apenas como um epifenômeno da aplicação dos critérios de justiça distributiva que B quer que sejam aplicados à situação, a própria ideia de distribuição (e a *fortiori*, de justiça distributiva) é minada. Essa dependência dos critérios alocativos distributivos em relação aos critérios alocativos comutativos é uma das teses centrais defendidas neste artigo (em particular nas seções 3 e 4). Uma vez que essa dependência mútua é percebida, fica evidente que a competição entre os critérios comutativos e distributivos representa uma ameaça real para a própria ideia de justiça distributiva e que a reivindicação de A de que B pague pelo conserto de seu carro deve ser levada a sério.

Essa competição entre critérios alocativos, e a instabilidade que ela gera, não podem ser resolvidas a partir da teoria de justiça particular e aqui reside a segunda razão pela qual a rejeição da competição é um erro: ela nos torna cegos para o papel que o direito positivo tem a desempenhar na estabilização dessa distinção. De fato, ela oculta uma conexão conceitual entre o direito positivo e a justiça e, mais especificamente, a justiça particular, que passou desapercebida aos teóricos do direito. Essa conexão ocorre na direção oposta às conexões que os teóricos do direito estão mais acostumados a discutir. Não se trata de a justiça ser conceitualmente necessária para que o direito seja válido, possua autoridade, seja vinculativo ou obrigatório, um aspecto da razão prática etc. Também não se trata de uma afirmação de que o direito compartilha algumas características com a justiça (universalidade, uma vocação para fazer alocações de bens etc.). O que permanece oculto é o fato de que *o direito positivo é uma condição necessária para que argumentos invocando a justiça particular façam sentido, dado que é a única forma de estabilizar a distinção entre justiça comutativa e justiça distributiva*[1].

---

[1] Espero que a novidade desta tese fale por si mesma de modo a poupar a mim e ao leitor de uma longa revisão bibliográfica sobre as teses e argumentos que dizem respeito à conexão conceitual entre direito e justiça.

CAPÍTULO 1 A CIRCULARIDADE VIRTUOSA: DIREITO POSITIVO E JUSTIÇA PARTICULAR

Em terceiro lugar, explicações da justiça particular que não levam a sério a tensão entre critérios distributivos e comutativos normalmente não conseguem explicar a razão de fazer tal distinção. Sem esse isolamento entre argumentos de justiça distributiva e argumentos de justiça comutativa, a própria ideia de "alocar bens" se torna sem sentido e todo o exercício de refletir sobre os critérios apropriados para distribuir ativos se torna vão.

Apresentarei meu argumento em quatro etapas. Primeiramente, preciso de uma definição aproximada e prática das classes de justiça particular e, especificamente, da articulação da distinção entre justiça distributiva, comutativa, corretiva e recíproca. Assim como Finnis, não acredito que investir muito esforço na compreensão das distinções seja particularmente útil[2], e na verdade estou mais interessado nas implicações que podem ser inferidas do que as diferentes classes de justiça particular têm em comum. No entanto, a existência de uma distinção entre essas classes é central para o meu argumento e, na seção 1 abaixo, apresento definições estipulativas de todas as classes relevantes de justiça particular, evitando assim uma longa discussão sobre os esquemas rivais propostos para organizar tais critérios de alocação e suas respectivas justificativas subjacentes.

O segundo passo do meu argumento é explicar algumas das deficiências da concepção dominante (e mais intuitiva) da relação entre a justiça particular (tanto distributiva quanto comutativa) e o direito positivo, uma concepção que eu denomino 'informativa' (na seção 2). Eu não tenho a intenção de argumentar contra esta concepção informativa, mas apenas demonstrar por que ela não é suficiente para explicar outras conexões cruciais entre a justiça particular e o direito positivo.

Meu terceiro passo, é propor que abordemos a justiça particular de uma perspectiva diferente. Em vez de nos concentrarmos nas diferenças entre os critérios alocativos de igualdade proporcional e nominal e na agenda de problemas que tal investigação herda, pretendo focar na questão de para que cada qual serve: todas as classes de justiça particular oferecem critérios para alocar bens e encargos divisíveis a pessoas individuais (ou subconjuntos de pessoas dentro de um determinado grupo). O que essa perspectiva alternativa nos dá é uma clara percepção da dificuldade em sustentar uma distinção estável entre as classes de justiça particular. Na seção 3, essas dificuldades

---

[2] Finnis, John. 1988. *Aquinas: Moral, Political, and Legal Theory*. Oxford: Oxford University Press, p. 188

são discutidas e um diagnóstico do que é necessário para sustentar tal distinção é esboçado.

Essa estratégia para estabilizar a distinção entre as classes de justiça particular é mais detalhada na seção 4, em que discuto o conceito central que conecta a justiça distributiva e a justiça comutativa, a saber, a exclusividade. A discussão sobre exclusividade é o último passo em meu argumento, e explica como o direito positivo (ou, mais precisamente, as decisões alocativas positivas) é (são) uma condição necessária para que uma teoria de justiça particular faça sentido. A seção 5 é uma tentativa de justificar a relevância do argumento apresentado nas seções anteriores contra a objeção, a meu ver, muito séria, de que não há nada que valha a pena salvar na distinção entre as classes de justiça particular e que o meu projeto de encontrar uma maneira de estabilizá-la é, em última análise, inútil.

1.1. Justiça Particular

Muita tinta foi derramada sobre como diferenciar as classes de justiça particular. Existem apenas dois tipos de justiça particular, distributiva e corretiva/comutativa, ou três tipos, distributiva, corretiva e recíproca? Existe uma divisão primária dupla (distributiva-comutativa) com a última ramificando-se em recíproca, para transações voluntárias, e judicial (ou corretiva), para as involuntárias? A justiça corretiva voluntária é idêntica à justiça recíproca?

Felizmente, não preciso discutir o assunto em grande profundidade aqui. Meu argumento está, sem dúvida, bastante preocupado com a dinâmica entre os diferentes aspectos da justiça particular e o papel do direito positivo em possibilitar uma divisão funcional do trabalho entre suas diferentes classes (em particular, entre critérios proporcionais e nominais de alocação). No entanto, para meus propósitos, é suficiente fornecer definições estipulativas das classes de justiça particular. Definições estipulativas são suficientes porque, independentemente de como se organizam as subpartes da justiça particular, a distinção entre igualdade proporcional e nominal estará necessariamente no centro dessa organização.

O ponto filosoficamente relevante sobre essas explicações alternativas da distinção reside no fato de que cada versão diferente da classificação enfatiza diferentes aspectos da justiça particular (todos os quais são reais aspectos dela). Uma ênfase na presença ou não de mérito nos critérios alocativos leva a uma divisão bipartite na qual existem duas formas principais de justiça

CAPÍTULO 1 A CIRCULARIDADE VIRTUOSA: DIREITO POSITIVO E JUSTIÇA PARTICULAR

particular, uma na qual o mérito relativo é importante (a igualdade proporcional da justiça distributiva) e outra na qual não é (a igualdade nominal da justiça comutativa).[3] Alternativamente, uma ênfase em critérios de alocação mais densos, ou seja, em grupos diferentes (embora parcialmente sobrepostos) de considerações substantivas pode levar a uma divisão tripartite, algo que pode ser exemplificado pela interpretação de Aristóteles por Fred Miller, em que "corretiva", "distributiva" e "recíproca" correspondem a três maneiras pelas quais a justiça particular 'promove a vantagem comum'[4]. A justiça distributiva atrairia principalmente considerações sobre o que conta como mérito em cada comunidade específica; a justiça corretiva atrairia principalmente considerações sobre o que conta como ação voluntária e causalidade; a justiça recíproca atrairia principalmente considerações como o valor dos bens em relação uns aos outros e a importância do preço de mercado, necessidades humanas, etc.

Isto posto, estas são minhas estipulações: no que segue, irei me referir à justiça distributiva como o conjunto de critérios usados para guiar a alocação individual de bens e encargos divisíveis de uma comunidade em proporção ao "mérito", concebido de forma ampla. Por justiça comutativa, entendo como o conjunto de critérios, não sensíveis ao mérito, usados para orientar a alocação de bens e encargos. Uso a expressão justiça corretiva para estipular os critérios de justiça comutativa apropriados a situações em que alguém é chamado a responder por uma perda de outra pessoa. Em meu uso de justiça corretiva, a expressão inclui tanto as situações em que o dano é fundamentado

---

[3] Muitos consideram essa divisão bipartite como primária, embora as terminologias possam variar. Essa é a interpretação de Tomás de Aquino, para quem 'comutativa' é empregado para traduzir 'diorthoticon' e tratado como co-extesivo com o tratamento que Aristóteles dá à justiça recíproca (Aquinas *Commentary on Aristotle's Nichomachean Ethics*. Notre Dame: Dumb Ox Books, 1964, para 927-928 e 971-972), embora Finnis tenha mostrado como a distinção é instável no próprio Tomás de Aquino (Finnis, op cit, 215-217). Del Vecchio chama isso de justiça equalizadora ou corretiva, querendo incluir na expressão tanto a justiça em trocas (que ele chama de comutativa) quanto a imposição desta forma de justiça pelo juiz (Del Vecchio, Giorgio. 1952. *Justice*. Edinburgh: Edinburgh University Press, 52). O uso de 'justiça corretiva' por Weinrib parece seguir na mesma direção quando ele identifica justiça distributiva e corretiva como duas formas irredutíveis de justiça (Weinrib, Ernest 'Aristotle's forms of Justice' *Ratio Juris* Vol 2, 1989 211-225, p. 215). No entanto, o lugar das trocas em seu esquema de justiça não é totalmente claro, e sua discussão de contratos muitas vezes parece estar focada principalmente na responsabilidade contratual, em vez de nos critérios para comparar os valores dos bens trocados (Weinrib, Ernest. 1995. *The Idea of Private Law*. Cambridge/Ms: Harvard University Press, pp. 50-53 e 136-142), e mesmo em sua discussão de contrato como expressão da vontade (pp. 127-129).

[4] Miller Jr, Fred. *Nature, Justice and Rights in Aristotle's Politics*. Oxford: Clarendon Press 1995, 70)

na existência de uma relação especial entre as partes (por exemplo, um contrato que foi inadimplido, um dever parental que foi negligenciado) quanto as situações em que o dano não supõe essa relação especial (por exemplo, um caso de responsabilidade civil entre estranhos). Finalmente, justiça recíproca é usada para os critérios de justiça comutativa apropriados para lidar com a alocação de bens entre as partes em uma troca.

Essas definições são estipulativas, mas não são arbitrárias. O que elas destacam é a conexão que cada aspecto da justiça particular tem com a *alocação* de bens e encargos. Às vezes, não fica totalmente claro na literatura sobre justiça particular que essa é a forma específica de justiça geral que se preocupa com a alocação de bens e encargos aos indivíduos. John Finnis, por exemplo, parece acreditar que todas as formas de justiça geral implicam alocações específicas de direitos e, por sua vez, isso parece implicar que a justiça geral e a justiça particular são coextensivas[5]. Elas não são. Certos deveres de justiça geral não podem ser traduzidos de maneira significativa como direitos atribuídos a alguém, como o dever de cuidar do meio ambiente ou o dever de lutar em uma guerra defensiva. Essa abordagem oculta (porque exagera) a peculiaridade mais importante da justiça particular: seu objeto *específico* não é sua orientação para o bem comum (*todas* as formas de justiça, na tradição aristotélica, devem ser orientadas ao bem comum), mas o fato de que ela guia a alocação de bens e encargos.

Este ponto de referência comum implica que todas as classes de justiça particular são respostas parciais ao mesmo problema. Essa característica comum de todas as classes de justiça particular é a fonte de um problema conceitual fundamental na teoria da justiça particular, qual seja, o fato de que, em última análise, os diferentes tipos de justiça particular tendem a colapsar uns sobre os outros. Meu principal argumento neste artigo tenta estabelecer que uma divisão de trabalho funcional entre a justiça distributiva e a justiça comutativa (em todas as suas subclasses) só pode ser mantida com a suposição de que já existem alocações em vigor, e essas alocações devem ser o resultado não de mais critérios conceituais morais abstratos, mas de decisões alocativas positivas da comunidade (paradigmaticamente, decisões *jurídicas*).

Para explicar por que isso ocorre, devemos primeiro entender as deficiências da forma mais intuitiva de conceber a relação entre direito e justiça particular, à qual me referirei a seguir como concepção *informativa*.

---

[5] Finnis, J op cit, 133.

1.2. A Concepção Informativa da Relação entre o Direito e a Justiça Particular

A relação entre o direito e a justiça particular é tradicionalmente concebida como aquela em que o primeiro é informado pela segunda. Eu não pretendo objetar a este modo mais tradicional de conceber a relação, mas sim à falsa generalização que o toma como a única (ou, por vezes, a mais importante) relação entre direito e justiça particular. Nesse quadro, a justiça particular informa o direito e as normas jurídicas de duas maneiras diferentes.

Ela informa o direito quando concepções densas de justiça comutativa ou distributiva fornecem o conteúdo normativo do direito, perspectivas críticas ao direito posto ou formas de interpretação do direito. Se uma teoria da justiça distributiva contém critérios para julgar a alocação de bens em um grupo social, ela se oferece como padrão de crítica (positiva ou negativa) à alocação produzida pelo direito. É nesse sentido que se pode dizer que o princípio da diferença de Rawls ou a teoria da justiça de Nozick podem informar o sistema jurídico. Do ponto de vista da justiça corretiva, uma teoria do que conta como "voluntário" (digamos, a de Hegel) pode informar o direito que se aplica à intervenção nos assuntos de outra pessoa e, em seguida, fornecer o conteúdo normativo para aspectos do direito da responsabilidade civil.

Mas a justiça particular também informa o direito de uma maneira diferente. Na parte do direito que trata da alocação de bens aos indivíduos, a justiça particular fornece *modelos de inteligibilidade* sem os quais o direito não poderia ser adequadamente compreendido. Isso não significa que a justiça particular empreste qualquer conteúdo normativo ao direito; em vez disso, o direito positivo compreende uma série de decisões alocativas (às vezes critérios abstratos de alocação e às vezes alocações positivas particulares de um determinado bem a uma determinada pessoa) que não poderiam ser adequadamente compreendidas sem os modelos de inteligibilidade fornecidos pelas duas classes gerais de justiça particular[6]. Nesse sentido, o direito não é simplesmente direito positivo, mas direito positivo sob as classes de justiça particular.

Essas concepções estão apenas aparentemente em desacordo uma com a outra. Elas podem ser compatíveis se o primeiro modelo for construído por referência a teorias completas de justiça particular que normalmente conteriam uma concepção de 'mérito' (em relação à justiça distributiva)

---

[6] Weinrib, Ernest 'Aristotle's forms of Justice', cit, 219.

e uma concepção articulada de ação voluntária (em relação à justiça comutativa), enquanto o segundo modelo seria construído a partir de uma concepção "deflacionária" de justiça particular, ou seja, justiça particular concebida simplesmente por referência a modos abstratos de igualdade (proporcional e nominal). Ora, nada impede que concepções mais "densas" e concepções mais "tênues" de justiça particular ocupem o mesmo universo conceitual e, desde que não haja confusão entre as diferentes concepções de justiça particular (densa e tênue), não há contradição entre os diferentes modos de 'informação'.

Espero que isso seja claro o suficiente para não exigir mais explicações. Deixe-me, no entanto, explicar, por meio da epistemologia aristotélica, como essas duas formas de pensar a relação entre direito e justiça particular se articulam. A chave para entender essa articulação é conceber a justiça particular como um *primeiro princípio* (ou seja, um *Arché* aristotélico) em relação ao direito, ou pelo menos em relação àquela parte do direito que diz respeito à alocação de bens. Como o conceito de primeiros princípios em Aristóteles não é um assunto totalmente incontroverso, deixe-me ser claro tanto sobre o papel (na verdade, papéis) que acredito que eles desempenhem na investigação racional quanto sobre como eles nos ajudam a conectar concepções densas e tênues de justiça particular. O primeiro princípio tem pelo menos duas funções em uma investigação racional[7]. Por um lado, fornece uma compreensão preliminar do objeto da investigação, uma compreensão que será questionada (pelo menos até certo ponto) no decorrer da investigação.[8] Essa compreensão preliminar dá à investigação racional seu objeto e ajuda a estruturá-la. Nesse sentido, a concepção mais tênue de justiça particular funciona como o primeiro princípio para a parte do direito que trata da alocação de bens. O importante aqui é entender que, nesse estágio, os primeiros princípios têm uma função estruturante, mas não são prescritivos no mesmo sentido que uma concepção mais densa de, digamos, justiça distributiva o é. Por outro lado, os primeiros princípios, quando a investigação está completa, devem fornecer as premissas fundamentais nas quais as cadeias dedutivas de argumentação que completam a pesquisas encontram suporte. Nesse sentido, a função epistêmica dos primeiros princípios aristotélicos se assemelha

---

[7] MacIntyre. Alasdair. *Whose Justice? Which Rationality?* London: Duckworth, 1984 (print 1991), p. 80
[8] MacIntyre *Whose Justice? Which Rationality?*, p. 80; ver também MacIntyre. Alasdair *First Principles, Final Ends and Contemporary Philosophical Issues* Milwaukee: Marquette University Press, 1990, p. 34-39)

às concepções modernas de primeiros princípios (embora, como Irwin apontou, eles também tenham, nesse papel fundamental, uma dimensão ontológica, dentro da metafísica realista aristotélica).[9]

Nesta interpretação da epistemologia aristotélica, é importante ter em mente que as duas funções são mutuamente dependentes. Com algumas exceções (por exemplo, o princípio da não-contradição), os primeiros princípios não são evidentes e precisam ser alcançados por investigação dialética. Essa investigação só pode ser concebida (dentro de uma epistemologia aristotélica) como progredindo em direção a uma concepção mais completa dos primeiros princípios da investigação, princípios que ganham complexidade e plausibilidade à medida que a investigação avança. Assim, a primeira função dos primeiros princípios, aquela que os torna parte de uma investigação dialética, só faz sentido à luz do progresso em direção aos primeiros princípios que são concebidos como fonte última de compreensão na investigação concluída (as primeiras premissas a partir das quais o entendimento final do problema seria construído). Da mesma forma, os primeiros princípios (com as poucas exceções que mencionei acima) só podem ser entendidos de forma incremental pela investigação dialética que é, por sua vez, estruturalmente dependente da formulação preliminar (e de alguma forma provisória) dos primeiros princípios da investigação. Como MacIntyre coloca:

> Dentro de qualquer modo de investigação em andamento, temos, portanto, uma série de estágios no progresso em direção ao *telos* de um conhecimento aperfeiçoado do objeto. Haverá conclusões dialéticas tanto inicialmente, nas primeiras caracterizações da *arché/principium* da ciência particular, que fornecem as primeiras formulações do *telos/finis* das investigações, quanto posteriormente, nos argumentos que relacionam fenômenos empíricos a teses apodíticas. Haverá formulações provisórias dessas teses que, à luz de evidências e argumentos posteriores, são substituídas por formulações mais adequadas. E, à medida que a investigação avança, a concepção de *telos* do modo particular de investigação, do tipo de conhecimento aperfeiçoado que é seu objetivo específico, será ela mesma revisada e enriquecida.[10]

---

[9] Irwin, Terence *Aristotle's First Principles* Oxford: Oxford University Press 1990, p. 4-5)
[10] MacIntyre *First Principles, Final Ends and Contemporary Philosophical Issues*, cit, p. 38.

Assim, os primeiros princípios, à medida que a investigação avança, tornam-se mais bem definidos e ganham conteúdo. Mas não há, é claro, nenhuma garantia de que a investigação irá progredir e menos ainda de que terminará bem (ou que, *sub specie humanitatis*, terminará um dia).

Seja como for, é nessa concepção do progresso da investigação racional que as duas concepções "informativas" da relação entre o direito e a justiça particular podem ser articuladas. Em síntese: a justiça particular pode ganhar um significado mais denso ao progredir na agenda de investigação estabelecida pela concepção tênue de justiça particular. Questões como: o que conta como mérito em cada contexto relevante de distribuição? O que conta como uma ação voluntária no contexto de uma ação que prejudica alguém? Por que (e até que ponto) o mérito deve ser excluído dos critérios da justiça comutativa? Tentativas de responder a essas questões dialeticamente levam a concepções mais densas de justiça particular e estas, por sua vez, adquirem um conteúdo normativo mais evidente, oferecendo padrões de crítica a alocações reais ou imaginárias de bens em uma determinada sociedade.

A concepção "informativa" da relação entre direito e justiça particular está longe de ser incontroversa. Hans Kelsen notoriamente acusou essa concepção de inutilidade e prefere expurgar a distinção de nosso vocabulário político.[11] Seja como for, a concepção informativa mantém um forte controle sobre a imaginação dos teóricos da justiça, um controle que pode ser explicado pelo menos parcialmente pela imagem relativamente confortável que emerge dessa relação. Nesse quadro, a justiça particular é totalmente compreensível sem a necessidade de qualquer referência conceitual ao direito positivo. No primeiro modelo de informação, a justiça (critérios de distribuição de bens, concepções de agência etc.) pode ser concebida independentemente da própria ideia de direito positivo. O direito positivo seria um instrumento para implementar o esquema de justiça previsto em abstrato. No segundo modelo de informação, com sua concepção minimalista das classes de justiça particular como formas (igualdade proporcional e nominal), a justiça particular é ainda mais fácil de isolar do direito positivo. É verdade que o direito positivo se torna uma necessidade conceitual no sentido de que os arquétipos da justiça são significativos apenas como ferramentas para entender os padrões

---

[11] Kelsen, Hans *What is Justice?* Berkeley: University of California Press, 1957, p. 126-136). Se eu estiver correto sobre o duplo papel dos primeiros princípios em Aristóteles, a crítica de Kelsen poderia ser acusada de não tomar a distinção de Aristóteles em seus próprios termos, ou seja, como incorporada em sua epistemologia particular de investigação progressiva.

reais de alocação.¹² No entanto, as formas de justiça particular (distributiva e comutativa) ainda podem ser entendidas perfeitamente sem referência ao direito positivo. Como Weinrib coloca, a distinção entre justiça corretiva e distributiva "não depende mais de ordens jurídicas empíricas do que a distinção entre um quadrado e um triângulo depende da presença de objetos particulares que têm estas formas".¹³

O que pretendo defender abaixo é a tese de que a relação conceitual entre direito e justiça particular é mais complexa do que aquela defendida por concepções informativas. Não desejo negar que a justiça particular informa (ou mesmo que deveria informar) o direito positivo, mas acredito que o direito positivo tem um papel conceitual mais urgente a desempenhar em relação à justiça particular. Em poucas palavras, a existência do direito posto é um pré-requisito para a estabilidade da distinção entre classes de justiça particular. Sem decisões jurídicas alocativas *positivas*, os dois tipos de justiça particular entrariam em colapso um sobre o outro, como procurarei demonstrar. Assim, a relação entre direito positivo e justiça particular sobre a qual quero lançar luz aqui não se opõe à concepção informativa dessa mesma relação. Ao contrário, é uma condição necessária para a sua possibilidade.

Essa relação mais básica aparece assim que olhamos para a justiça particular não apenas em termos de critérios racionais distintos de igualdade, mas ao focarmos na questão de para que *servem* estes critérios, ou seja, para a alocação apropriada de bens e ônus. Para desvendar esse aspecto da relação entre direito e justiça particular, não é necessário discutir em detalhes nenhum critério específico de alocação. Em vez disso, devemos perguntar o que constitui uma alocação.

1.3. Para que serve a Justiça Particular?

Os critérios da justiça particular podem ser úteis na avaliação (a) do caráter do agente, (b) de suas ações ou (c) de esquemas de alocação particular de bens e ônus para as pessoas (ou simplesmente instrumentos gerais de alocação¹⁴). Na definição de justiça particular de Aristóteles, a avaliação

---

[12] Weinrib 'Aristotle's forms of Justice', cit, p. 218-219
[13] Weinrib 'Aristotle's forms of Justice', cit, p. 220.
[14] A distinção é parcialmente inspirada por (e desenvolve) uma tensão entre definições de justiça particular baseadas em caráter e ações encontradas em Aristóteles e discutidas em detalhe por Bernard Williams (Williams, Bernard 'Justice as a Virtue'. In *Essays on Aristotle's Ethics*. Ed. Amelie Rorty. Berkeley: University of California Press. p. 189 e seguintes).

do caráter parece ser um aspecto primordial da justiça particular. De fato, a *pleonexia* (cobiça) aparece na definição da justiça particular como algo que a distingue dentro da justiça geral. Todas as formas de justiça são relacionais, mas realizar uma ação que é injusta no sentido particular diz algo não apenas sobre o outro (que foi tratado injustamente), mas também sobre mim mesmo, ou seja, que a injustiça da minha ação deriva de um caráter ganancioso ou avarento. No entanto, Aristóteles também define a justiça particular por referência à igualdade e, mais especificamente, por referência às diferentes maneiras pelas quais a relação entre as pessoas e os bens (ou ônus) pode ser considerada igual. Como Bernard Williams apontou, os dois critérios definidores de cobiça e igualdade nem sempre caminham juntos.[15] De fato, a igualdade pode ser usada para qualificar certas alocações ou esquemas de alocação como ruins, mesmo que não tenham resultado da ganância de alguém. A seguir, assumirei que o uso da justiça particular para avaliar o caráter é secundário ao uso da justiça particular para avaliar ações e/ou alocações, e farei isso em parte com base nos argumentos apresentados por Williams.

A segunda e mais relevante questão é como determinados critérios de justiça podem ser aplicados a ações e a alocações. Ao aplicar critérios particulares de justiça a ações e alocações, uma rivalidade entre os dois tipos gerais de igualdade (proporcional e nominal) vem à tona.[16] Se é de fato verdade que esses tipos de critérios (distributivos e comutativos) são irredutíveis entre si ou a um tipo mais geral de igualdade, eles podem qualificar a mesma ação ou alocação de maneiras opostas. Uma ação ou alocação justa do ponto de vista da justiça distributiva pode ser qualificada como injusta do ponto de vista da justiça comutativa. Assim, a mesma ação ou alocação pode ser ao mesmo tempo justa e injusta do ponto de vista da justiça particular. Ora, isso colocaria em questão a própria possibilidade de agrupar ambas as noções de igualdade sob o mesmo esquema de justiça (e muito menos sob o mesmo conceito de justiça particular).

Uma maneira óbvia de tentar sair dessa dificuldade é postular diferentes domínios para o uso da justiça corretiva e da justiça distributiva. O próprio Aristóteles dá a deixa para essa solução ao sugerir que a justiça comutativa se aplica às relações entre partes privadas, enquanto a justiça distributiva se aplica às relações entre uma parte privada e a comunidade.[17] A leitura de Weinrib

---

[15] Williams 'Justice as a Virtue', cit, p. 190

[16] Um ponto também levantado em Sadurski, Wojciech. ;'Social Justice and Legal Justice' *Law and Philosophy* 3 (1984), p. 329-354, na página 334.

[17] Aristotle. *Nichomachean Ethics*, In *The Complete Works of Aristotle* Princeton, Princeton University Press, 1984, 1130b30-1131a1.

dessa sugestão a vê como uma distinção entre o imediatismo da conexão entre partes privadas – justiça comutativa – e a conexão mediada na qual as partes podem se relacionar por meio de um esquema distributivo – justiça distributiva.[18] Esta não é, obviamente, uma solução completa. Um segundo passo necessário seria fornecer critérios de competência para explicar quem deve aplicar cada forma de proporção e sob quais condições. Pode-se dizer, por exemplo, que o legislador, ao decidir sobre regras gerais de tributação, deve levar em consideração critérios distributivos, enquanto os juízes só podem utilizar critérios comutativos. Usar as formas de justiça particular para avaliar a justiça das ações realizadas por diferentes tipos de agentes pode funcionar como um dispositivo de separação que resolve a rivalidade entre as duas formas de igualdade. No entanto, esse dispositivo só parece ser eficaz se estivermos preocupados em qualificar determinadas ações. Não ajuda muito se nossa primeira preocupação for encontrar compatibilidade entre igualdade proporcional e nominal na avaliação de critérios alocativos.

A rivalidade permanece entre os critérios de alocação por causa do que pode ser chamado de "unidade de alocações". Independentemente do número de critérios ou tipos de critérios que usamos para julgar uma alocação como apropriada ou não, a alocação é apenas uma. Ou seja, o resultado da alocação é que um sujeito (ou uma pluralidade circunscrita de sujeitos) tem controle exclusivo sobre um ativo. Uma alocação sempre traz essa relação entre sujeito e objeto, independentemente de quem a estabeleceu e de quais critérios foram usados para informar a decisão de alocar e em qual contexto. Segue-se que, se um determinado critério é utilizado para julgar uma alocação como comutativamente justa, a mesma alocação pode ser qualificada, do ponto de vista dos critérios distributivos, como injusta.

Outra forma de tentar lidar com esse (potencial) choque entre critérios de justiça particular é hierarquizar a justiça distributiva e a justiça comutativa, de modo que a última seja vista como instrumental para a realização da primeira. Para colocar nas palavras de James Gordley: "Enquanto o objetivo da justiça distributiva é fornecer a cada cidadão uma parcela justa do poder de compra, o da justiça comutativa é preservar a parcela de cada pessoa".[19]

De acordo com Gordley, Sadurski[20] e outros, a manutenção de uma divisão distributivamente justa de bens entre os indivíduos é tarefa de instituições

---

[18] Weinrib 'Aristotle's Forms of Justice', p. 215)
[19] Gordley, James 'The Moral Foundations of Private Law' *American Journal of Jurisprudence* vol 47:1 (2002),1-22.
[20] Sadurski 'Social Justice and Legal Justice' 334-46)

que impõem critérios de justiça comutativa, enquanto a distribuição justa de bens é, em primeiro lugar, tarefa de justiça distributiva.[21] De acordo com esse quadro, o valor da justiça comutativa é o serviço que ela presta à justiça distributiva. A justiça comutativa pode até ser um meio necessário para alcançar a justiça distributiva, mas sua normatividade seria acessória a ela.

Independentemente da verdade que possa haver nessa concepção de "serviço" da relação entre justiça distributiva e comutativa, ela não resolve o problema da competição entre os critérios. Em primeiro lugar, porque ela não enfrenta o problema da relação conceitual (e não meramente fática ou instrumental) entre justiça distributiva e comutativa. Consequentemente, ela não atenta para o fato de que o parcial insulamento dos critérios de justiça comutativa, em relação aos critérios de justiça distributiva é uma imposição do conceito de distribuição que subjaz aos critérios de justiça distributiva. Procurarei explicar esta dependência por meio da discussão de exclusividade, levada a cabo na seção 4 abaixo. Em segundo lugar, a concepção de "serviço", não explica como conceber a aplicação de critérios de justiça comutativa de modo a não a tornar redundante em relação à aplicação de critérios de justiça distributiva.

Isso não significa que a concepção "serviço" não possa prover uma explicação para o valor da justiça comutativa. Uma tal explicação poderia partir da premissa de que não é sempre possível aplicar os critérios de justiça distributiva a todo e qualquer situação particular. Em situações em que isto não é possível, critérios de justiça comutativa podem fornecer regras prudenciais que permitem uma distribuição mais efetiva de acordo com critérios de justiça distributiva. Estas regras prudenciais poderiam, por hipótese, ser mais efetivas em promover a distribuição correta de bens se elas fossem aplicadas sem que o decisor precisasse tomar em conta os critérios de justiça distributiva que as regras de justiça corretiva estão procurando, em última análise, servir. Se esta efetividade pode ser demonstrada em uma determinada comunidade política, haveria uma razão para institucionalizar competências e responsabilidades distintas para a aplicação dos dois grupos de

---

[21] Quando a justiça particular é incorporada em instituições jurídicas, as coisas ficam mais confusas. Instituições de direito privado, que Gordley vê como intrinsecamente ligadas à justiça comutativa, não são perfeitamente eficazes em manter uma divisão distributivamente justa dos bens sociais e, consequentemente, outras instituições serão necessárias (por exemplo, um sistema tributário) para evitar desequilíbrios distributivos que normalmente resultariam do funcionamento da justiça comutativa. No entanto, esse fracasso da realidade das instituições destinadas a promover a justiça corretiva não é uma objeção à nítida divisão de trabalho conceitual defendida por Gordley.

critério alocativo. Mas este argumento não explica como a aplicação de critérios comutativos não colapsaria na aplicação de critérios distributivos. Para ver por que, pense na seguinte hipótese contrafactual: uma juíza deve decidir sobre a aplicação de critérios de justiça comutativa ao caso de acidente de trânsito introduzido no início deste capítulo. Um dos primeiros pontos que ela precisa esclarecer para decidir corretamente é se o carro que sofreu o dano foi um bem alocado para a pessoa que alega ser a proprietária. Ela aplica o critério de alocação fornecido pela justiça distributiva e conclui que o carro (ou o valor correspondente a ele) não pertence a quem alega ser o proprietário. Segue-se que não há necessidade de aplicar critérios de justiça comutativa. Como o autor da ação não fazia jus ao carro (ou ao valor correspondente), a diminuição ou eliminação do valor do carro é irrelevante para a decisão. A justiça distributiva resolveu o problema da alocação distributivamente correta por si só. A justiça comutativa só entra em cena depois da questão sobre a distribuição original ter sido resolvida. Mas isto significa que cada aplicação de critérios comutativos deve ser precedida por uma avaliação da justiça na distribuição de alocações de bens em questão entre os membros da comunidade política. Mas este "vazamento" entre os dois tipos de critério alocativo em contexto nos quais eles devem ser aplicados a um caso concreto é problemático do ponto de vista conceitual, pois não é compatível com o que significa dizer que um bem foi distribuído. Eu vou retornar a este problema na seção 4 abaixo.

Antes disso, porém, eu gostaria de chamar a atenção tanto para a verdade conceitual capturada pela concepção "serviço" da divisão de trabalho entre justiça distributiva e comutativa, quanto para as suas consequências. A concepção de "serviço" desta divisão de trabalho aponta para uma característica importante da justiça comutativa: diferentemente da justiça distributiva, ela pressupõe que já existam alocações. Enquanto os critérios de justiça distributiva se aplicam a bens e agentes em um determinado grupo como se esses bens não houvessem sido distribuídos, a justiça comutativa supõe uma base de alocações. John Gardner faz uma observação semelhante especificamente sobre a justiça corretiva:

> A questão da justiça corretiva não é simplesmente a questão de se, e em que medida, forma e fundamento ela deve ser alocada entre as partes envolvidas, ponto final. É a questão de se, e em que medida, forma e fundamento ela deve ser alocada de volta de uma parte para outra, revertendo uma transação que ocorreu entre elas. Uma norma de justiça corretiva

é uma norma que regula (dando um fundamento para) a reversão de pelo menos algumas transações.[22]

Mas esta não é a história completa. Uma observação análoga poderia ser feita sobre a justiça recíproca: a justiça recíproca não diz respeito à alocação de bens e encargos *tout court*, mas sim a uma alocação *que supõe uma alocação anterior*. Ora, se a linha de base das alocações utilizadas na aplicação de critérios de justiça comutativa (corretiva e recíproca) fosse dada por critérios de justiça distributiva, seguir-se-ia que todas as decisões em matéria de justiça comutativa suporiam uma aplicação prévia de critérios de justiça distributiva, como no exemplo acima.

Assim, a concepção de serviço da divisão do trabalho entre justiça comutativa e distributiva compreende corretamente o fato de que a primeira pressupõe uma base de alocação, enquanto a segunda não parte da suposição de que já existem alocações em vigor e que, por sua vez, parecem levar a uma dissolução da distinção, com o colapso da justiça comutativa em justiça distributiva.[23] É aqui que decisões alocativas jurídicas vem em socorro da teoria da justiça particular: o direito prevê uma base de alocações para a justiça comutativa diferente daquela que poderia ser provida por critérios morais de justiça distributiva. Isto se torna mais claro quando as ideias relacionadas de alocação e de exclusividade, que conectam justiça distributiva e comutativa, são examinadas.

1.4. Alocação, Exclusividade e por que o Direito Positivo é condição necessária para a Justiça Particular

Uma alocação não é a única maneira pela qual alguém pode justificadamente se beneficiar de bens. Pode-se também participar justificadamente do gozo de certos bens em uma posição que não é nem superior nem inferior a de outros membros do grupo social relevante. Quase todo mundo tem direito a passear nos parques da cidade e todos aqueles que têm pleno direito de dirigir

---

[22] Gardner, John 'What is Tort Law for? Part 1: The Place of Corrective Justice' *Law and Philosophy* 50 (2011) 1-50, na página 9.

[23] Uma linha de argumentação desenvolvida até certo ponto por Sadurski ('Social Justice and Legal Justice', cit, 334-356). Seu argumento, no entanto, parece se concentrar na justiça recíproca, descartando a justiça corretiva muito rapidamente para lidar quase exclusivamente com questões relativas à troca e como as considerações distributivas podem afetar o direito que regula as trocas.

CAPÍTULO 1 A CIRCULARIDADE VIRTUOSA: DIREITO POSITIVO E JUSTIÇA PARTICULAR

podem fazê-lo nas ruas e estradas. O uso desses bens é normalmente regulamentado e, às vezes, fortemente. É fácil perceber essa participação no gozo de certos dos chamados "bens de uso comum" e no gozo de certos bens que seria difícil, ou mesmo impossível dividir, seja por razões naturais ou etnológicas, (por exemplo, o gozo de um ambiente saudável). As discussões sobre quais bens devem ser comuns e sobre a devida regulamentação do uso de tais bens não pertencem ao domínio da justiça particular, mas sim à justiça geral aristotélica. Entramos no domínio da justiça particular quando consideramos o problema da atribuição de bens e encargos, ou seja, o conjunto de questões relativas à relação de exclusividade entre bens/encargos e indivíduos.

A alocação de bens a indivíduos ou grupos de indivíduos implica a exclusão de outros de um certo tipo de relação com esses bens. Se lhe for atribuído um determinado bem, outros são excluídos da decisão de como empregar esse bem e/ou do gozo desse bem. O que quero dizer com 'exclusividade' é a exclusão total ou, mais comumente, a exclusão parcial de outros membros da comunidade relevante do gozo e/ou da tomada de decisão sobre o destino a ser dado a um determinado bem.[24] Um certo nível de exclusão está implícito em qualquer distribuição e a justiça comutativa é um elemento central para entender o que essa exclusividade significa. Quando relacionadas pelo conceito de alocação, justiça distributiva e comutativa, longe de serem as duas formas de racionalidade completamente separadas (aplicáveis respectivamente a distribuições e transações), são duas ideias complementares. De fato, a justiça comutativa está conceitualmente implícita na própria ideia de uma distribuição (ou seja, na ideia de uma alocação de acordo com certos critérios distributivos). A justiça comutativa se preocupa com a agência e com como e quando meu direito de influenciar o destino de um certo bem foi afetado de tal forma que a alocação resultante da distribuição se torna sem sentido. No caso mais simples: se um carro é alocado para mim de acordo com critérios de justiça distributiva, e você o destrói intencionalmente, a alocação torna-se inútil para mim, pois não posso afetar o destino do carro de uma forma ou de outra (e não posso aproveitá-lo depois que você o destruiu completamente). Resumindo: (a) a justiça distributiva trata de estabelecer critérios para resolver o problema de alocação de bens em uma determinada sociedade; (b) a ideia de alocação de bens implica 'exclusividade';

---

[24] Eu uso exclusividade aqui de uma forma que engloba, mas é mais ampla do que, a ideia de exclusividade associada ao direito de propriedade (como apresentado, por exemplo, em Penner, JE *The Idea of Property Law*. Oxford: Clarendon Press, 1997, 68-104).

e (c) a justiça comutativa é uma parte central do que significa esta "exclusividade". A partir disso, segue-se que a justiça distributiva está conceitualmente conectada à justiça comutativa de tal forma que seria impossível obter uma compreensão completa da justiça distributiva sem uma compreensão apropriada da justiça comutativa.

As maneiras pelas quais a alocação de bens de acordo com critérios distributivos pode levar à exclusividade e os limites da exclusividade são complexos. Por essa razão, não se deve presumir que a ideia de exclusividade implica que, quando um bem é atribuído a um sujeito, esse terá o direito exclusivo de fazer o que quiser com esse bem, sem incorrer em qualquer responsabilidade. Em primeiro lugar, a exclusividade pode ser dividida entre diferentes sujeitos, cada um dos quais tem direito exclusivo sobre um determinado aspecto de um bem. Pense na distinção, familiar aos teóricos da propriedade, entre o direito de usar algo e o poder que é possível ter sobre outras pessoas em relação a como este objeto deve ser usado.[25] Em segundo lugar, a exclusividade pode ser obtida apenas em relação a certos aspectos do bem, enquanto outros aspectos permanecem como parte dos bens não alocados (comuns) na sociedade relevante. Para alguns, esse tipo de domínio parcial zomba da própria ideia de exclusividade. Hegel reclama que da fragmentação do poder da vontade de um indivíduo sobre um objeto externo (ele está escrevendo neste contexto sobre propriedade) é inaceitável.[26] Penner também parece acreditar no caráter absoluto da exclusividade.[27] Todavia, eu não vejo razão para não conceber a exclusividade como parcial da forma descrita acima.

Curiosamente, quando falamos de exclusividade, é comum confundir dois problemas distintos. Por um lado, existe o problema fundamental de quem tem o direito de tomar decisões sobre o uso de determinado bem. Por outro lado, há a questão de quem deve receber os benefícios resultantes da existência ou uso do bem. Nesse sentido, a justiça pode demandar que um determinado bem beneficie a um indivíduo, a um subconjunto de indivíduos dentro de uma determinada sociedade, ao interesse comum (ou seja, a justiça pode demandar que o bem não seja alocado) e até mesmo ao interesse de outras sociedades e/ou seus respectivos indivíduos ou subconjunto de indivíduos. Separar a parte que tem competência para decidir da parte que se beneficiará com as decisões é aceitar a possibilidade de que alguns dos que têm

---

[25] por exemplo, Harris, JW. *Property and Justice*. Oxford: Clarendon Press 1996, p. 4.
[26] Hegel, GWF *Philosophy of Right*. Cambridge: Cambridge University Press, 1991, parágrafo 62R.
[27] Penner, JE *The Idea of Property Law*, cit, 68-75.

'exclusividade' na decisão sobre o que fazer com o bem tenham uma responsabilidade para com a pessoa ou pessoas que deve ou devem se beneficiar desse bem. Não obstante os argumentos libertários, essa dissociação já está incorporada na regulamentação legal, em particular em certas formas de regular os bens sociais. Esses dois significados de exclusividade são trazidos à tona em categorias legais como a "função social da propriedade" ou a "função social do contrato", que foram introduzidas não apenas pela doutrina jurídica, mas pela legislação em muitos sistemas jurídicos. O artigo 27 da constituição mexicana de 1917 dispôs que "[a] Nação terá, em todos os momentos, o direito de impor à propriedade privada as limitações que o interesse público exigir, bem como o direito de regular a utilização dos recursos naturais que são passíveis de apropriação, a fim de conservá-los e assegurar uma distribuição mais equitativa da riqueza pública." De forma mais sucinta, mas no mesmo sentido, a Constituição brasileira estabelece que "XXII – é garantido o direito de propriedade" e que "XXIII – a propriedade cumprirá sua função social". Posso ter exclusividade no segundo sentido, sem ter exclusividade no primeiro sentido, ou seja: posso ser eu quem tem o direito de decidir, mas posso não ter o direito de levar em conta apenas os meus próprios interesses ao decidir.

À questão sobre quais bens (ou aspectos deles) devem ser alocados não impingem os tipos de razões que são típicos da justiça particular. A tradição aristotélica atribuiria esses problemas à justiça geral, e não à justiça particular. São, claro, problemas em que a relação com o outro é relevante (como em qualquer questão de justiça), mas estariam fora do âmbito da justiça particular, domínio que se preocupa apenas em *como* alocar bens divisíveis de modo exclusivo. A inclusão ou não de um bem no rol dos bens divisíveis certamente é relevante do ponto de vista da justiça, mas é um problema diferente daquele de encontrar os critérios corretos de alocação.[28] O conteúdo particular dos direitos de propriedade, por exemplo, pode ou não incluir o direito de construir em sua terra ou de usá-la para produzir outros bens ou, talvez mais interessante, o direito de não usar sua propriedade para nenhum propósito produtivo. Seja como for, esse problema é diferente do problema de como alocar um direito de propriedade.

---

[28] Em algumas teorias contemporâneas da justiça distributiva, a distinção entre justiça geral e particular não é nítida. Para Nozick (Nozick, Robert *Anarchy, State and Utopia* Basic Books, 1974, 149-82), por exemplo, a aquisição original é tanto um critério de "mérito" para distribuição quanto o critério apropriado para determinar se um bem deve ou não ser considerado divisível.

Assim, a exclusividade é o ponto de encontro da justiça distributiva e comutativa. Enquanto uma investigação de justiça distributiva tenta encontrar critérios apropriados de alocação exclusiva de bens divisíveis, argumentos sobre justiça comutativa dizem respeito ao que conta (a) como um exercício apropriado do controle e (b) como uma redução relevante do controle. A justiça comutativa amplia nossa compreensão do que significa exclusividade 'de dentro para fora' e, além disso, fornece critérios para restabelecer uma situação de igualdade perturbada por certos eventos.

Sem justiça comutativa, a justiça distributiva é conceitualmente vazia; sem justiça distributiva, a justiça comutativa é inútil. O que isso significa é que a possibilidade de um colapso da justiça comutativa em justiça distributiva não é simplesmente uma ameaça à independência da primeira e não é de forma alguma um triunfo da segunda. Com efeito, para que as distribuições façam sentido, o bem tem de ser atribuído exclusivamente ao agente. Se esse bem fosse tratado como ainda pertencente ao *pool* geral pré-distribuição em qualquer momento específico, estaríamos tratando as decisões da pessoa à qual foi atribuída exclusividade como substancialmente irrelevantes e isso tornaria a própria distribuição irrelevante.

Se uma não poder ser, se alguma forma, isolada da outra, ambas desaparecem, pois seria impossível conceber o que seria uma alocação exclusiva de bens. É precisamente aqui que o direito positivo vem em socorro de uma teoria da justiça particular. O direito positivo ou, mais precisamente, as decisões alocativas positivas da comunidade, oferecem uma "linha de base" distributiva que permite aos critérios de justiça comutativa a necessária independência conceitual em relação à justiça distributiva. É claro que essas decisões alocativas positivas podem assumir muitas formas diferentes. Em relação às alocações que tomam a forma do direito de propriedade privada, a maioria das comunidades faz uso de conjuntos de regras gerais sobre formas de aquisição originária (especificação, ocupação, usucapião etc.) e aquisição por transferência. Em geral, a alocação por meio da aplicação dessas regras jurídicas gerais não requer nenhuma ação particular da comunidade para oficializar a aquisição. Na maioria dos sistemas jurídicos ocidentais, um fabricante adquire a propriedade sobre o produto fabricado por especificação (ou alguma instituição semelhante) e o vende sem a necessidade de uma sanção oficial sobre a aquisição original. Às vezes, atos específicos de alocação são a maneira pela qual a exclusividade é distribuída. Um benefício específico concedido pelo governo pode precisar ser especificamente depositado na conta bancária de alguém e, embora sob o estado de direito esses atos individuais de atribuição sejam executados em conformidade com uma estrutura regulatória, não há nada conceitualmente necessário sobre essa conexão entre uma estrutura e a atribuição positiva particular.

Independentemente da forma como essas alocações positivas são realizadas, elas possibilitam a distinção entre justiça distributiva e corretiva ao fornecer uma linha de base distributiva para a justiça comutativa diferente da que poderia ser oferecida pela aplicação direta dos critérios da justiça distributiva.

Segue-se daí que existe de fato uma conexão necessária entre o direito e a justiça, mas essa conexão vai na direção oposta à maneira mais comum pela qual a questão é colocada pelos teóricos do direito. O que isso implica é que a existência do direito posto é uma condição necessária para dar sentido conceitual a pelo menos uma distinção moral fundamental, a saber, aquela entre justiça distributiva e comutativa.

1.5. O Propósito da Justiça Particular

Com todos os elementos do meu argumento no lugar, cabe agora juntá-los para justificar minha afirmação inicial de que a justiça particular é conceitualmente dependente da existência de alocações positivas. Como espero ter mostrado, sem postular a existência do direito positivo, nem a justiça distributiva nem a comutativa podem desempenhar suas respectivas funções. Claro, a principal função da justiça distributiva e da justiça comutativa é qualificar as alocações como justas e injustas. Há, porém, uma assimetria entre a justiça distributiva e a comutativa: apenas a última supõe um patamar prévio de alocações. No entanto, se essa linha de base de alocações for dada pela aplicação de critérios de justiça distributiva, a própria ideia de distribuição, que é parcialmente definida pela justiça comutativa, se torna sem sentido e não é claro o que um agente está fazendo quando aplica critérios de justiça distributiva.

A razão para isto é que a justiça distributiva e a justiça comutativa estão conectadas por meio de sua relação com a ideia moral de alocação exclusiva (a ser entendida com todas as qualificações enunciadas na seção 4, acima). A justiça distributiva oferece critérios para a alocação exclusiva de bens; mas o que significa "exclusividade" é em grande medida definido pela justiça comutativa. Assim, o colapso da justiça comutativa em justiça distributiva destruiria não apenas a primeira, mas ambas. Para evitar esse colapso, é preciso prover uma linha de base para alocações diferentes da aplicação hipotética de critérios de justiça distributiva. O direito positivo pode fornecer precisamente essa linha de base. Com isso, a justiça comutativa pode ser parcialmente isolada da justiça distributiva, pois pode usar alocações positivas como sua linha de base. Segue-se que as diferentes classes de justiça particular podem de fato ser integradas em uma divisão conceitual funcional do trabalho. Obviamente que isso supõe que as alocações feitas pelo direito positivo possam ser conhecidas sem ter de fazer uma longa investigação sobre a justiça distributiva, mas não me parece este pressuposto causaria qualquer problema.

Por fim, mesmo que esta visão da relação entre direito positivo e justiça particular esteja correta, uma objeção ainda permanece contra o empreendimento investigativo levado a cabo neste capítulo: poder-se-ia argumentar que não há nenhuma boa razão para procurar salvar a distinção entre justiça distributiva e comutativa e que seria muito melhor que simplesmente eliminássemos a distinção de nosso universo moral. Eu não posso fornecer aqui um argumento completo a favor do valor de preservar a distinção, mas gostaria de apresentar, ainda que brevemente, duas razões pelas quais eu creio que a distinção é necessária. Em primeiro lugar, se for efetivamente correto dizer que alocações e exclusividade implicam um certo grau de isolamento de um conjunto de critérios alocativos (aqueles típicos da justiça comutativa) em relação a um outro conjunto de critérios alocativos (aqueles típicos da justiça distributiva), a distinção se torna necessária para que a própria ideia de uma alocação exclusiva faça algum sentido. Segue-se que, se decidirmos eliminar a distinção, estaríamos também eliminando a possibilidade de alocar bens. Claro que este caminho é conceitualmente possível, mas ele leva a uma forma bastante implausível de conceber a vida em uma comunidade política.

Em segundo lugar, a distinção entre justiça comutativa e justiça distributiva permite um espaço para a reflexão crítica sobre a justiça em diversas formas de alocação de bens. Este espaço é aberto por meio da uma separação relativa entre dois tipos de raciocínio prático: o raciocínio prático levado a cabo para criticar os esquemas de alocação em vigor em uma comunidade política determinada, e o raciocínio prático que orienta decisões sobre distúrbios nas alocações que estão já em vigor (cujo "caso central" é o raciocínio jurídico). Este último segue, em linhas gerais o cânone dos argumentos típicos da justiça comutativa (desenvolvido historicamente por meio das instituições de direito privado). A outra forma de raciocínio prático é uma espécie de argumentação política. Em ambos os casos, não se trata de raciocínio teórico sobre problemas práticos, mas sim, de raciocínio propriamente

CAPÍTULO 1 A CIRCULARIDADE VIRTUOSA: DIREITO POSITIVO E JUSTIÇA PARTICULAR

prático, no sentido de que eles se dirigem a orientação de uma ação particular (a decisão judicial ou uma ação política que objetive alterar um esquema de distribuição em vigor em um determinado grupo social). A sua conclusão, como observou MacIntyre[29] em sua discussão da concepção aristotélica de razão prática, não é uma proposição, tese ou enunciado, mas sim a própria ação. Se a separação relativa não estiver presente, qualquer argumento político que concluísse que o esquema de alocações em vigor na comunidade política é injusto concluiria com uma ação direcionada a alterar este esquema. De fato, este argumento implicaria que o esquema de alocações "vigente" não é o esquema correto para aquela sociedade e as ações do agente se conformariam com o argumento. Da mesma forma, se não há separação relativa, a argumentação e decisão jurídicas teria de iniciar decidindo sobre se qual o melhor esquema distributivo de alocações e, após, passar a implementar as o esquema alocativo julgado justo. Em ambos os casos, o ônus argumentativo do agente seria tão pesado que impediria o agente de produzir argumentos práticos bem-sucedidos em muitas (talvez mesmo em todas) as circunstâncias. Em outras palavras, a separação relativa discutida neste capítulo, corresponde a uma distinção entre a crítica prática a esquemas de alocação e a implementação prática de esquemas alocativos.

Assim, a justiça particular não é simplesmente um ideal que o direito positivo tenta imitar (embora ela possa fornecer tal ideal). Também não é simplesmente um conceito que agrupa duas formas de racionalidade necessárias para entender o direito. A justiça particular é uma estrutura conceitual que permite um isolamento parcial entre um nível reflexivo e um nível operativo de concepções de justiça.

Em resumo, a tese apresentada e defendida neste artigo é a de que há uma estrada conceitual de mão dupla entre o direito positivo e a justiça particular. Cada uma alimenta a outra em uma circularidade que Aristóteles consideraria virtuosa.

---

[29] MacIntyre. Alasdair *Whose Justice? Which Rationality?* cit, p. 129.

CAPÍTULO 2
O QUE O DIREITO PRIVADO JÁ FEZ PELA JUSTIÇA?*

2.1. O Valor das Regras de Alocação de Direito Privado

A pergunta do título pareceria estranha a muitos teóricos contemporâneos do direito privado e, curiosamente, por duas razões opostas. Para alguns deles, a pergunta não permite apenas uma resposta relevante. Existem inúmeras maneiras pelas quais diferentes doutrinas e regras de direito privado podem ser instrumentais para a realização de diferentes aspectos da justiça e, além disso, a adequação de qualquer resposta seria altamente sensível ao contexto. Entre os muitos papéis que pode desempenhar, o direito privado é muitas vezes parte de um esquema de realocação forçada de bens, dá aos atores sociais incentivos que vão desde simples *nudges* a ameaças sérias, e cria estruturas que permitem, ou pelo menos facilitam, a troca. Assim como com os romanos em *A Vida de Brian*, de Monty Python, o direito privado faz muito. Nesses papéis, as doutrinas e regras do direito privado podem ser causalmente relacionadas com uma alocação justa de recursos dentro da sociedade. Diante do grande conjunto de múltiplas maneiras pelas quais o direito privado pode contribuir com a justiça *causalmente*, é fácil deixar de lado outras maneiras importantes pelas quais ele pode fazê-lo.

Para outros teóricos do direito privado, a questão proposta no título é, na melhor das hipóteses, periférica, se não desprovida de sentido. Eles não acreditam que a relação central entre direito privado e justiça seja de utilidade.

---

* O artigo se beneficiou de comentários recebidos após a aula inaugural da cátedra de Filosofia do Direito, na Faculdade de Direito de Edimburgo em 30 de maio de 2016 (na qual o argumento deste texto foi articulado pela primeira vez) e em seminários realizados no Centro de Teoria do Direito de Edimburgo, na Faculdade de Direito de Durham (em um evento da JurisNorth) e na Universidade Pompeo Fabra. Também gostaria de agradecer aos revisores da publicação original pelos comentários muito úteis e ao excelente trabalho do tradutor, Dr. Osny da Silva Filho.

Em vez disso, as doutrinas de direito privado procuram emular o conteúdo normativo de um aspecto da justiça (ou seja, a justiça corretiva) de tal modo que, em um sentido importante, o direito privado seja a própria justiça corretiva. A questão importante a ser proposta, acreditam esses teóricos, é quão bem nossas doutrinas jurídicas positivas correspondem ao conteúdo normativo da justiça (corretiva). Teóricos desse tipo não estão comprometidos em negar que o direito privado se relaciona causalmente com outros aspectos da justiça (digamos, com a justiça distributiva), mas muitos deles não pensariam que se teria muito a aprender sobre o direito privado (ou suas partes constitutivas) se essas relações causais fossem totalmente reveladas. Assim, se qualificássemos a justiça contida na pergunta do título como "corretiva", essa pergunta poderia, na melhor das hipóteses, transmitir um apelo por uma explicação de como nossas leis privadas positivas alcançam a (ou ficam aquém da) tarefa de replicar os padrões normativos de justiça. Se qualificássemos a justiça contida na pergunta do título como "distributiva", a pergunta poderia se apresentar como uma pergunta interessante de teoria social, mas revelaria muito pouco sobre o direito privado.

Neste artigo, resisto à tentação de descartar a questão por qualquer uma dessas razões e tento demonstrar que um olhar mais focado em certas doutrinas e regras tradicionais do direito privado, combinado com um olhar mais atento às teorias da justiça, produziria respostas esclarecedoras para a questão da utilidade do direito privado para a justiça. Meu foco será em doutrinas positivas de direito privado e regras relativas à alocação de bens, e meu ponto é que o valor instrumental que essas doutrinas e regras possuem *vis-à-vis* a justiça pode ser de natureza *constitutiva*, não meramente *causal*. Se essa afirmação for sustentada pelos argumentos apresentados abaixo, uma resposta adequadamente informativa (e geral) pode ser dada para a pergunta posta no título deste artigo.

Deixe-me começar pela simples afirmação de que a alocação positiva de bens particulares a pessoas particulares por meio de regras jurídicas ou decisões jurídicas particulares é instrumental para a realização de um estado de coisas distributivamente justo. Se presumirmos que alcançar um estado de coisas distributivamente justo[30] é algo valioso, qualquer coisa que ajude a realizá-lo pode ser seguramente considerada instrumentalmente valiosa em relação a esse fim específico. Assim, tais regras e decisões jurídicas são valiosas

---

[30] A seguir, usarei a expressão "estado de coisas justo" para me referir a um estado de coisas que é justificado pela concepção correta de justiça distributiva, seja ela qual for.

em virtude de outra coisa que não elas mesmas: são um meio para alcançar uma distribuição justa de bens dentro de um determinado grupo social.

A aparente simplicidade da afirmação acima esconde um horizonte conceitual e normativo mais complexo. Há mais de uma maneira pela qual o valor pode ser transmitido de algo que possui valor final para os meios que conduzem à realização desse valor. Em relação aos objetos particulares que me interessam aqui, existem duas maneiras diferentes pelas quais as regras e decisões jurídicas podem ser instrumentais em relação à obtenção de um estado de coisas distributivamente justo.[31]

No entanto, uma das maneiras pelas quais as regras e decisões alocativas podem ser instrumentalmente valiosas permanece opaco para a literatura atual sobre a questão do valor decorrente do direito privado e de suas regras, conceitos e doutrinas constituintes. A questão do valor decorrente das instituições de direito privado (incluindo regras sobre alocação de bens) tem suscitado respostas gerais aparentemente opostas. Enquanto a visão dominante sobre a questão do valor do direito privado é que ele possui valor de tipo instrumental,[32] alguns, principalmente Ernest Weinrib, têm defendido a tese de que o direito privado (concebido como um sistema de responsabilidade) não deve ser concebido como se tivesse um propósito extrínseco. Como Weinrib sabidamente afirmou, "...[o] propósito do direito privado é simplesmente ser direito privado".[33] Essa oposição entre o valor "instrumental"

---

[31] Como veremos na seção C abaixo, essa afirmação precisa ser qualificada, pois ela se aplica apenas a um tipo específico de critério distributivo, que chamo de "alocação não vinculada".

[32] Leslie Green afirma que praticamente todas as concepções gerais contemporâneas do valor do direito concordam que o direito possui valor instrumental, em Leslie Green, "Law as a Means", in Peter Cane (ed.), *The Hart-Fuller Debate in the 21st Century* (2010) 169, pp. 170-171. Especificamente em relação ao direito privado, o instrumentalismo é uma característica central das abordagens da análise econômica do direito, mas não é uma característica exclusiva delas. A crença em que "As normas de direito privado são puramente instrumentais, em pelo menos dois aspectos, um pertencente ao valor e outro ao conteúdo" (Benjamin Zipursky, "Philosophy of Private Law", in Jules Coleman e Scott Shapiro (eds.), *The Oxford Handbook of Jurisprudence and Philosophy of Law* (2002) 623, p. 625), é compartilhada com muitas outras abordagens do direito privado. Para uma visão geral do instrumentalismo do direito privado, ver Jeffrey Pojanowsky, "Private law in the gaps" (2014), 82 Fordham LR 1705. Tampouco essa abordagem é nova ou restrita à tradição jurídica anglo-americana. Para citar apenas dois textos clássicos nesse sentido, Otto von Gierke, inspirado pelo trabalho de Jhering, proferiu a palestra pública posteriormente publicada como *Die Soziale Aufgabe des Privatrechts* (1889); 30 anos depois, Karl Renner publica seu clássico *The Institutions of Private Law and their Social Function* (1929, tradução para o inglês, 1949).

[33] Ernest Weinrib, *The Idea of Private Law* (1995), 21

e o valor "final"³⁴ do direito privado precisa de mais esclarecimentos, pois as duas formas de ser valioso não são mutuamente exclusivas. Algo pode possuir valor final e valor instrumental se também promover a realização de outro valor. De fato, ambos os tipos de valor podem decorrer da mesma propriedade possuída pelo objeto. A propriedade de "ter sido usado por Abraham Lincoln para assinar a Proclamação de Emancipação" torna a caneta de ouro mantida pela Biblioteca de Livros Raros e Manuscritos de Beinecke valiosa em si mesma (ou seja, possui valor final); e sob algumas condições, a mesma propriedade pode emprestar à mesma caneta de ouro valor instrumental (como quando é usada como meio de educar as crianças sobre justiça e igualdade).

Portanto, concepções de "valor intrínseco" do direito privado pagariam um preço alto em plausibilidade se seus proponentes argumentassem que nenhum valor instrumental pode decorrer de instituições de direito privado. Qualquer que seja o valor "final" que o direito privado (ou um aspecto dele) possa ter, se o direito privado também contribuísse, digamos, para maximizar a utilidade (talvez prevenindo danos) ou para trazer um estado de coisas que fosse distributivamente justo, ele também teria valor como um meio para alcançar um fim valioso.

Assim, a afirmação de que o propósito do direito privado é ser direito privado não é melhor entendida como uma afirmação substantiva sobre a existência de apenas um tipo de valor servido pelo direito privado, mas sim como uma afirmação sobre uma característica distintiva que o direito privado (concebido como um sistema de responsabilidade) possui: o direito privado possui valor em si mesmo. Entendida dessa forma, a afirmação apenas significa que, o que quer que faça parte do conceito central de direito privado, uma de suas características distintivas é que seu valor não é instrumental.³⁵ O direito privado (enquanto direito privado) não seria um meio para alcançar certo estado de coisas considerado valioso (embora certamente pudesse fazê-lo), mas seria o desdobramento de um certo valor, que teóricos tais como

---

[34] Ao longo deste artigo, usarei os termos "instrumentalmente valioso" e "valioso em si mesmo" (ou "finalisticamente valioso") para designar, respectivamente, a qualidade de ser valioso por causa de outra coisa e a qualidade de ser valioso por si só. Evitarei usar as expressões "extrínseco" e "intrínseco", pois são ambíguos entre este significado e o significado alternativo de "ter valor que decorre de uma propriedade relacional" e "ter significado que decorre de uma propriedade não relacional", como observado por Christine Korsgaard em "Two distinctions in goodness" (1983), 92 *Philosophical Review* 169.

[35] Sobre como essa abordagem poderia explicar o caráter distinto do direito privado, ver, por exemplo, Ernest Weinrib, *Corrective Justice* (2012), pp. 10-11; 13; e 28.

Weinrib frequentemente identificam como o valor de justiça corretiva. Assim, concluem, o valor do direito privado (enquanto direito privado), ao contrário do valor dos instrumentos, não depende da inexistência de meios melhores para atingir os valores finais relevantes.

Seja como for, as concepções de valor em si do direito privado não se preocupam com qualquer valor instrumental que as instituições de direito privado possam possuir. Por essa razão, defensores dessas concepções não dizem muito sobre como as instituições de direito privado podem ser consideradas instrumentalmente valiosas. Quando discutem candidatos para explicar o direito privado como instrumentalmente valioso, suas concepções de instrumentalidade não são suficientemente sutis. Ao discutirem responsabilidade extracontratual, argumentam contra concebê-la como meio de gerar incentivos negativos a comportamentos considerados indesejáveis.[36] A relação instrumental aqui é concebida simplesmente como uma relação de causa e efeito entre, de um lado, o direito sobre responsabilidade extracontratual e, de outro lado, um determinado estado de coisas em que ocorrem menos instâncias de um certo comportamento indesejável.

Essa concepção relativamente grosseira de instrumentalidade não é surpreendente nas teorias de justiça corretiva, pois é perfeitamente suficiente para seus proponentes explicarem por que são contra as concepções instrumentalistas de direito privado. O que é mais surpreendente é que as teorias que defendem a existência de um valor instrumental no direito privado não se saem muito melhor em sua concepção dos modos pelos quais instituições de direito privado possuem valor instrumental. Sua concepção geral da relação de instrumentalidade é notavelmente semelhante à assumida pelos teóricos da justiça corretiva. Compreende: (i) um estado de coisas considerado valioso (justiça distributiva, ou crescimento econômico, ou algum outro objetivo); (ii) um certo aspecto do direito privado (digamos, regras de responsabilidade civil, ou regras sobre a aquisição de propriedade); e, (iii) uma relação causal existe entre (ii) e (i). Essa concepção deixa muito a desejar, em especial para a compreensão do valor instrumental das normas jurídicas e das decisões sobre a destinação de bens às pessoas. No que se segue, pretendo ajudar a remediar essa situação, fornecendo uma melhor descrição do valor instrumental de tais regras e decisões.

No que segue, eu começo por estipular brevemente o que é uma alocação para os propósitos do meu argumento (seção 2.2) e, em seguida, passo a discutir

---

[36] Weinrib, *The Idea of Private Law* (n. 4), pp. 46-50.

critérios que podem ser usados para justificar, do ponto de vista da justiça distributiva, alocações particulares de bens a indivíduos dentro de um grupo social relevante (seção 2.3). Não pretendo discutir cada uma das muitas teorias sobre o que constitui uma alocação justa de bens dentro de uma comunidade política, mas sim introduzir uma distinção entre dois tipos de critérios usados para justificar tais alocações e, em relação a um deles (que eu denomino "alocação desvinculada"), identificar uma insuficiência inerente que o impede de realizar o trabalho que normalmente se exigiria de uma teoria da justiça distributiva. Na seção 2.4, examino diferentes estratégias para lidar com essa insuficiência e mostro que uma maneira crucial de conseguir isso é a introdução de alocações positivas do tipo que é tão familiar a juristas que lidam com direitos de propriedade. Com tudo isso estabelecido, concluo, na seção 2.5, apresentando brevemente as duas maneiras distintas pelas quais as regras do direito privado e as decisões que tradicionalmente alocam bens particulares a pessoas específicas podem ser consideradas instrumentalmente valiosas para a realização da justiça distributiva.

2.2. O Que é uma Alocação?

Uma "alocação" é um pareamento entre um bem particular e uma pessoa particular. Ela estabelece uma relação entre um sujeito determinado e um bem particular (uma relação que ninguém mais tem com esse bem). A relação alocativa entre um bem particular e uma pessoa particular tem sido explicada em termos de controle: um bem é alocado a uma pessoa se o bem estiver sujeito ao controle daquele a quem o bem foi alocado (ou, às vezes, à sua "vontade").[37] A noção de "sujeição ao controle" não é transparente, e a necessidade de precisão fica clara se lembramos do pouco controle efetivo que as pessoas têm sobre o destino dos bens que lhes são atribuídos. A noção de "controle" exagera a posição daquele a quem o bem foi alocado, uma vez que a alocação está sujeita a adversidades que muitas vezes estão totalmente fora de seu controle.

A noção de "controle" relevante para o meu argumento tenta capturar a posição normativa (ou posições normativas) daquele a quem o bem foi

---

[37] Veja, por exemplo, a definição de Waldron de um "sistema de propriedade" em Jeremy Waldron, *The Right to Private Property* (1988), pp. 31 e ss.; Thomas Gray (*inter alia*) observa que isso é o que normalmente se entende por "propriedade", Thomas Gray, "The disintegration of property" (1980), 22 *Nomos* 69, pp. 69-70.

alocado em relação ao bem alocado. O "pareamento" normativo que permite o tipo relevante de controle toma a forma de um conjunto de posições normativas hohfeldianas (direitos subjetivos, liberdades, poderes, imunidades e seus correlativos[38]). No entanto, posições normativas relacionam primariamente certa *pessoa* com dada *ação* (como "devido", "permitido", etc.), e não diretamente com um dado bem. Afirmar que a alocação liga uma pessoa a um bem é apenas um atalho para dizer que aquele a quem o bem foi alocado (i) tem várias liberdades para agir de certas maneiras em relação a um bem específico (digamos, sentar-se sobre ele ou carregá-lo); e, (ii) tem vários direitos subjetivos a que outros façam (ou se abstenham de fazer) algo em relação ao bem (por exemplo, se abstenham de destruí-lo). Assim, em seu nível mais básico, a relação normativa entre a pessoa e o bem é um feixe de posições normativas que conectam pessoas (incluindo, mas não se limitando, aquele a quem o bem foi alocado) a "ações" que são permitidas, prescritas ou proibidas em relação a certos bens.

O que une essas posições é o fato de que, tomadas em conjunto, elas criam um espaço normativo dentro do qual aquele a quem o bem foi alocado tem poder para controlar o bem. Escrevendo especificamente sobre o tipo de atribuição que assume a forma de propriedade privada, Larissa Katz defendeu a ideia de que o proprietário tem um poder normativo de "definição da destinação" (em inglês, "agenda setting") em relação ao objeto do direito de propriedade.[39] O conjunto de posições normativas particulares constitui uma posição normativa mais abrangente na qual minhas decisões sobre o destino a ser dado ao bem prevalecem sobre a decisão de qualquer outra pessoa. Isso não quer dizer que outros não possam decidir sobre certos aspectos do bem, mas suas decisões precisam se "alinhar" com a decisão daquele a quem o bem foi alocado.[40] Assim, mesmo que outros tenham uma ou mais posições normativas vantajosas em relação ao bem (meu inquilino tem, por exemplo, um direito subjetivo contra mim, correspondente ao meu dever de não interferir

---

[38] Wesley Hohfeld, "Some fundamental legal conceptions as applied in judicial reasoning" (1913), 23 Yale Law J 16, e "Fundamental legal conceptions as applied in judicial reasoning" (1917), 26 Yale Law J 710. Mais tarde, ambos os ensaios foram transformados em livro: Wesley Hohfeld, Fundamental Legal Conceptions (1923). A literatura sobre as posições jurídicas fundamentais hohfeldianas cresceu rapidamente nas últimas décadas. Merecem menção especial Matthew H. Kramer, "Rights without trimmings" em Matthew H. Kramer, Nigel E. Simmonds e Hillel Steiner (eds.), *A Debate over Rights: Philosophical Inquiries* (1998) 7, e Luís Duarte d'Almeida, "Fundamental legal concepts: the Hohfeldian framework", (2016) 11 *Philosophy Compass* 554.
[39] Larissa Katz, "Exclusion and exclusivity in property law" (2008), 58 *U Toronto L J* 275.
[40] Katz (n. 10), p. 297.

em seu gozo de minha propriedade, bem como muitas liberdades em relação ao uso do meu bem), o destino a ser dado ao bem é, em última análise, baseado em minhas decisões como proprietário.[41]

Uma alocação gera, portanto, uma posição normativa mais abrangente que resulta de um feixe de posições normativas particulares. Essa posição normativa resultante é uma *liberdade exclusiva* (em termos hohfeldianos): aquele a quem o bem foi alocado tem a *liberdade* de definir a destinação do bem (ou seja, ela não tem o dever de não definir a destinação do bem particular). Essa liberdade é *exclusiva*, no sentido de que todos os demais têm esse dever de não agir de modo a fazer com que suas decisões prevaleçam sobre as decisões daquele a quem o bem foi alocado, no que tange à determinação da destinação do bem (e este tem o direito subjetivo correspondente a tal dever). A posição normativa daquele a quem o bem foi alocado também inclui um poder, pois cada decisão sua sobre a destinação do bem muda o cenário normativo dos outros (suas liberdades e poderes para decidir sobre o bem podem ser restringidos e/ou expandidos por essas decisões). A existência dessas posições hohfeldianas constitui uma área de exclusividade para aquele a quem o bem foi alocado[42] no sentido de criar para ele (e somente para ele) uma posição protegida.[43] A exclusividade, nesse sentido, é a pedra de toque das alocações.

É importante observar que a alocação de bens particulares a pessoas particulares varia de acordo com a ocorrência de eventos particulares, independentemente de tal alocação ser pensada como uma posição normativa *moral* ou como uma posição normativa *legal*. Um filósofo moral como Nozick ou, mais discutivelmente, Locke,[44] diria que a alocação moral depende de fatos como a combinação do trabalho daquele a quem o bem será alocado com um objeto particular, ou a ocorrência de uma transação particular entre ele e quem tivesse o poder de transferir o bem alocado.

---

[41] Embora o caso paradigmático de uma alocação seja o de uma posição jurídica do tipo propriedade, a ideia de definição de agenda pode ser expandida além dos limites do direito de propriedade para capturar o controle sobre outros bens patrimoniais significativos, como as posições normativas pessoais que tenho contra um banco em relação ao valor monetário depositado em minha conta corrente.

[42] Mas não no sentido de "fronteira" defendido por alguns teóricos da propriedade privada, como o direito de excluir os outros (que se correlaciona com o dever dos outros de não interferir na alocação), e que encontra uma instância paradigmática em James Penner, *The Idea of Property in Law* (2001), pp. 68-74.

[43] Sobre a distinção dos dois tipos de abordagens de "exclusividade", ver Katz (n. 10), pp. 279-295.

[44] Robert Nozick, *Anarchy, State, and Utopia* (1974), pp. 151-182; Johm Locke, *Second Treatise of Government* (1690), cap. V, especialmente §§ 27-28.

Uma alocação legal, por outro lado, depende do fato contingente de uma alocação positiva. "Positivo", aqui, simplesmente significa que a alocação foi produzida, direta ou indiretamente, pela ação de alguém. Uma alocação positiva pode ser realizada por meio de uma única decisão alocativa (por exemplo, um senhor medieval concedendo uma parcela do controle sobre a terra a um vassalo) ou por meio de uma regra geral positiva (como a regra romana da *specificatio*, de acordo com a qual a criação de um novo objeto cria uma relação de alocação legal entre o criador e o objeto criado). Observe que tais regras legais gerais podem produzir a alocação independentemente de qualquer declaração oficial para esse efeito. Se eu crio algo novo em um sistema que contém regras gerais sobre aquisição de propriedade por especificação (ou similar), muitas vezes o novo objeto é alocado a mim independentemente de qualquer declaração oficial nesse sentido por um funcionário público.

Há muitas vantagens em ter o direito alocando bens para você. Nas democracias modernas, isso muitas vezes significa que o Estado (e seu respectivo poder) apoiará suas decisões sobre o bem alocado por palavras e ações. Mesmo na ausência de apoio da força estatal aos direitos privados, não é difícil imaginar as vantagens de uma alocação jurídica.[45] Além disso, conceder tais vantagens jurídicas a particulares pode ser objetivamente valioso como um meio de gerar estados de coisas que poderiam ser alcançados por outros meios (digamos, alcançar o equilíbrio ambiental ou a melhor preservação dos bens sociais existentes). Esse tipo de valor instrumental não é, porém, o que me interessa aqui. O que importa aqui são as maneiras pelas quais as regras positivas de alocação podem ser instrumentais para alcançar um estado de coisas que seja distributivamente justo. Para perceber as diferentes maneiras pelas quais as alocações positivas podem ser instrumentalmente valiosas para esse fim, precisamos de clareza sobre os tipos de critérios distributivos que podem ser usados para justificar esquemas de alocação específicos.

---

[45] De fato, durante a maior parte da história romana, o Estado teve apenas um papel indireto na execução das sentenças, pois apenas "autorizou o autor bem-sucedido a pressionar o réu a cumprir a sentença – uma forma de autotutela regulamentada, sendo o ônus imposto firmemente sobre o demandante para obter satisfação", ver Paul du Plessis, *Borkowski's Textbook on Roman Law*, 5. ed. (2015), p. 70.

2.3. Justificando Alocações

A existência de alocações positivas é um fato contingente.[46] Na verdade, a maioria das comunidades políticas, se não todas, são organizadas de tal forma que muitos bens não são alocados: parques públicos, o ar que respiramos e vias públicas são exemplos perfeitamente mundanos de bens que não são alocados a ninguém em especial. Os tipos de razões para a alocação de bens a indivíduos dentro de uma comunidade são familiares. Alguns, como o argumento de Aristóteles de que os bens mantidos em comum não são cuidados tão eficientemente quanto os bens mantidos em privado[47] são consequencialistas, enquanto outros, como alguns argumentos de justiça distributiva, centram-se na importância de reconhecer as diferenças entre os "méritos" relativos das pessoas, alocando mercadorias de forma diferente. Esses argumentos não dizem respeito apenas aos melhores critérios para a alocação dos bens relevantes, mas por vezes apenas procuram justificar que um bem particular ou um tipo de bem deve ou não ser alocado.[48] Tais argumentos não se relacionam diretamente com o problema que estou tentando abordar neste artigo. Por outro lado, entender os tipos de critérios que são considerados capazes de justificar particulares alocações positivas é uma parte central do meu argumento.

Filósofos morais e políticos têm defendido diversos desses critérios ao longo dos séculos. "A cada um de acordo com suas necessidades";[49] "todos os bens devem ser alocados igualmente, a menos que uma alocação desigual funcione

---

[46] Há um sentido de "necessário" no qual as alocações positivas se qualificariam como tal: para Kant, deixar o estado de natureza para entrar na condição civil (portanto, necessariamente alocar objetos por vontade omnilateral) é "objetivamente necessário" (Immanuel Kant, *Metaphysics of Morals* 6:264). Mas essa necessidade é uma exigência da razão prática e, portanto, se manifesta como um dever, não como um fato. Um relato e defesa recente dessa mudança foi apresentado em Ernest Weinrib, "Private law and public right" (2011), 61 *U Toronto L J* 191 e, com um sabor mais exegético, em Ernest Weinrib, *Corrective Justice* (2012), pp. 263-296. Voltarei a esse argumento abaixo na seção D.

[47] Aristóteles, *Política* 1263a. Este argumento a respeito da alocação de bens é baseado em uma tese que prenuncia a família de argumentos da "tragédia dos baldios" que foi desencadeada por Gerrett Hardin, "Tragedy of the commons" (1968), 162 *Science* 1243.

[48] Dentro da tradição aristotélica, é possível distinguir claramente entre os problemas de *se* um bem deve ser alocado e *a quem* um bem deve ser alocado, pois cada questão diz respeito naturalmente a diferentes aspectos da justiça (respectivamente, justiça geral e justiça particular). Aristóteles, *Ética a Nicômaco* 1130b6-1132b21.

[49] Karl Marx, "Critique of the Gotha Programme", in Marx/Engels: *Selected Works in One Volume* (1968), p. 325.

em favor dos membros menos favorecidos da sociedade";[50] ou "bens devem ser alocados a quem tiver combinado seu trabalho com bens anteriormente sem dono"[51] são apenas alguns entre uma miríade de critérios que foram propostos para justificar a alocação de bens particulares a indivíduos particulares. Teorias complexas de justiça frequentemente articulam diferentes critérios, estabelecendo divisões de trabalho e hierarquias entre esses critérios.

Independentemente de como são articulados, os principais critérios dentro de cada concepção de justiça se enquadram em duas categorias. Os critérios do primeiro tipo estão "vinculados" a um esquema de alocação específico, o que significa que eles só são capazes de justificar um conjunto de pares específicos entre pessoas e bens. Critérios do segundo tipo, por outro lado, podem justificar uma série de diferentes conjuntos particulares de pares entre pessoas e bens, desde que cada um desses conjuntos de pares atenda a certos requisitos. Vou me referir aos critérios justificativos pertencentes ao primeiro tipo como "vinculados" e aos critérios justificatórios pertencentes ao segundo tipo como "desvinculados". No restante desta seção, pretendo refinar e explicar a distinção entre os dois tipos de critérios.

Um exemplo paradigmático de critério vinculado para justificar alocações pode ser encontrado na teoria da justiça proposta por Nozick.[52] O modelo de Nozick baseia-se na combinação de dois princípios: (i) o princípio da justiça na aquisição e (ii) o princípio da justiça nas transferências.[53] Nozick é muito breve em sua discussão sobre o primeiro princípio e parece concordar com a teoria do "trabalho" de Locke sobre aquisição de propriedade[54] (embora não esteja totalmente claro que o próprio Locke teria concordado com uso feito por Nozick da teoria do trabalho).[55] Independentemente de quão próximos

---

[50] Esta formulação destina-se a capturar parte do segundo princípio de justiça de Rawls em John Rawls, *A Theory of Justice* (1971), p. 60.
[51] Essa formulação destina-se a apreender a teoria da aquisição de propriedade pelo trabalho, quando ela é utilizada de forma justificatória (não meramente etiológica) (ver nota 26 abaixo).
[52] Como apresentada em Robert Nozick, *Anarchy, State, and Utopia* (1974), p. 151.
[53] De modo confuso, Nozick acrescenta então um terceiro princípio, de "retificação da injustiça", que entra em jogo quando os dois primeiros princípios são violados. Nozick, *Anarchy, State and Utopia* (n. 23), pp. 152-153.
[54] Nozick expressa algum desconforto com a ideia da aquisição de propriedade pela combinação entre natureza e trabalho humano. Veja Nozick, *Anarchy, State and Utopia* (n. 23), p. 174-182.
[55] J Locke, *Second Treatise on Government* §45 (tradução livre do autor). É possível que Locke apenas estivesse procurando produzir uma teoria etiológica da propriedade, aceitando que, por "Compact and Agreement", comunidades políticas devessem terminar de produzir a propriedade que o trabalho do agente teria começado a produzir. Esta leitura etiológica foi defendida de modo plausível em M Kramer, *John Locke and the Origins of Private Property* (1997) 143-144..

sejam o princípio da justiça na aquisição de Nozick e a teoria da aquisição pelo trabalho de Locke, é certo que o princípio da aquisição defendido por Nozick seria capaz de identificar uma classe de fatos históricos que justificariam a alocação de um particular bem a uma particular pessoa. Se Nozick é de fato um subscritor de alguma versão da teoria do trabalho, o princípio da aquisição poderia ser formulado da seguinte forma: "[o] que quer que alguém remova do estado em que algo se encontra na Natureza (...) foi mesclado com o seu trabalho, se juntando [portanto] com algo próprio do agente [o trabalho], e assim se tornado o objeto propriedade sua".[56] O princípio das transferências estabelece as condições nas quais são aceitáveis as alterações de uma distribuição baseada puramente no princípio da aquisição. Embora Nozick opte por não detalhar o conteúdo do princípio da justiça nas transferências,[57] o princípio é claramente destinado a abranger formas paradigmáticas de transferência voluntária de um particular bem, como uma doação ou uma compra e venda.

O que resulta é um critério para justificar alocações que é, em suas palavras, histórico: "a existência de uma distribuição depende apenas de como ela surgiu".[58] O que isso significa é que, se se conhece (a) os critérios que justificam a aquisição e a transferência e, (b) os fatos relevantes (por um lado, quem combinou trabalho com o quê e, por outro, o "livro" de transferências), deve ser possível determinar exatamente o que deve pertencer a quem. Nada mais é necessário. Em particular, não é necessário extrair critérios adicionais de outras razões morais ou atos positivos de alocação para identificar os "pareamentos" particulares entre cada pessoa e cada bem.

O mesmo não pode ser dito sobre os critérios justificativos de alocação desvinculados. Esses critérios não identificam os bens específicos a serem alocados e as pessoas específicas que vão receber cada bem. Esses critérios justificativos podem ser satisfeitos por muitos arranjos alocativos diferentes (e mutuamente incompatíveis), pois apenas especificam que bens pertencentes a uma certa classe ou possuindo uma certa propriedade devem ser alocados a pessoas pertencentes a uma certa classe ou possuindo uma certa propriedade.

---

[56] John Locke, *Second Treatise on Government* §26.
[57] Robert Nozick, *Anarchy, State and Utopia* (n. 23), p. 153. A insuficiência do relato de Nozick sobre o princípio das transferências e seus resultados é discutida em G. A. Cohen, *Self-Ownership, Freedom, and Equality* (1995).
[58] Nozick, *Anarchy, State and Utopia* (n. 23), p. 153.

CAPÍTULO 2 O QUE O DIREITO PRIVADO JÁ FEZ PELA JUSTIÇA?

As teorias de justiça distributiva que apresentam critérios de alocação desvinculados são inúmeras, mas, em parte por essa razão, a melhor maneira de explicar como todas elas podem ser consideradas de alguma forma incompletas não é discutir cada uma delas. Em vez disso, a seguir, ilustro esta insuficiência introduzindo um cenário hipotético no qual são utilizados critérios de alocação desvinculada.

No final do ano letivo, prometo aos meus dois filhos dar um presente a cada um deles em reconhecimento às suas excelentes performances escolares. Diligentemente, no sábado de manhã, eu os levo até uma loja de brinquedos e agora preciso decidir quais brinquedos serão alocados para cada criança.

Um tipo de critério que eu poderia adotar para decidir sobre a adequação das alocações é o seguinte: cada uma das crianças pode ter um brinquedo de um tipo em particular, digamos, um quebra-cabeça. Se esse critério é tudo o que tenho para "parear" cada criança com um brinquedo, eu ainda não possuo critérios que me permitam determinar qual quebra-cabeça específico deve ser alocado para qual criança em particular. Mesmo que haja apenas dois quebra-cabeças idênticos na loja, na ausência de critérios adicionais não há como decidir qual criança deve ter qual dos quebra-cabeças. Tudo o que o critério nos dá é a caracterização de uma classe de bens (quebra-cabeças) e uma classe de crianças (meus filhos), mas o conjunto de características identificadas são inúteis para combinar um quebra-cabeça determinado com uma criança determinada. Chame esses critérios de critérios distributivos "baseados em classe".

Outro tipo de critério de alocação desvinculada que eu poderia usar (um tipo muito popular nas teorias contemporâneas de justiça) coloca os critérios de justificação um passo adiante dos bens reais a serem alocados. Ao distribuir brinquedos entre meus filhos durante nossa visita à loja de brinquedos, posso estabelecer que um par brinquedo-criança só se justificaria se cada brinquedo dado a cada criança tivesse o mesmo valor (talvez qualificado pela condição prudencial de que valesse menos do que £10). Este tipo de estratégia baseia-se (i) na identificação de uma propriedade escalar comum aos objetos relevantes (digamos, seu "valor de mercado") e, (ii) na comparação dos itens relevantes a partir de onde eles se situam na escala relevante (por exemplo, o valor de mercado do item X pode ser R$ 5,00 e o valor de mercado do item Y pode ser R$ 9,00), produzindo, assim, um resultado (no nosso exemplo, a conclusão de que atribuir X a uma criança e Y à outra não é justificado). Chame esses critérios de critérios distributivos "baseados em uma característica".

Os critérios baseados na característica apresentam a mesma insuficiência que vimos acima em relação aos critérios baseados em classe: supondo que haja mais de um objeto ou combinação de objetos particulares que se situe no ponto preciso da escala que justificaria a alocação, seria impossível determinar qual objeto específico deve ser alocado para qual pessoa em particular. Em nosso exemplo, mesmo que haja apenas dois brinquedos que possuam o mesmo valor de mercado (digamos, um quebra-cabeça no valor de R$ 9,00 e um jogo de tabuleiro também no valor de R$ 9,00), o critério não seria suficiente para determinar qual criança deveria ter qual brinquedo.

Assim, as diferentes teorias de justiça distributiva que propõem critérios baseados em características de bens ou pessoas para distribuir riqueza são baseadas em critérios de alocação desvinculados. Tais critérios são neutros em relação a qual bem particular deve ser alocado a qual indivíduo particular e, como resultado, há muitos arranjos alocativos particulares concebíveis que seriam justificados pelos mesmos critérios. Quer o meu critério para alocação de brinquedos para meus filhos seja baseado em classe, quer seja baseado em características do bem, existem diferentes brinquedos particulares cuja alocação às crianças satisfaria os critérios, mas que seriam mutuamente exclusivos.

Nos últimos parágrafos, qualifiquei os critérios de alocação desvinculada para avaliar as distribuições como "de alguma forma incompletos" e "inúteis". Essa linguagem pode dar a impressão de que as teorias de justiça distributiva fundadas em tais critérios são, elas mesmas, incompletas ou inúteis e que, portanto, precisam ou bem ser alteradas de forma a especificar precisamente como os bens devem ser alocados, ou bem ser abandonadas em favor de teorias de justiça distributiva "vinculadas". É importante esclarecer que isso não se segue da análise acima. Desta incompletude segue-se apenas que, ao usar critérios de alocação desvinculados para justificar o pareamento entre uma pessoa particular e um objeto particular, há uma necessidade de especificação adicional que não surge com relação aos critérios de alocação vinculados.[59] Quebra-cabeças, assim como parcelas de riqueza e poder de compra, não podem ser alocados em abstrato. Parcelas de valor (e outras predicados semelhantes) e tipos de bens só se materializam na alocação de bens específicos a pessoas específicas. Se os próprios critérios distributivos não fazem

---

[59] Essa característica das teorias de alocação não vinculada, entretanto, cria uma razão *pro tanto* para favorecer as teorias de alocação baseadas no valor da parcimônia ou da simplicidade nas teorias filosóficas. Como Aristóteles colocou: "Que seja melhor aquela demonstração que, outras coisas sendo iguais, depende de menos postulados ou suposições ou proposições" (Aristóteles, *Posterior Analytics* 86a34-35). Desnecessário dizer que meu argumento é que essa razão *pro tanto* é facilmente superada por considerações em favor de critérios de alocação não vinculados.

o trabalho de pareamento, deve-se perguntar o que mais poderia fazê-lo. Isso não significa, é claro, que haja algo errado com os critérios ou com a teoria da justiça distributiva que utiliza critérios desvinculados. Significa apenas que tais critérios de justiça distributiva não podem realizar tanto um trabalho justificativo quanto um trabalho de pareamento e que, consequentemente, o pareamento deve ser "terceirizado" para que possamos aplicar critérios de justiça distributiva desvinculados.

É importante aqui ser claro sobre a natureza dessa necessidade. A maneira mais direta de esclarecer isso é perguntar o que se perde se não for possível determinar os pares específicos entre bens e indivíduos. A principal razão para se preocupar em qualificar um certo estado de coisas como distributivamente justo é o fato de que, a partir dessa qualificação, seguem-se razões *pro tanto* para promover esse estado de coisas (ou para agir de forma a preservá-lo). Mas um critério de alocação desvinculado, quando utilizado para avaliar alocações, subdescreve o estado de coisas que alguém tem uma razão para promover e/ou proteger. Existem inúmeros pares pessoa/bem que seriam perfeitamente aceitáveis de acordo com critérios desse tipo. Na verdade, praticamente todos os pares de um objeto específico com um membro específico do grupo relevante seriam aceitáveis. Porém, a maioria dos pares pessoa/bem específicos que os critérios justificam são mutuamente incompatíveis. Se um dos principais resultados que se espera de uma teoria da justiça distributiva é guiar a ação gerando razões *pro tanto*, tais teorias teriam falhado ao descrever a ação que precisa ser realizada. Aqui reside a importância de identificar formas adequadas para realizar os pareamentos. Volto-me para essa pergunta na próxima seção.

2.4. Como Parear Pessoas Específicas com Bens Específicos

A história usada na seção anterior para introduzir critérios de justiça distributiva de alocação desvinculada pode levar alguém a acreditar que o pareamento é um assunto bastante fácil. Afinal, eu posso decidir rapidamente qual dos quebra-cabeças idênticos vai para cada criança (no meu primeiro exemplo) ou talvez eu possa deixar a decisão para as próprias crianças. Qualquer brinquedo que elas escolherem dentro dos parâmetros que eu lhes dei me daria uma razão para realizar a alocação específica. Essa estratégia, por sua vez, parece estar alicerçada em argumentos sólidos fundados no respeito à autonomia de meus filhos e/ou na pedagogia da liberdade (ou seja, na crença de que se aprende a ser livre agindo livremente). Mas, por mais fácil que seja imaginar e justificar essas soluções, elas ainda se baseiam na necessidade de uma decisão (minha ou dos meus filhos) para realizar o pareamento.

Mas talvez eu não precise de decisões. Talvez razões morais diferentes daquelas contidas nos critérios justificatórios da justiça distributiva (ou mesmo razões prudenciais) possam ser suficientes para estabelecer quais pares particulares são justificados. No cenário da loja de brinquedos, eu poderia parear cada criança com o particular bem que ela pegou primeiro e isso pode ser justificado em termos de conveniência, custo-benefício, justiça ou uma combinação entre essas e outras considerações normativas. E se isso ainda parece depender de uma certa decisão (das crianças sobre a posse de brinquedos particulares), certamente existem outras considerações que não seriam assim. O fato de uma criança gostar mais de um quebra-cabeça específico do que de todos os outros brinquedos (do mesmo tipo, ou, em critérios baseados em uma característica, dentro da faixa de preço relevante) é uma razão para alocar esse quebra-cabeça específico a ela, mesmo que a alocação de outro brinquedo (digamos, de outro quebra-cabeça ou de um conjunto mágico) também se enquadrasse nos critérios relevantes de alocação desvinculada.

Não está claro, no entanto, se tais razões adicionais seriam suficientes para realizar o trabalho de pareamento na maioria das situações, em particular quando critérios baseados em uma característica tiverem de ser usados em larga escala. Parece ainda menos provável que isso se aplique a todos os bens e a todas as pessoas e, em qualquer caso, os custos de transação de fazer tal determinação podem ser proibitivos, de modo que haveria razões morais e prudenciais que nos obrigariam a encontrar outra maneira para nos desincumbirmos do trabalho de pareamento.

Felizmente, as razões morais não são o único recurso à nossa disposição para associar bens específicos a pessoas específicas. O direito positivo é capaz de fazer exatamente o mesmo. Com efeito, trata-se de uma diferença crucial entre o valor do direito positivo no que diz respeito, por um lado, aos critérios de atribuição vinculados e, por outro, aos critérios de atribuição desvinculados para a justificação das atribuições. Antes de passarmos à questão do valor do direito positivo em relação à justiça distributiva, deixe-me especificar melhor a afirmação de que o direito positivo é capaz de cumprir o trabalho de pareamento.

Como vimos acima, a maioria dos sistemas jurídicos inclui regras gerais que especificam as condições sob as quais certo bem deve ser associado a certa pessoa. Curiosamente, alguns se assemelham aos critérios propostos pelos filósofos modernos para justificar a propriedade no estado de natureza. Tome-se a doutrina romana da *occupatio*, que está contida, em diversas versões, em muitos sistemas jurídicos ocidentais,[60] e segundo a qual um objeto sem dono, suscetível de apropriação privada, seria de propriedade da primeira pessoa a tomar posse dele. Na *Metafísica dos Costumes*, Kant explica por que a ocupação é de fato a forma primária de aquisição de propriedade da terra.[61] A doutrina civil da especificação, por sua vez, parece muito com uma instanciação da mistura de propriedade de trabalho de Locke, discutida acima.

Qual seja exatamente esse conjunto de regras positivas varia de um sistema jurídico para outro e, de fato, há critérios de pareamento muito diferentes em jogo em diferentes tradições jurídicas. A regra romana da *specificatio* influenciou fortemente a maioria dos sistemas de *civil law* e em alguns sistemas jurídicos mistos, como o da Escócia.[62] Não foi igualmente influente no *common law*.[63] Além disso, como mencionado acima, algumas dessas regras são autoaplicáveis, enquanto outras exigem algum tipo de reconhecimento oficial. Apesar dessa latitude, que permite que diferentes critérios de pareamento sejam adotados por um ordenamento jurídico positivo em particular, todos eles compartilham um atributo: sua capacidade de combinar bens particulares e pessoas particulares.

Embora um pareamento possa ser produzido por uma mera decisão de qualquer pessoa no sentido de que um bem particular deve ser alocado a um indivíduo particular, existem algumas vantagens adicionais no pareamento por meio de regras jurídicas positivas e decisões positivas do ponto de vista da justiça distributiva. Os pares que o direito produz são mais eficazes, no sentido de que os membros da comunidade provavelmente levarão a alocação a sério, por exemplo, comportando-se de maneira compatível com a alocação que aconteceu (v.g., abstendo-se de interferir no controle do objeto alocado).

---

[60] Para citar apenas alguns, as disposições como a da *occupatio* podem ser encontradas nos Códigos Civis do Brasil (art. 1.263), da França (art. 715), da Alemanha (art. 956), da Itália (art. 923) e de Portugal (art. 1.318). Na Escócia, a doutrina, em relação aos bens móveis, "... parece[s] ter mudado pouco em relação à [sua] base romana", como diz Kenneth Reid, "Property Law Sources and Doctrine" em Kenneth Reid e Reinhard Zimmermann (eds.), *A History of Private Law in Scotland*, vol. 1 (2000) 185, p. 193. Na Common Law, a chamada "doctrine of capture" foi usada com efeito semelhante, embora haja instâncias em que esta doutrina é aplicada de uma forma mais próxima da teoria de aquisição pelo trabalho de Locke, como no caso de apropriação de estrume decidido pela Suprema Corte de Connecticut (*Haslem v Lockwood* 1871 506).
[61] Immanuel Kant, *Metaphysics of Morals* 6:258-6:260.
[62] Reid (n. 31), pp. 192-3.
[63] P. Matthews, "'Specificatio' in the common law" (1981), 10 *Anglo-American L R* 121.

Além disso, se e quando o direito for capaz de produzir razões para a ação dotadas de autoridade, haverá razão para preferir um determinado conjunto de regras e decisões de pareamento a qualquer outro conjunto possível de regras positivas e decisões. Assim, alocações positivas produzem regras e decisões geralmente eficazes e potencialmente dotadas de autoridade que são capazes de associar bens particulares a pessoas particulares. Ao fazê-lo, a lei fornece um ponto focal que permite aos agentes coordenar suas tentativas de realizar ou proteger um conjunto de pares alocativos que são considerados justificados por critérios distributivos de alocação desvinculados.

Com a ideia de alocação, a separação de tipos de critérios distributivos e a identificação de um papel para regras positivas de alocação em relação aos critérios distributivos justificativos baseados em classes e baseados em propriedades, estamos agora em condições de voltar à questão do valor instrumental das regras de alocação do direito privado *vis-à-vis* a justiça distributiva.

2.5. Os Valores das Instituições de Direito Privado

Como afirmado na seção 2.1, meu objetivo neste artigo é identificar diferentes maneiras pelas quais os critérios alocativos jurídicos são valiosos em prol de outra coisa que existe independentemente deles: a realização da justiça distributiva. Uma das maneiras pelas quais algo pode ser valioso "por causa de outra coisa" é ser instrumentalmente valioso.[64] Algo é instrumentalmente valioso se possuir uma ou mais propriedades que o tornam condutivo à existência de outra coisa que tenha valor final.[65] O caso paradigmático do valor instrumental é aquele em que há uma conexão causal entre o instrumento valioso e o estado de coisas finalisticamente valioso. De fato, a literatura sobre

---

[64] Existem outras maneiras pelas quais algo pode ser "valioso por causa de outra coisa". Algo pode ser valioso, por exemplo, como um símbolo de outra coisa, sem ser ele próprio condutor para a coisa que possui valor final. Veja, *inter alia*, Dale Dorsey, "Can instrumental value be intrinsic?" (2012), 93 *Pacific Philosophical Quarterly* 137; Ben Bradley, "Extrinsic value" (1998), 91 *Philosophical Studies* 109.
[65] Esse aspecto dos valores instrumentais é comum em ambos os "usos" da expressão identificados por Toni Rønnow-Rasmussen (ou seja, o forte e o fraco). Obviamente que estou considerando isso uma condição necessária para que algo possua valor instrumental, mas não estou afirmando (ou negando) que isso seja uma condição suficiente para que algo possua valor instrumental. Ver também Toni Rønnow-Rasmussen, "Instrumental values – strong and weak" (2002) 5 *Ethical Theory and Moral Practice* 23, p. 25.

valor instrumental às vezes identifica a relação da instrumentalidade com as relações causais. Na passagem muito citada do *Principia Ethica*, que estruturou o debate filosófico contemporâneo sobre o valor, G. Moore identifica instrumentalidade com causalidade:

> "Sempre que julgamos que uma coisa é "boa como meio", estamos fazendo um julgamento em relação às suas relações causais: julgamos que ela terá um tipo particular de efeito e que esse efeito será bom em si mesmo."[66]

Essa é uma maneira pela qual as regras jurídicas de alocação podem ser instrumentalmente valiosas *vis-à-vis* um estado de coisas que é distributivamente justo. Há, no entanto, outra maneira pela qual a relação de instrumentalidade se verifica, que não pode ser facilmente assimilada a uma relação causal entre uma ação e um estado de coisas justo.

A fim de mostrar a diferença entre os dois tipos de valor instrumental, deixe-me começar abordando a questão mais simples de como o valor instrumental decorre das regras alocativas positivas do direito privado, no que diz respeito a um estado de coisas que é distributivamente justo de acordo com uma teoria da justiça distributiva baseada em critérios justificativos vinculados à alocação. O papel desempenhado pelos próprios critérios alocativos do direito positivo em relação a tal concepção de justiça distributiva é primordialmente instrumental no sentido causal. Aqui, o estado de coisas justo é totalmente determinado pelos critérios de justificação e, portanto, a tarefa central das regras jurídicas é ajudar a trazer tal estado de coisas à existência (ou seja, ajudar os indivíduos a definir a agenda para os bens particulares com os quais são pareados). Regras jurídicas positivas sobre alocações podem ajudar desempenhando um papel em trazer o aparato coercitivo do Estado para apoiar cada alocação justa, ou estabelecendo mecanismos para criar um histórico das transações relevantes, ou sinalizando a outros membros do grupo social quais bens devem ter sua agenda definida por outros. Esse valor decorre de uma característica particular das regras jurídicas sobre alocação, a saber, sua capacidade de contribuir causalmente para a proteção de pares alocativos justos.

---

[66] G Moore, *Principia Ethica* (1903) § 16, 22.

Essa relação instrumental causal é o que tanto os teóricos que defendem uma concepção de direito privado na qual ele deve ser concebido como tendo valor final quanto os teóricos que defendem que o direito privado deve ser concebido como tendo valor instrumental têm em mente. Independentemente de quem vença esta batalha pela alma do direito privado, existem outras partes do direito privado (como a responsabilidade civil e o enriquecimento injustificado) que também têm a *aptidão de contribuir causalmente para a proteção de pares alocativos justos*.[67] Assim, o valor instrumental causal do direito privado positivo não está restrito as suas regras jurídicas explicitamente atributivas (como as regras de aquisição originária de propriedade).

Embora a posse desse atributo possa ser a única coisa que torna tais regras, doutrinas e conceitos valiosos em relação a alocações justificadas por critérios vinculados, não se segue que eles sejam apenas causalmente instrumentais em relação a tais concepções de justiça distributiva. A *aptidão* dessas regras, doutrinas e conceitos de *contribuir causalmente para a proteção de pares alocativos justos* pode ser instrumentalmente valiosa também em relação às concepções de justiça distributiva de alocações desvinculadas. Assim, independentemente do tipo de teoria de justiça distributiva que se adote, as regras de alocação do direito privado (assim como quaisquer regras no direito das obrigações e em outros campos) podem ser valiosas de uma maneira instrumental causal.

Em relação às concepções de justiça distributiva que se baseiam em critérios justificativos de alocação desvinculados, no entanto, as regras e decisões de alocação de direito privado desempenham também outro papel e, portanto, são instrumentalmente valiosas de uma maneira diferente. Como vimos acima, tais critérios justificativos, em ambas as suas variações (baseados em classe e baseados em uma característica), são incapazes de realizar o pareamento de bens particulares a pessoas particulares. Em relação a estes critérios, as regras positivas e decisões de alocação desempenham outro papel: elas alocam. Elas *produzem* as alocações (os pares entre pessoas particulares e bens particulares) sem as quais os critérios justificativos não poderiam ser satisfeitos. Elas constituem os relacionamentos alocativos que os critérios

---

[67] Este é um ponto levantado por alguns teóricos da justiça em relação à conexão entre justiça distributiva e corretiva (a partir da qual eles frequentemente se referem precisamente à estrutura básica da responsabilidade civil e, às vezes, do enriquecimento sem causa). A justiça corretiva é justificada por sua capacidade de ajudar a realizar a justiça distributiva. Veja, por exemplo, James Gordley, "The moral foundations of private law" (2002), 41 *American Journal of Jurisprudence* 1, p. 3, e Wojciech Sadurski, "Social justice and legal justice" (1984), 3 *Law and Philosophy* 329, pp. 334-346.

de alocação não vinculados existem para avaliar. Seu valor decorre de um atributo que possuem, que não é o mesmo atributo que poderia torná-los instrumentalmente valiosos do ponto de vista causal, a saber, sua capacidade de alocar. O direito positivo constitui o *objeto* cujo valor é avaliado pelos critérios de alocação desvinculados e não autoaplicáveis da justiça distributiva.

Como vimos acima, essa capacidade de produzir os pares é fundamental para classificar os problemas gerados pela subdeterminação inerente dos critérios justificatórios de alocação desvinculados e, ao fazê-lo, o direito privado positivo permite que a justiça distributiva gere razões *pro tanto* para a ação, cumprindo assim o que pode ser seguramente considerado um dos propósitos de qualquer teoria da justiça distributiva. Esse tipo de valor instrumental não é meramente causal (embora também o possa ser), no sentido de que o valor do estado de coisas particular para o qual contribui é, pelo menos em parte, explicado pelas regras legais de alocação. Uma explicação alternativa para esse modo de ser valioso pode ser vê-lo não tanto como um valor instrumental, mas sim como o tipo de valor extrínseco que uma parte pode ter em relação ao todo.[68] Se você considerar o todo o conjunto completo de critérios que determinam todas as alocações que são distributivamente justas em um determinado grupo social, as regras jurídicas que estamos discutindo neste artigo fariam parte do conjunto de critérios.

Em ambas as análises (valor instrumental não-causal ou valor extrínseco como parte), a maneira pela qual tais regras são valiosas em relação à justiça distributiva não é a mesma maneira pela qual elas podem ser valiosas como resultado de causar a existência de um estado de coisas distributivamente justo.

Então temos: um tipo de regra privada positiva (regras legais de alocação), um objeto com valor final (a realização da justiça distributiva na alocação de bens), dois tipos de valor instrumental (o "instrumental-causal" e o "instrumental-constitutivo"), fundamentados em duas propriedades distintas possuídas por essas regras (*a capacidade de contribuir causalmente para a proteção de pares apenas alocativos e a capacidade de alocar*). Com estes elementos é possível ver que a resposta à pergunta que coloquei como título deste artigo é mais sutil e matizada do que pode ter parecido à primeira vista. Um conjunto de regras tradicionais de direito privado faz algo de imenso valor para a justiça

---

[68] A literatura sobre o tema do valor identificou diferentes tipos de valor "extrínseco", entre os quais estão o valor instrumental, o valor simbólico e o valor que algo pode ter como parte de um todo. Ver Bradley (n. 35), p. 110, e Ben Bradley, "Instrumental Value", in Hugh LaFollette, *The International Encyclopedia of Ethics* (2013) 2638, p. 2638.

distributiva: não apenas podem estas regras contribuir causalmente para produzir o desejado estado de coisas distributivamente justo, mas também são constitutivos de tais estados de coisas, pois realizam o trabalho de pareamento que é conceitualmente necessário para aplicar critérios de justiça distributiva desvinculados à alocação.

CAPÍTULO 3
DEVER PRIMÁRIO ≠ DEVER SECUNDÁRIO?*

Uma das contribuições mais importantes de John Gardner à teoria do direito privado é sua proposta e defesa da tese da continuidade.[69] A referida tese da continuidade enfrenta uma das questões mais recorrentes na área: qual é a relação entre o dever primário e o dever secundário (ou reparador) no direito de responsabilidade civil?[70] A tese da continuidade não é, obviamente, a única tentativa "viva" de enfrentar esse problema e, na verdade, a tese de Gardner mantém uma relação complexa com sua rival mais próxima, a tese da identidade.[71]

---

* Eu gostaria de agradecer por comentários recebidos durante a apresentação de versões embrionárias deste capítulo na conferência sobre Razão Prática e Direito Privado organizada pela Universidade de Oxford em 2020 e em seminário promovido pelo Edinburgh Centre for Legal Theory. Agradeço em particular a Amalia Amaya, Antony Duff, Cecile Fabre, Euan MacDonald, George Dick, Hanoch Dagan, James Wolffe, John Oberdiek, Martin Kelly, Haris Psarras, Sandy Steel e Zoë Sinel. Agradeço também aos tradutores, Camila Nienow, Gustavo Melo e Rafael de Freitas Vale Dresch (que coordenou a tradução).

[69] John Gardner, 'What is Tort Law For? The Place of Corrective Justice' (2011) 30 Law and Philosophy 1. Números das páginas constam para a republicação deste artigo na obra de John Gardner, *Torts and Other Wrongs* (OUP, 2019) capítulo 2. Gardner acrescenta detalhes à sua concepção da tese da continuidade em *From Personal Life to Private Law* (OUP, 2018) 125-8. Esse acréscimo mostra que há mais de uma tese de continuidade e que o que pode ser dito em favor de uma versão pode não se aplicar a outras. Voltarei a esse ponto na última seção deste capítulo.

[70] Stephen R. Perry não foi o primeiro a formular esta pergunta, mas ele a apresentou de forma particularmente clara em 'The Moral Foundations of Tort Law' (1992) 77 Iowa L. Rev. 449, 479.

[71] Cuja mais conhecida defesa é protagonizada por Ernest Weinrib. Tal abordagem aparece primeiro na obra *The Idea of Private Law* (Harvard University Press, 1995) 135, mas é desenvolvida mais minuciosamente em *Corrective Justice* (OUP, 2012) 81ff, do mesmo autor. Veja também Arthur Ripstein, *Private Wrongs* (Harvard University Press, 2016) ch 8. Além dessas, há outras tentativas intrigantes de abordar o problema, como a de Goldberg e Zipursky de relacionar deveres primários e secundários por meio de um poder Hohfeldiano que surge da violação do primeiro e permite à vítima (e ao tribunal) criar o segundo (ver, por exemplo, John CP Goldberg e Benjamin C Zipursky, *Recognizing Wrongs* – Harvard University Press, 2020) 163.

Essa relação complexa ainda não é totalmente compreendida e, como resultado, os argumentos a favor e contra cada uma das teses são confusos e acabam tornando difícil a tarefa de identificar quais vantagens cada uma delas pode ter sobre sua rival.[72] Meu objetivo principal aqui é, então, esclarecer cada uma das teses mencionadas, defendê-las contra algumas objeções que foram levantadas contra elas e, ao final, apresentar as razões pelas quais a tese da continuidade oferece uma estrutura melhor para entender a relação entre o dever primário e o dever secundário. Começo discutindo os argumentos aparentemente confiáveis a favor e contra a tese da identidade. Esclarecidos esses argumentos, será possível ter uma melhor noção sobre o que, em realidade, a disputa diz respeito e sobre o papel (limitado, mas significativo) que cada tese desempenha ao abordar o que chamarei a seguir de "questão normativa". Isso, por sua vez, deve nos ajudar a identificar o *tipo* de argumento capaz de resolver a questão, bem como o *tipo* de argumento que pode complementar o enquadramento geral fornecido por qualquer das teses com vistas a oferecer uma solução completa para a questão normativa. Posto isto, defendo que, tendo como pano de fundo a distinção entre, por um lado, razões para a ação *simpliciter* e, por outro lado, deveres, a tese da continuidade é superior à tese da identidade, pois oferece todos os benefícios desta última, ao mesmo tempo em que evita as suas desvantagens.

3.1. Deveres Primários, Deveres Secundários e Identidade

Grande parte do direito de responsabilidade civil é estruturado em torno do fato de que a violação de um dever primário (como o meu dever de não dirigir acima do limite de velocidade ou o dever do médico de fornecer certas informações ao seu paciente) dá origem a um dever secundário (tipicamente, mas não exclusivamente, o dever de pagar uma certa quantia em dinheiro a alguém como indenização). Na verdade, para alguns, todo o direito de responsabilidade civil é estruturado em torno desse fato. As normas que constituem o direito positivo de responsabilidade civil tomam a violação do dever

---

[72] Sandy Steel, em sua esclarecedora discussão sobre o assunto, não vê vantagem no que chama de "continuidade das razões" *vis-à-vis* a "continuidade do dever". (Sandy Steel, 'Compensation and Continuity' (2020) 26 Legal Theory 256). Embora eu aceite que nenhuma das teses pode fornecer uma resposta completa à questão normativa e que ambas fornecem maneiras confiáveis de enquadrar argumentos substantivos que podem suportar essa questão, também acredito que a continuidade das razões é superior à continuidade do dever, pelas razões apresentadas abaixo.

(talvez combinada com outras condições, como a efetiva ocorrência de danos) como condição suficiente para a existência do dever secundário.

Consequentemente, puramente como uma questão de direito positivo, a relação entre a violação do dever primário e o surgimento de um dever secundário (ou remediativo) correspondente é aquela em que o primeiro é uma condição suficiente (ou parte de uma conjunção de fatos que, tomados em conjunto, são uma condição suficiente) para o último. Mas isso não é, obviamente, o que tanto a tese de continuidade quanto a tese de identidade estão tentando esclarecer. A questão que tais teorias estão tentando abordar (ou, talvez mais precisamente, enquadrar) é a de saber por que a violação do dever primário deveria ser relevante para a existência de um dever secundário. Chamaremos isso de *"questão normativa"*.

Uma resposta satisfatória para essa questão significaria progresso em duas vias relacionadas. Em primeiro lugar – e de forma mais óbvia –, esclareceria as razões que justificam a existência de deveres secundários, e a clareza sobre essas razões permitiria, por sua vez, uma melhor compreensão de como elas se relacionam com outras razões relacionadas à existência de tais deveres e ao regime jurídico que os regula.

A tese da identidade oferece uma resposta elegante e enganosamente simples para a questão normativa. De acordo com a tese da identidade, um dever primário *"d"* é idêntico ao dever secundário que resulta da violação de *"d"*. Em outras palavras, o dever primário e o dever remediativo que decorre da violação do dever primário são um só dever. Weinrib atribui esta tese à Blackstone e, de fato, usa as palavras deste último para oferecer uma formulação da tese de identidade: "o direito lesado do autor e o direito restaurado pelo réu são o mesmo direito ou seu equivalente".[73]

Weinrib claramente não considera a partícula "ou" como indicadora de uma disjunção, mas sim como a expressão de uma conjunção.[74] Deixando de lado as complicações que resultariam de considerar "seu equivalente" como um disjunto, a tese da identidade pode ser mais simplesmente declarada

---

[73] Weinrib, em *Corrective Justice* (nota de rodapé número 3) p. 91-92, citando Blackstone's 'Commentaries' (4 Bl Comm), p. 9.

[74] Tomar o "ou" como uma disjunção enfraqueceria dramaticamente a tese da identidade, já que implicaria que o dever secundário não precisa ser o mesmo que o dever primário, mas apenas, de alguma forma, equivalente a ele. Esta última formulação, apresentada de forma bastante genérica, não seria particularmente controversa e, na verdade, seria compatível com a tese da continuidade (uma compatibilidade que tanto Weinrib quanto Gardner rejeitam).

como a afirmação de que "ter o dever de ϕ é o mesmo que ter o dever de remediar a falha em ϕ".

Da tese da identidade, segue-se uma resposta para o problema de como enquadrar a questão normativa. Se as diferenças entre o dever primário e o dever secundário são apenas aparentes e, portanto, por baixo das aparências, ambos são, em verdade, o mesmo dever, então ter um dever primário de, digamos, dirigir com cuidado, é o mesmo que ter um dever secundário de pagar danos por não ter dirigido com cuidado. Cumprir o dever remediativo seria apenas outra maneira de cumprir o dever primário.[75] A resposta para a questão normativa de por que a violação do dever primário deve ser relevante para a existência do dever secundário parece ser simples: se meu dever pode ser cumprido executando qualquer uma das duas ações (a especificada pelo dever primário e a especificada pelo dever remediativo), a impossibilidade de cumprir o dever executando a ação especificada naquilo que a doutrina jurídica chama de dever primário deixa como única possibilidade de cumprir esse dever a execução da ação especificada naquilo que a doutrina se refere como o dever remediativo ou secundário. Se alguém tivesse o dever de fazer ϕ ou ϕ*, e não fosse mais possível fazer ϕ, então a única maneira de cumprir o dever seria fazer ϕ*.

Apesar da clareza e elegância de sua solução para o problema normativo, a tese da identidade vai contra uma concepção intuitivamente atraente de como individuar obrigações. De acordo com essa concepção, os deveres devem ser individuados pelas ações que eles prescrevem (chamada de "individuação pela ação prescrita").[76] A ação de dirigir com cuidado e as ações de reparação por não ter dirigido com cuidado (por exemplo, depositar dinheiro na sua conta bancária) são ações diferentes. Isso é verdade para todas as ações

---

[75] Complicações surgem para a tese da identidade se alguém deseja (como seus proponentes parecem fazer) sustentar tanto que (i) elas são idênticas, quanto que (ii) o cumprimento do dever primário é preferível ao cumprimento do dever secundário. Se elas são idênticas, por que seria preferível não cometer uma injustiça a alguém em vez de cometer e depois pagar uma compensação? Entendo que este é o ponto que Zipursky estava tentando fazer em Benjamin C Zipursky, 'Rights, Wrongs, and Recourse in the Law of Torts' (1998) 51 Vand. L. Rev 1, 73-4. Não posso abordar esta questão aqui, mas a resposta de Weinrib a esse desafio (em Weinrib, *Corrective Justice*, cit, 93), precisa de justificação adicional, pois não está claro como um quadro kantiano poderia explicar a relevância das diferenças presumivelmente acidentais (ou pelo menos não substanciais) entre o dever primário e o dever secundário, apontadas por ele.

[76] A individuação por meio da ação prescrita não é apenas intuitivamente atraente. Ela tem sido assumida como verdadeira em trabalhos contemporâneos sobre a metafísica do dever (em particular, Peter Vranas, 'The Individuation of Obligations' (manuscrito inédito com o autor)).

especificadas pelos deveres primários em relação a todas as ações especificadas pelos correspondentes deveres secundários correspondentes. Portanto, se deveres devem mesmo ser individuados por referência às ações que eles prescrevem, nenhum dever primário é idêntico ao correspondente dever secundário: eles são necessariamente diferentes. Tendo inicialmente parecido concordar com a tese de identidade,[77] John Gardner posteriormente levantou exatamente essa objeção contra ela.[78]

Portanto, ainda que a tese de identidade apresente uma resolução clara e elegante para o problema normativo, ela contraria uma concepção intuitivamente plausível de como individuar obrigações. Segundo essa concepção, os deveres devem ser individuados pelas ações que tornam obrigatórias (a "individuação pela ação prescrita").

Se a identidade de duas ações obrigatórias fosse, de fato, uma condição necessária para os deveres serem idênticos e se, como consequência, a tese de identidade se mostrasse falsa, a questão da relação entre deveres primários e secundários permaneceria em aberto. Portanto, não é surpreendente que Gardner tenha considerado importante objetar à tese da identidade antes de apresentar sua própria tentativa de lidar com a questão normativa (a sua tese da continuidade).

Apesar de todo o seu apelo, no entanto, não está claro que a individuação pela ação prescrita seja a maneira correta de individuar deveres. Weinrib argumenta que essa forma de individuação de deveres é tanto subinclusiva quanto superinclusiva.[79] Apesar de essas duas objeções não serem convincentes em última instância, entender por que elas falham nos ajudará a ver que a metafísica da individuação de deveres não pode fornecer a bala de prata para derrotar a tese da identidade. Por esta razão, uma objeção à tese da identidade deste tipo requer uma concepção mais robusta de como individuar um dever.

A acusação de subinclusão parte da constatação de que alguém pode ter múltiplos deveres de executar a mesma ação. Por exemplo, alguém poderia ter um dever contratual para com uma determinada pessoa de não revelar informações confidenciais a terceiros, ao mesmo tempo em que tem um dever decorrente de lei para com a mesma pessoa de não revelar as mesmas informações confidenciais a terceiros. Mas se os deveres são individuados pela ação

---

[77] John Gardner, em seu artigo intitulado 'Wrongs and Faults' (2005) publicado na revista The Review of Metaphysics, volume 59, página 95 até 106.
[78] Gardner 'What is Tort Law For?' cit, p. 55-6.
[79] Weinrib, *Corrective Justice* cit , p. 89-91. As expressões "subinclusão" e "superinclusão" não são de Weinrib e são adotadas simplesmente para facilitar a referência.

que cada um torna obrigatória, não seria possível que houvesse **dois** deveres diferentes de fazer a mesma coisa. O dever contratual e o dever decorrente de lei seriam um só e a aparente existência de dois deveres não corresponderia à realidade normativa. Isso pode parecer implausível (e certamente pareceu a Weinrib).[80] De fato, existem boas razões (embora não conclusivas) para pensar que existem dois deveres diferentes aqui. Para começar, haveria dois regimes separados de consequências resultantes, respectivamente, das regras contratuais e legislativas. Além disso, esses deveres (ou pelo menos o diverso regime de consequências legais resultante de sua violação) parecem estar sujeitos a diferentes vicissitudes. Um deles pode desaparecer (digamos, por prescrição) enquanto o outro permanece.

No entanto, a existência de dois deveres separados em tais situações não é uma objeção conclusiva à tese da individuação do dever pela ação prescrita. Peter Vranas distinguiu entre o que chamou de concepções "não-refinadas" de individuação de dever, que consideram a distintividade da ação obrigatória como sendo tanto necessária quanto suficiente para individuar um dever, e concepções "refinadas" de individuação de dever, de acordo com as quais a distintividade da ação é suficiente, mas não necessária, para individuar deveres.[81] Em concepções refinadas de individuação de deveres, a distintividade do dever pode **também** ser função de alguma outra propriedade não compartilhada pelos deveres, como, por exemplo, suas respectivas bases normativas ou quem seja o beneficiário do dever. Nessas concepções refinadas de individuação de dever, a mesma ação "modular" (em nosso exemplo, não revelar informações confidenciais) pode ser exigida por diferentes deveres, se cada um desses deveres possuir uma base diferente (em nosso exemplo, o contrato e a lei).[82] Essa variedade mais modesta de individuação de ação, que considera a distintividade da ação obrigatória como suficiente (mas não necessária) para diferenciar deveres, não é vulnerável à objeção de superinclusão e, se for

---

[80] ibid 91.
[81] Vranas ('The Individuation of Obligations', cit), que, tendo feito a distinção, passa a defender uma versão não-refinada de individuação de deveres. A distinção não é formulada por Vranas exatamente da maneira que apresentei acima.
[82] Existe um amplo consenso entre teóricos do direito privado de que os deveres primários na responsabilidade civil devem ser finamente individualizados. Por exemplo, a maioria concorda que eles também devem ser especificados pela identidade da pessoa beneficiada pelo dever. Veja, por exemplo, Ripstein, cit, p. 3-4; Weinrib, *The Idea of Private Law* cit, 114-126. Mas não há razão para acreditar que uma concepção de individuação de deveres que permita uma variedade mais rica de critérios de individuação (além da individuação de ações) não possa ser compartilhada por alguém que, como Gardner, endossa a individuação de ações.

verdadeira, seria suficiente para refutar a tese da identidade. Então, estamos de volta onde começamos. Mas talvez a individuação de deveres por meio da ação, mesmo em sua variedade modesta, deva ser descartada por motivo diametralmente oposto.

A acusação de superinclusão contra a individuação de deveres pela ação devida se baseia na afirmação de que existem pelo menos alguns deveres que podem ser totalmente cumpridos pela realização de diferentes ações.[83] Portanto, por exemplo, se tenho a obrigação de pagar uma certa quantia em dinheiro para você (digamos, £100), posso fazê-lo entregando-lhe um cheque, dando-lhe dinheiro em espécie, fazendo um depósito em sua conta bancária, entre outras coisas. Algumas dessas ações podem até ser ainda mais especificadas (posso cumprir o dever em dinheiro dando-lhe dez notas de £10 ou cinco notas de £20). Logo, várias ações podem corresponder ao cumprimento do **mesmo** dever. Assim, definir a identidade de um dever com referência a uma determinada ação (como propõe a individuação pela ação), deixaria algo importante sem explicação: o fato de que o cumprimento de múltiplas ações poderia contar como cumprimento do mesmo dever. Se cada dever é individuado por uma única ação, como isso seria possível? Poder-se-ia falar, porventura, em vários deveres, talvez alternativos? Ocorre que essa seria uma maneira exageradamente complexa de conceber os deveres legais. Mesmo a ação de pagar £100 em notas de vinte libras pode ser "especificada" em um número incalculável de maneiras.

Essa objeção é mais exigente do que parece à primeira vista. Para entender o por quê, observe que a individuação da ação não é vulnerável à objeção de superinclusão se cada uma das diferentes ações que conta como o cumprimento do dever também pudesse contar como a ação que individua o dever. Então, entregar-lhe 5 notas de £20 (em um conjunto de circunstâncias especificadas) também pode **contar como** "pagar-lhe £100". O que individua o dever seria de fato uma ação, mas há muitos tipos de ação (sob certas descrições) que, em um conjunto especificado de circunstâncias, também **contam como** a ação que especifica o dever: descrever uma ação como "entregar-lhe cinco notas de £20" não é incompatível com descrevê-la como "pagar £100 para você" (no contexto adequado).

Portanto, para que a objeção funcione, o conjunto disjuntivo de ações que contam como cumprimento de um certo dever não podem, cada qual, ser descritas como diferentes maneiras de realizar a ação que individua

---

[83] Weinrib, *Corrective Justice*, cit p. 91.

o dever. Assim, teria de impossível que tanto a ação de "dar-lhe cinco notas de £20" quanto e "dar-lhe dez notas de £10" pudessem ambas ser descritas como "pagando-lhe £100" (no contexto específico adequado). No entanto, isso parece implausível. Eu posso mostrar amor à minha esposa comprando flores ou assumindo sozinho todas as tarefas domésticas que costumávamos dividir. Ambas as ações podem ser descritas adequadamente como demonstrações de amor à minha esposa. Portanto, a individuação de ações continua a ser uma concepção plausível de como individuar deveres.

A discussão acima nos permite ver, ao menos em linhas gerais, como seria uma concepção de individuação de dever compatível com a tese da identidade. Um dever pode ser individuado puramente com base em seus fundamentos (chamemos esta estratégia de "individuação pelo fundamento" do dever) e, de fato, uma concepção de individuação de deveres centrada em seus respectivos fundamentos parece ser o que Weinrib, Ripstein e outros têm em mente. O fundamento que identifica o dever é, presumivelmente, o que é exigido pela justiça corretiva em um caso específico. Como Weinrib coloca:

> [...], O direito e seu correspondente dever continuam a existir com conteúdo específico diferente antes e depois da injustiça. Por de trás da sucessão de características específicas do direito e do dever correspondente está a relação que as partes possuem por meio da conexão do demandante com o objeto do direito. Essa relação permanece idêntica ao longo da metamorfose no objeto do direito causada pelo ato injusto do réu. Em termos filosóficos, a identidade diacrônica do direito é meramente uma exemplificação jurídica da categoria de substância como aquela que persiste através da mudança: durante a relação jurídica, a existência do direito permanece constante, mas a maneira como o direito existe muda.[84]

Este ponto em comum implica algo como a seguinte disjunção: "ou cumprir o dever primário de ϕ na situação S, ou cumprir o dever remediativo de ϕ^* na situação S^*". Assim, se o fundamento normativo da obrigação é a pedra de toque da individuação do dever, o dever de ϕ e o dever de ϕ^* seriam de fato um único e mesmo dever, pois possuem o mesmo fundamento normativo. A aparência de haver deveres diferentes seria então uma ilusão gerada por uma concepção intuitivamente atraente, mas em última análise equivocada, da individuação do dever (ou seja, a individuação pela ação devida).

---

[84] Weinrib, *Corrective Justice*, cit., p. 92.

Assim, parece que a individuação por "fundamento normativo" pode ser formulada sem nenhuma obscuridade ou contradição óbvia. É claro que a mera ausência de obscuridade ou de contradição não nos dá uma razão para preferi-la à concepção individuação de dever pela ação (em sua versão refinada). O argumento de Weinrib para favorecê-la é complexo e, na próxima seção, tentarei torná-lo o mais claro possível. Após isto, estaremos em melhor posição para avaliar a tese da identidade (que depende da superioridade da individuação de deveres pelos seus fundamentos) e suas vantagens e desvantagens em relação a uma versão da tese da continuidade (que não depende de qualquer teoria específica sobre a como individuar deveres).

Antes de passar a discutir o argumento de Weinrib sobre por que a individuação por fundamentos deve ser favorecida como um modelo explicativo para a relação entre o dever primário e o dever secundário, é importante perguntar qual *tipo* de problema é o da individuação de um dever. A intuição na qual a plausibilidade da individuação do dever pela da ação que ele prescreve reside pode ser razoavelmente concebida como uma intuição metafísica. Pode-se pensar que, no "andar térreo" metafísico, os deveres são individuados puramente com base nas ações que eles ordenam e todas as outras propriedades que possam possuir (seu fundamento normativo, seu destinatário, etc.) são simplesmente adicionados a uma estrutura mais primitiva que é identificada puramente com base nas ações prescritas por cada dever.

Existem boas razões *prima facie* para apoiar tal concepção metafísica de individuação do dever. Em primeiro lugar, independentemente de qualquer outra propriedade que um dever possa possuir, um dever sempre prescreverá uma ação particular. É verdade que a conexão entre cada dever e a ação (ou ações) prescritas por eles poderia ser um mero acidente necessário, isto é, não seriam a marca distintiva do dever. No entanto, uma teoria que individuasse os deveres unicamente com base na ação que eles ordenam seria conceitualmente mais simples do que uma que dependesse de características básicas adicionais (como concepção refinada da individuação de dever pelas ações prescritas e pelos fundamentos normativos) e mais consiliente do que uma que deixasse a conexão entre dever e ação sem explicação (como a individuação do dever por referência aos seus fundamentos).[85] Isso seria um motivo para preferir a concepção não-refinada de especificação pela ação prescrita

---

[85] Embora, é claro, o argumento diametralmente oposto poderia ser feito em favor da individuação pelo fundamento se for assumido que todos os deveres devem possuir um fundamento de algum tipo.

tanto à concepção refinada da individuação pelo dever prescrito quanto a concepção de individuação do dever pelo seu fundamento: sua simplicidade requer um aparato conceitual mais simples.

Mas vamos assumir por um momento que (i) uma dessas concepções metafísicas de individuação do dever seja realmente mais simples e que (ii) a simplicidade e a consiliência sejam, na ausência de considerações contrárias, boas razões para favorecer uma teoria sobre suas rivais[86] e/ou que (iii) uma das outras interessantes tentativas contemporâneas de justificar concepções metafísicas não-refinadas de individuação do dever (que não são baseadas apenas em consiliência e/ou simplicidade) seja correta.[87]

Compre perguntar: esta vitória (conjectural) da individuação do dever por meio da ação (não-refinada) no plano metafísico satisfaria a Weinrib, Ripstein ou, até mesmo, a Gardner? Deveriam suas crenças sobre a individuação do dever em relação ao contexto particular da questão normativa concernente à relação entre deveres primários e secundários na responsabilidade civil ceder a uma eventual vitória metafísica da individuação não-refinada? Deveriam eles abandonar suas crenças sobre, respectivamente, a individuação pelos fundamentos e a individuação refinada por meio da ação prescrita?

Eu creio que não. Apesar do sabor metafísico das intuições que favorecem a individuação de deveres pelas ações prescritas, e apesar das teses rivais serem por vezes expressas em vocabulário e tom metafísicos,[88] a discordância relevante entre aqueles que defendem a individuação do dever pela ação prescrita e aqueles que defendem a individuação refinada dos deveres, no contexto de explicar a conexão entre deveres primários e secundários, *não uma discordância sobre a metafísica do dever* (pelo menos não primariamente sobre isso). Para ver por que, é necessário entender o argumento de Weinrib em favor da tese de identidade e a individuação de deveres pelos seus respectivos fundamentos.

---

[86] Sobre a simplicidade como um meio de adjudicar entre explicações, veja a discussão em Paul R Thagard, 'The Best Explanation: Criteria for Theory Choice' (1978) 75 *Journal of Philosophy* 76, 91.
[87] Vranas, cit.
[88] Gardner é categórico ao afirmar que "as obrigações (e, mais geralmente, as normas) são individualizadas de acordo com a ação que elas tornam obrigatórias (ou, no caso de outras normas, habilitam ou permitem)" – Gardner Wha tis Tort Law for?, cit , p. 57. Por sua vez, o ataque de Weinrib à individuação por ação é formulado em uma linguagem claramente metafísica: "Como uma instanciação jurídica da categoria de substância, o direito e seu correlato dever persistem através da mudança; eles não permanecem inalterados" – Weinrib, *Corrective Justice*, cit, p. 93.

3.2. Fundamentos e Identidade do Dever Primário e do Dever Reparatório.

O argumento de Weinrib em favor do que chamei de individuação de deveres pelos seus fundamentos normativos é uma instância de uma estratégica justificatória particular. Lembre-se de que o que precisa de justificação é a afirmação de que ter um dever de ϕ é o mesmo que ter um dever de remediar a falha em ϕ. Uma das maneiras pelas quais a afirmação pode ser justificada é mostrar que ambos os deveres são fundamentados em um mesmo dever de nível superior.[89] Fundamentar deveres primários e secundários em um dever de nível superior explica algumas das principais afirmações que Weinrib faz sobre a relação entre eles, em particular a afirmação de que o evento causal (a violação do dever primário) deve ser visto (principalmente) como "a razão", e não simplesmente como "uma condição", para o dever de remediar.[90] Voltarei a esta afirmação mais tarde, pois ela será importante para avaliar a tese da continuidade, em relação à tese da identidade. Mas antes disso, é necessário fornecer mais detalhes sobre essa estratégia de justificação, sobre algumas de suas implicações e sobre algumas tentativas plausíveis de formular o tipo de dever de nível superior necessário para que tal estratégia seja bem-sucedida.

Uma versão popular dessa estratégia se baseia na existência de uma relação entre cada dever (primário e secundário) e o direito da vítima de não ser afetada negativamente por outros (de uma forma incompatível com sua liberdade).[91] O que os deveres primário e secundário compartilham nesta versão é que uma falha em cumprir qualquer um deles pode ser descrita como uma violação de um mesmo direito.[92] A mesma afirmação pode ser feita do ponto de vista do correlativo Hohfeldiana a este direito: os deveres primário e secundário são especificações de um dever de nível superior de não afetar negativamente os outros (de uma forma incompatível com sua liberdade). Observe que essa estratégia não implica que o direito de nível superior

---

[89] Embora possam existir diferentes formas de conceber o "fundamento", o que entendo que essa relação seja para os fins deste capítulo é simplesmente uma relação entre, por um lado, o dever primário e secundário e, por outro lado, um dever mais abstrato, de modo que o primeiro é uma especificação do último para um conjunto determinado de circunstâncias.
[90] Weinrib, *Corrective Justice*, cit, p. 82, e *passim* no capítulo 3.
[91] Embora esta formulação do direito de nível superior seja inspirada na concepção de Weinrib, não estou aqui preocupado com a interpretação do pensamento de Weinrib, mas sim apresentando o que considero ser uma versão plausível inspirada em Kant do dever de nível superior.
[92] Isso é, aproximadamente, o que entendo ser a principal argumentação de Weinrib – Weinrib, *Corrective Justice*, cit, p. 91. Um ponto semelhante é feito em Ripstein, cit, p. 241ff.

(ou dever correlato) precise ser tão abstrato quanto minha formulação acima. Na verdade, pode haver vários direitos/deveres de nível superior que abrangem diferentes tipos de pares de dever primário/remediativo. Sandy Steel discute essa estratégia com referência a um dever de nível superior "de respeitar o direito da vítima ao seu corpo".[93]

Se os deveres primário e secundário forem as únicas duas especificações de um dever de nível superior em um conjunto particular de circunstâncias, e se não puderem ser cumpridos simultaneamente, seguir-se-ia que, a fim de cumprir o dever de nível superior, necessário seria realizar a ação exigida pelo dever primário (ϕ) ou a ação exigida pelo dever secundário (ϕ^*); e se não for mais possível ϕ, então a única maneira de cumprir o dever é ϕ^*. Assim, a identidade baseada em fundamentos dos deveres primário e secundário (cujo fundamento comum é o dever de nível superior) explicaria por que a violação do dever primário (ou seja, o evento causador) é a razão para o surgimento de um dever secundário.

Uma crítica feita a esta versão da estratégia do dever de nível superior é que o dever é definido de forma tão abstrata que acaba não iluminando o problema que pretende esclarecer (qual seja, a relação entre o dever remediativo e o dever primário). Sandy Steel acredita, com razão, que alguns dos aspectos mais interessantes da relação normativa entre eles são deixados sem explicação por essa resposta específica à pergunta normativa.[94] Consequentemente, ele apresenta uma maneira alternativa de validar a tese da identidade (mais ou menos o que ele chama de "continuidade do dever"), que é também uma instância da estratégia do dever de nível superior, mas se baseia em uma concepção diferente da forma geral do dever de nível superior.

O dever de nível superior de Steel é um dever de não agir de tal forma a ser tornar "uma fonte causal de um dano", de certo tipo, sofrido pela vítima.[95] Assim, diferentemente da primeira versão discutida nos parágrafos anteriores, o dever de nível superior aqui é um dever que seleciona um conjunto de ações com base em sua capacidade de colocar o agente em um determinado estado: o estado de ter causado o dano. Uma vantagem da explicação de Steel, se comparada à alternativa discutida acima, é o fato de que ela fornece mais detalhes sobre o dever de nível superior. A violação do dever primário coloca o infrator em um novo estado contínuo (o estado de ser uma

---

[93] Steel, cit, p. 256.
[94] ibid.
[95] ibid, 256-8.

fonte do dano relevante sofrido pela vítima). Esse estado persiste até que um novo evento ocorra. Fornecer uma compensação é um dos eventos que tem o efeito de apagar a mancha causada por aquele estado no patrimônio moral do infrator. Se o dano é indenizado e, portanto, não mais existir, o infrator não pode ser a causa dele.

Não posso me aprofundar aqui sobre qual versão da estratégia do dever de nível superior é melhor e, como mencionei acima, também vou me abster de discutir algumas das dificuldades que surgem para essa estratégia da aparente assimetria normativa entre o dever primário e o dever secundário[96]. Em vez disso, vou explorar uma de suas implicações que ajuda a entender uma diferença normativamente relevante entre a tese da identidade e a tese da continuidade de Gardner.

Considere novamente a afirmação de Weinrib de que o evento causador é a *razão*, e não uma *condição*, para o dever remediativo.[97] Como condição, o "evento causador tem que ser entendido (...) como o fato que desencadeia a operação de uma política indenizatória normativamente independente".[98] Como uma razão, o evento causador deve ser entendido "como a razão que fundamenta o remédio como uma questão de justiça".[99] O problema em considerar o evento causador como uma condição, em vez de uma razão, é que isso pode causar uma "disjunção entre a injustiça do evento causador e a resposta remediativa"[100] uma vez que "a injustiça ocasiona o remédio, sem fundamentá-lo"[101]. Como o autor observa:

> Por um lado, o evento causador é visto como uma espécie de injustiça que requer um remédio; por outro lado, a operação do remédio é independente do motivo pelo qual se pensa que o evento causador foi uma injustiça. Portanto, no que diz respeito ao remédio, a injustiça do evento causador é tanto **indispensável** quanto **supérflua**.[102]

---

[96] Ver nota de Rodapé 7
[97] Weinrib reconhece que o evento causal é tanto uma condição quanto a razão para o remédio. A verdadeira alternativa é considerar se é uma condição *porque* é a razão ou se é a razão *porque* é uma condição – Weinrib, *Corrective Justice*, cit, p.98.
[98] Weinrib, *Corrective Justice*, cit, p. 98.
[99] ibid.
[100] ibid 85.
[101] ibid 86
[102] ibid 86.

Mas esta formulação do problema exagera o contraste. Não poderia o evento causador ser tanto indispensável quanto não-supérfluo? Talvez o evento causador possa ser tanto indispensável quanto ser **uma** razão relevante, sem ser **a única** razão que justifica o dever secundário. Parece que o evento causador poderia, em princípio, (i) ser uma condição necessária para o dever secundário, sem ser uma condição suficiente para ele, enquanto também sendo (ii) uma razão a favor do dever secundário, sem ser uma razão conclusiva a favor deste mesmo dever secundário.

A disjunção entre, por um lado, o evento causador ser **uma** condição ou, por outro lado, ser **a razão**, é apresentada como exaustiva e exclusiva (excluindo assim a possibilidade de o evento causador ser **uma razão** e **uma condição**) porque Weinrib concebe os deveres primários e os deveres secundários, como vimos, como especificações de um dever de nível superior. Eles derivam toda sua força normativa desse dever de nível mais elevado. Deveres, como se sabe, se comportam na lógica binária cumprimento/violação. Podemos cumprir o dever de nível mais elevado ou violá-lo. Até podemos ter justificativas para violar o dever, mas a única relevância normativa do evento causador, nessa visão, é que ele faz com que a única maneira de cumprir o dever de nível mais elevado seja agir conforme exigido pelo dever secundário. É por isso que o evento causador não pode ser **uma razão** a favor da existência de um dever de remediação; ele seria **a razão** para ele. Tanto os deveres primários quanto os secundários seriam normativamente fundamentados, exclusivamente, em um dever de nível mais elevado. Nenhuma outra consideração normativa parece capaz de penetrar esse par hermético. Mas essa é precisamente uma das aparentes diferenças entre a tese da continuidade e a tese da identidade. Na próxima seção, considero se a tese da continuidade realmente permite que mais razões entrem em jogo na explicação acerca da relação normativa entre o dever primário e secundário e, se sim, se isso é uma vantagem em relação à tese da identidade.

3.3. Deveres, Razões e Continuidade

Colocadas de lado as intuições metafísicas e as diferentes teses sobre como individuar deveres, fica claro que a tese da identidade depende de uma justificação comum para deveres primários e secundários fundada em um dever de nível superior e esta clareza, por seu turno, torna evidente a proximidade entre a tese da identidade e a tese da continuidade. A tese da continuidade, formulada por Gardner, afirma que:

> "a obrigação secundária (...) existe para servir, na medida do possível, as razões da obrigação primária que não foi cumprida quando seu cumprimento era devido".[103]

Mas deveres **são** razões para a ação.[104] Assim, à primeira vista, não parece haver contradição entre a tese da identidade (como reivindicada pela justificação baseada em um dever de nível superior) e a tese da continuidade. Mas talvez a tese da continuidade deva ser interpretada de forma mais estrita. Talvez a tese seja realmente a de que as razões para a obrigação primária (aquelas que a obrigação secundária existe para servir) não são, ou pelo menos não precisam ser, deveres. Nessa interpretação, permanece uma lacuna entre a tese da identidade e a tese da continuidade. E esta lacuna é significativa.

Para entender por que, observe que defender uma narrativa de dever de nível superior na relação entre dever primário e secundário não implica negar que razões outras (diferentes da violação do dever primário) possam ter relação com a existência de um dever secundário (ou com a disponibilidade de um remédio judicial). Na verdade, isto não implicaria nem que a razão para o dever secundário é uma razão conclusiva em favor de remediar a situação. Mesmo que o dever fosse individualizado por seu fundamento (o dever de nível superior) como quer Weinrib, ainda assim o dever secundário é um dever de realizar uma ação particular (ou, talvez, uma dentre um conjunto limitado de ações particulares) e pode haver razões perfeitamente respeitáveis para não realizar essa ação particular que não são derivadas do dever de nível superior. A menos que se subscreva a uma imagem muito otimista de nossa paisagem normativa, deveres podem, às vezes, conflitar e, às vezes, violar um desses deveres será um mal menor.[105] Se um defensor da tese da identidade fundada em uma defesa de um dever superior aceita que às vezes os deveres conflitam e que, nesses casos, pode ser necessário violar um dever para cumprir um mais importante, ele não estaria obrigado a afirmar que o dever de nível superior que conecta a obrigação primária à secundária deve sempre prevalecer sobre todos os outros deveres.

---

[103] Gardner 'What is Tort Law for?', cit, p. 61.
[104] John Gardner e Timothy Macklem, 'Reasons', *In* Jules L. Coleman, Kenneth Einar Himma e Scott J. Shapiro, *The Oxford Handbook of Jurisprudence and Philosophy of Law* (OUP, 2004), p. 466.
[105] Gardner e Macklem, 'Reasons', cit, p.467-468

Pode-se facilmente imaginar uma série de outras razões que (i) não são deveres e que (ii) têm impacto na ação exigida pelo dever secundário que especifica o dever de nível superior. Considere, por exemplo, a ação de "pagar indenização de £100.000,00 à vítima". Se, ao fazê-lo, o infrator for empurrado abaixo da linha de pobreza, causando imenso sofrimento ao infrator e sua família, há uma razão para não pagar o dinheiro à vítima. Além disso, esse fato também é uma razão contra a existência do dever secundário (sob certas circunstâncias). Também não é difícil pensar em exemplos de razões que se opõem a conceder à vítima o direito de buscar remédios judiciais. Pense em um caso em que conceder à vítima o direito de buscar remédios judiciais causaria um nível de desordem no sistema judicial (presumivelmente uma das "consequências jurídicas" de MacCormick[106]), de modo que a decisão deixaria o direito privado positivo (que é um bem público) em um estado pior do que estaria se a via judicial não tivesse sido disponibilizada.[107] No que segue, não abordarei fatos que possam contar como razões contra a disponibilidade de remédios judiciais. Em vez disso, me concentrarei em razões contra a performance da ação exigida pelo dever secundário e razões contra a existência do dever secundário. Razões como essas inclinam-se na direção oposta à existência de um dever secundário. Chame-as de "razões potencialmente contrárias". Como alguém que defende tese da identidade com base na existência de um dever de nível superior poderia responder à existência dessas razões?

Deixando de lado a negação de que esses fatos sejam verdadeiras razões, parece haver uma série de respostas possíveis. A primeira resposta, menos interessante, é aceitar que pelo menos algumas dessas razões podem eventualmente contrabalançar o dever de nível superior que fundamenta os deveres primário e secundário, mas alegar que uma decisão que toma em conta estas razões seria estranha ao direito privado (ou à justiça corretiva, ou à adjudicação do direito privado). Essas razões não teriam lugar em um sistema de direito privado "puro" ou "racional". Mas essa resposta convida à réplica: "e daí?". Talvez a resposta para essa questão adicional seja simplesmente que há uma vantagem epistêmica em ver as estruturas normativas

---

[106] Neil MacCormick, "Rhetoric and the Rule of law" (OUP, 2005), p. 104ff. John Gardner argumenta que os juízes que decidem casos não estão apenas vinculados por razões decorrentes da justiça corretiva, mas também devem levar em consideração o impacto de suas decisões no sistema jurídico como um todo, em 'Public Interest and Public Policy in Private Law', no livro *Torts and other Wrongs* (OUP, 2019), p. 310-311.

[107] Gardner, *Torts and other Wrongs*, p. 315.

e conceituais da justiça corretiva em condições "laboratoriais".[108] Isso pode, de fato, ser um bom motivo para ignorar as razões "impuras" que afetam a ação que procura remediar o dano e/ou a existência do dever secundário, mas devemos ser claros sobre o que se segue desta alegada vantagem epistêmica. A partir da vantagem epistêmica, nada se segue sobre a força dessas razões impuras e como elas se relacionam com a força do dever de nível superior identificado em condições "laboratoriais". Podemos justificar a exclusão de certas razões para obter maior clareza sobre a forma e sobre a dinâmica interna de um subconjunto de razões, mas isso não diz nada sobre como o dever de nível superior se relaciona com as outras razões que afetam o caso. Essa resposta, independentemente de seus méritos epistêmicos, deixa a questão normativa sem resposta.

Uma segunda resposta seria aceitar que pelo menos algumas dessas razões poderiam afetar a existência do dever secundário, desde que pudessem ser expressas em termos de um "sistema de direitos".[109] Dentro desse sistema de direitos, as razões contra o dever reparatório são colocadas em um nível acima do dever em nível superior que torna os deveres primário e secundário idênticos: elas são razões para concluir que o dever em nível superior que aparentemente fundamenta tanto os deveres primários quanto os secundários é apenas uma miragem. Isto decorre de que a existência de um direito/dever em nível superior é dada por considerações gerais sobre todo o sistema de direitos e, com base nisso, pode-se descobrir que um direito/dever *prima facie* não é um dever real. Assim, uma razão que vai contra a ação exigida pelo dever secundário não é simplesmente uma razão contra esse dever secundário resultar da violação de um dever primário, mas uma razão para que nunca tivesse havido um dever primário. Claramente, algumas razões potencialmente contrárias poderiam ser capturadas por um sistema de direitos desse tipo. Mas muitas delas podem não ser domesticáveis dessa maneira. Em relação a estas últimas, a questão permanece sobre como as razões potencialmente contrárias se relacionam com o dever em nível superior.

Independentemente de se aceitar esta explicação da força das razões potencialmente contrárias baseada em um "sistema de direitos", há uma terceira alternativa aberta ao defensor da tese da identidade: afirmar que o dever em nível superior simplesmente não pode ser contrariado pelas razões

---

[108] Eu entendo que este foi o projeto de investigação que Weinrib delineou em seu 'Aristotle's Forms of Justice' (1989) 2 *Ratio Juris* 211.
[109] Sobre o sistema de direitos, ver Weinrib, *Corrective Justice*, cit, p. 86 e p. 110-115.

que pressionam na direção oposta, porque o primeiro seria indexicamente superior ao último.[110] De fato, deveres são razões de um tipo especial, pois possuem um tipo especial de força. Elas não são simplesmente (i) razões para fazer algo, mas também (ii) razões para não agir em relação a um determinado conjunto de razões contrárias (independentemente de quão fortes elas sejam).[111] A característica "(ii)" significa que certos tipos de razões são excluídos da avaliação da ação por não serem do tipo de razão que poderia contrariar a razão fornecida pelo dever. O dever é protegido contra elas e, como resultado, sua força (individualmente ou em conjunto) não é um fator relevante na determinação do que é o correto a se fazer. Na terminologia filosófica atual, elas são excluídas por tipo, não por peso.[112] Esse é um traço distintivo da tese da identidade e da sua justificativa com base na existência de um dever de nível superior aos deveres primário e secundário.

Assim, afirmar que a identidade dos deveres primários e secundários é resultado de ambos serem fundamentados em um dever em nível superior é o mesmo que afirmar que eles são fundamentados em (i) uma razão para ação que também é (ii) uma razão para excluir um certo conjunto de razões do conjunto razões que seriam capazes de derrotar essa razão para ação. Dessa forma, um defensor da tese da identidade não precisa negar que as razões potencialmente contrárias (como empurrar o infrator abaixo da linha de pobreza) são razões reais. Ele pode simplesmente afirmar que elas não são do tipo de razão que poderia prevalecer sobre a razão fornecida pelo dever em nível superior.

Note que a exclusão promovida por um dever não precisa ser (e, na verdade, raramente é) absoluta. Para que algo seja considerado um dever, é suficiente que ele exclua por espécie/tipo um conjunto não vazio de razões. A tese da identidade poderia ser validada pela existência (necessária) de um dever em nível superior, mesmo que o conjunto de razões "excluídas" não seja particularmente extenso.

Contraste tudo isso com a tese da continuidade. A tese da continuidade não requer que o fato que fundamenta o dever primário e secundário seja

---

[110] Ou, se estamos nos concentrando na disponibilidade de remédios judiciais, pode-se afirmar que a o direito positivo deve impedir os juízes de considerarem razões que puxem na direção oposta ao dever de nível superior.
[111] Joseph Raz, *Practical Reasons and Norms* (2nd edn, OUP, 1999), p. 58-59; Gardner e Macklem 'Reasons', p. 466.
[112] Raz famosamente introduziu a distinção, que é agora conhecida, em sua discussão sobre razões excludentes em Raz, cit, p. 35ff.

outro dever em nível superior. Esse fato pode lhe dar uma razão para agir, sem implicar que outras razões que influenciam a ação requerida pelo dever secundário devam ser excluídas por tipo do conjunto de razões com potencial para justificá-lo. A tese da continuidade não é incompatível com o fato que fundamenta o dever primário ser, às vezes, um dever (ou seja, que certos deveres primários são de fato fundamentados em razões que são obrigatórias), mas não assume que isso seja o caso. Além disso, não assume que a violação do dever primário e a consequente frustração da razão que fundamenta esse dever primário devam necessariamente gerar um outro dever. Talvez tudo o que reste da violação do dever primário (seus "ecos", para usar a imagem de Gardner) sejam razões não-protegidas para agir. Em outras palavras, a verdade da tese da continuidade não implica que o dever reparatório deva ser ele próprio fundamentado em um outro dever.[113]

É possível ver mais claramente agora as diferenças cruciais entre a tese da identidade e a versão da tese da continuidade que estou defendendo aqui como sendo superior à tese da identidade. Em primeiro lugar, a tese da identidade assume um compromisso adicional importante em relação à tese da continuidade. Ambas veem nas razões que fundamentam o dever primário a chave para responder à questão normativa, mas a tese da identidade também se compromete com a afirmação de que essa razão, seja qual for (e pode haver muitas razões), também seria, sempre, uma razão para excluir um certo conjunto de razões por tipo da justificação tanto dos deveres primários quanto dos secundários. A tese da continuidade não tem tal implicação. Pode ser que, em relação a um dever primário particular, a razão que a fundamenta seja de fato outro dever de nível superior, mas isso não é necessário. A tese da continuidade é compatível com a razão que fundamenta o dever primário não implicar a exclusão por tipo de quaisquer outras razões.

Em segundo lugar, e como consequência, se a tese da identidade fosse verdadeira, a existência de um dever primário precisaria atender a um ônus

---

[113] Na primeira nota de rodapé deste capítulo, levantei a possibilidade de que a concepção da tese da continuidade defendida aqui não seja a que Gardner teve em mente. Em *From Personal Life to Private Law* OUP, 2015, 126), ele parece afirmar que o controle exercido pelo dever primário sobre a existência do dever secundário se deve, em parte, à sua capacidade de excluir algumas razões contrárias. É certo que o dever secundário tem força excludente, mas Gardner pode estar sugerindo também que o poder excludente do dever primário se estende às razões que justificam a existência de um dever secundário. Se é assim que Gardner entende a tese da continuidade, talvez devêssemos começar a falar sobre *teses* da continuidade, pois esta seria uma concepção de continuidade muito diferente daquela que eu acredito ser superior à tese da identidade. Há, claro, uma interpretação da passagem que a torna compatível com a minha concepção da tese da continuidade.

justificatório mais significativo do que precisaria atender se a tese da continuidade fosse verdadeira. Isto porque um dever primário só existiria, de acordo com a tese da identidade, se houvesse uma razão de nível superior (a) da qual ele fosse uma especificação e (b) que excluísse por tipo um conjunto não vazio de razões potenciais. Para cada dever primário, seria necessário um fato que fosse, ao mesmo tempo, uma razão de nível superior para a ação *e* que possuísse uma força de exclusão cujo fundamento seria um dever de nível superior. A tese da continuidade não encontra o mesmo ônus, pois, pelo menos em princípio, não haveria necessidade de justificar a exclusão por tipo de qualquer razão potencialmente capaz de que fundamentar o dever primário. Note que tanto na tese da identidade quanto na tese da continuidade, a questão da exclusão pode surgir, mas apenas na primeira surgirá *necessariamente*. Em relação a esses dois primeiros aspectos contrastantes, já podemos ver algumas razões para favorecer a tese da continuidade em detrimento da tese da identidade. A primeira pode oferecer tudo o que a segunda oferece, sem se comprometer, como a segunda, a encontrar uma justificativa para a força de exclusão de razões de nível superior.

Em terceiro lugar, a tese da continuidade não se compromete com a exclusão de quaisquer razões por tipo da justificação do dever secundário de reparação. Na verdade, mesmo que a razão que justifique o dever primário seja um dever de nível superior (algo que, como vimos, não é incompatível com a tese da continuidade), a tese da continuidade não se compromete com transferir quaisquer deveres da justificação do dever primário para a justificação do dever de secundário de reparação. Em contraste, a tese da identidade se compromete com a existência de pelo menos um conjunto não vazio de razões excluídas da justificação do dever secundário: aquelas herdadas da exclusão estabelecida pelo dever de nível superior. Assim, a tese da continuidade permite que a justificação do dever de reparação seja exclusivamente um resultado do peso das razões a favor e contra a existência de um dever de reparação (embora, é claro, a tese da continuidade não seja incompatível com a existência de deveres relacionados a essa ação que derivem da violação do dever primário). Por esta razão também, a tese da continuidade é mais ampla do que a tese da identidade.

Essas são importantes diferenças entre as duas tentativas de fornecer uma resposta à questão normativa, e cada uma oferece um quadro concorrente para investigar a disponibilidade de razões para justificar o dever de reparação. Além disso, cada estrutura possui implicações substantivas diferentes, já que a tese da identidade está comprometida com a existência de pelo menos uma razão potencialmente contrária cujo peso seria irrelevante para o equilíbrio final de razões que justifica a disponibilidade do dever de reparação. No entanto, nenhuma das estruturas deve ser considerada como uma resposta completa para a questão normativa. Essa resposta seria necessariamente baseada em considerações *substantivas*.

Para ilustrar isso, considere como cada rival lidaria com o fato de que pagar à vítima £100.000,00 empurraria o devedor abaixo da linha de pobreza, com consequências negativas drásticas para ela e para sua família. Segundo a tese da continuidade, chegar a uma conclusão sobre a existência de um dever de reparação fundamentado na violação de um dever primário ainda dependeria de respostas a várias perguntas. Qual razão ou razões fundamentam a existência do dever primário violado? Existe outra maneira de se conformar a essas razões, agora que o dever primário foi violado? Se sim, qual ação ou ações do transgressor permitiriam que ele se conformasse a essas razões (por exemplo, pagar à vítima £100.000,00)? Existem outras razões que possam influenciar a existência de um dever de praticar esta ação (por exemplo, o fato de que, ao pagar à vítima £100.000,00, o transgressor cairia abaixo da linha da pobreza, com consequências negativas drásticas para sua família)? Como a força dessa razão interage com as razões que fundamentaram o dever primário? Para responder a esta última pergunta, seria necessário perguntar se alguma das razões que fundamentaram o dever primário seria uma razão protegida (um dever) e, em caso afirmativo, se a outra razão potencialmente contrária faz parte do conjunto de razões que a razão protegida exclui por tipo. Por fim, se elas não forem excluídas, é preciso considerar a questão de quanto peso deve ser atribuído a cada razão para determinar qual deve guiar a ação a ser realizada pelo transgressor. Pode acontecer que, no final deste caminho, o fato de que pagar uma compensação jogaria alguém abaixo da linha da pobreza pesaria mais do que as razões que originalmente fundamentaram o dever primário e, neste caso, nenhum dever secundário seria justificado.

De modo similar, segundo a tese de identidade, chegar a uma conclusão sobre a existência de um dever de reparação fundamentado na violação de um dever primário também dependeria de respostas a várias perguntas. É necessário saber qual dever de nível superior fundamenta o dever primário e, como os deveres são razões protegidas, quais tipos de razões devem ser excluídos do conjunto de razões que têm impacto na existência de ambos, o dever primário e o dever secundário. Se a razão potencialmente contrária estiver incluída no conjunto de razões excluídas, então o dever de nível superior não pode ser derrotado por ela e, como o dever primário não pode mais ser cumprido, a única ação que poderia contar como cumprimento do dever de nível superior é aquela exigida pelo dever secundário. Por outro lado, se a razão potencialmente contrária não estiver incluída no conjunto de razões excluídas, é necessário verificar seu peso em relação ao peso da razão de nível superior. Aquele mais forte determinará, então, existência do dever secundário.

Observa-se que, embora as razões excluídas pelo dever de nível superior sejam as mesmas em relação ao dever primário e ao dever secundário, o conjunto de razões que influenciam a existência do dever primário e o conjunto de razões que influenciam a existência do dever secundário podem não ser idênticos. Tomemos novamente o fato de que ter o dever de pagar £100.000,00 à vítima poderia levar o infrator abaixo da linha da pobreza. Essa razão vai contra a existência desse dever reparatório. No entanto, não é uma razão contra ter o dever, em relação à vítima, de dirigir com cuidado para não lhe causar danos, mesmo que não ter tal dever primário também tenha o mesmo efeito benéfico de não empurrar o infrator e sua família abaixo da linha da pobreza.

Assim, cada teoria rival determina quais razões normativas podem, em última instância, responder à pergunta normativa e, ao fazê-lo, cada uma tem implicações diferentes em relação a essas razões normativas substanciais. A clareza sobre esse enquadramento conceitual também ajuda a evitar certas tentações, entre as quais está a tentação de pensar que, se os deveres primário e secundário fossem idênticos, tudo o que precisaria ser fundamentado em razões seria o dever primário (digamos, o dever de dirigir com cuidado para não colocar em perigo a saúde de outra pessoa) e não o dever de realizar a ação reparatória específica que pode desfazer o dano. Como vimos acima, a possibilidade de ter de pagar a alguém uma quantia de dinheiro que empurraria o infrator abaixo da linha da pobreza pode ser uma razão para que o infrator dirija com cuidado, mas não é uma razão para que ele não tenha o dever, em relação à vítima, de dirigir com cuidado. Mas pode ser uma razão contra o infrator ter o dever, em relação à vítima, de pagar-lhe compensação.

Caso a análise acima seja correta, de fato existe uma diferença relevante entre a tese da identidade e a tese da continuidade, porém essa diferença não decorre de uma discordância mais profunda sobre a metafísica do dever, como se poderia presumir ao ler as vozes centrais desse debate. Mais importante ainda, a discordância não deve ser compreendida como uma divergência entre tentativas normativas substantivas de responder à pergunta normativa, mas sim como duas formas rivais de estruturar a investigação das razões que incidem sobre a pergunta normativa. Como tal, elas não devem ser vistas como respostas completas de tamanho único para a pergunta normativa, mas sim como formas de organizar nosso pensamento enquanto abordamos a pergunta normativa que é levantada especificamente por cada dever primário e cada dever secundário. Também espero ter mostrado que há razões para preferir a estruturação fornecida pela tese da continuidade àquela fornecida pela tese da identidade, já que a primeira parece capaz de entregar todas as vantagens que a última pode reivindicar, enquanto se mantém livre de alguns dos compromissos metodológicos e substantivos que a primeira implica.

Portanto, o argumento apresentado acima é uma parte importante da resposta à pergunta normativa, mas certamente não é o fim da história.

CAPÍTULO 4
FUNDAMENTOS ECONÔMICOS E NÃO-ECONÔMICOS PARA A DEFESA DO CONSUMIDOR*

O presente artigo tem o objetivo singelo de contribuir para o mapeamento das relações entre filosofia e economia na fundamentação da defesa do consumidor e, em particular, do direito do consumidor. Esse objetivo modesto se cumpre por meio de dois mapas distintos, a saber, (a) um mapa das relações entre o discurso econômico e o discurso da filosofia política sobre o direito do consumidor, e (b) um mapa das relações entre direito do consumidor e argumentos sobre justiça política. Nenhum dos mapas apresentados pretende ser exaustivo ou incontroverso, mas prover um ponto focal para a discussão subsequente sobre o tema.

Tanto um quanto o outro mapa supõe um grau de unidade no direito do consumidor. Todavia, essa unidade não é imediatamente perceptível. Assim, as regras sobre responsabilidade civil por fato do produto foram vistas por alguns como fundadas em critérios de justiça[114] distributiva,[115] por outros como fundadas na justiça corretiva.[116] O mesmo vale para outros aspectos do direito do consumidor, como a regulação da publicidade ou dos contratos entre consumidor e fornecedor. Daí a necessidade de iniciar por uma discussão sobre a unidade do direito do consumidor. Esse é o objeto de análise da primeira seção desse artigo.

---

* Este capítulo se beneficiou enormemente das críticas e comentários de colegas, em particular de Luis Fernando Barzotto e de Rafael de F Valle Dresch, que me ajudaram a remediar muitos dos erros contidos em versões iniciais do meu argumento.

[114] As semelhanças e diferenças entre justiça distributiva e justiça corretiva serão discutidas na seção II, abaixo.

[115] Ronaldo Macedo reporta sobre a tendência de diversos estudiosos do direito do consumidor a formular o direito do consumidor do ponto de vista da justiça distributiva em R. Macedo *Contratos Relacionais e a Defesa do Consumidor* 2ª. ed. São Paulo: RT, 2006, p. 231.

[116] Em relação à responsabilidade civil por fato do produto, ver R de F Valle Dresch *Fundamentos da Responsabilidade Civil pelo fato do Produto e do Serviço* Porto Alegre: Livraria do Advogado, 2009, passim.

Na segunda seção as noções de justiça corretiva e distributiva são inseridas no debate do direito do consumidor. A primeira preocupação nesse ponto é clarificar os conceitos e a delicada relação entre justiça particular (i.e., justiça corretiva e justiça distributiva), concepções substantivas de justiça e direito positivo.[117]

A última seção procura esclarecer e discutir dois modos em que a economia pode ser considerada como elemento de um processo de justificação do direito do consumidor, quais sejam, a provisão de argumentos gerais sobre a maximização de riqueza em um determinado grupo social e a provisão de argumentos sobre o impacto (estatístico) de certas formas de regulação nas estruturas motivacionais de agentes sociais. Esse impacto estatístico pode ser uma parte relevantemente de um argumento justificatório por meio da construção de modelos que permitem antecipar as consequências da introdução de regulação sobre a proteção do consumidor em diversos aspectos da vida social (e não apenas em relação à maximização da riqueza total produzida no grupo).

4.1. A Unidade do Direito do Consumidor do Ponto de Vista de sua Fundamentação

Na teoria do direito privado é evidente uma tendência a buscar um fundamento único para institutos jurídicos, para áreas do direito privado, ou mesmo para a totalidade do direito privado.[118] Teorias sobre os fundamentos da responsabilidade civil, por exemplo, são legião. Para uns, a responsabilidade civil se funda na justiça corretiva,[119] enquanto para outros, suas regras

---

[117] Por "direito positivo" entenda-se aqui o direito que foi criado por uma comunidade política, seja por meio de legislação, costumes jurídicos, precedentes judiciais obrigatórios, ou outra forma de criação de direito.

[118] Sobre os três arquétipos aos quais podem ser reconduzidas as fundamentações gerais sobre o direito privado ver C Michelon "Um Ensaio sobre a Autoridade da Razão no Direito Privado" (2002) *Revista da Faculdade de Direito da UFRGS* v. 21, p. 101-112. O artigo reproduzido na terceira parte do presente volume (capítulo 7, abaixo).

[119] Ver, por exemplo, E. Weinrib *The Idea of Private law* (Cambridge/MS: Harvard Univ. Press, 1995), Gordley, James "The Moral Foundations of Private Law" (2002) *American journal of Jurisprudence* vol 47, p 1 ss.

CAPÍTULO 4 FUNDAMENTOS ECONÔMICOS E NÃO-ECONÔMICOS PARA A DEFESA...

(ou parte delas) tem natureza punitiva,[120] ou puramente reparatória.[121] Para uns, a obrigatoriedade de cumprir contratos se funda na intrínseca moralidade de cumprir promessas,[122] enquanto para outros, o direito dos contratos obriga ao cumprimento de obrigações contratuais porque é socialmente útil que o faça.[123]

Essa busca de um fundamento único é uma tentativa de compreender uma parte significativa de nossa experiência jurídica como uma prática coerente, ou seja, é uma tentativa de dar sentido a uma parte de nossa vida em comum. Todavia, esse fundamento comum não necessariamente subjaz a cada um dos microssistemas do ordenamento jurídico. O regramento jurídico do registro de imóveis pode estar fundado tanto em considerações relacionadas ao esquema interpretativo que chamamos: a) "justiça distributiva" – efetuando as distribuições de um determinado tipo de bem feitas de acordo com algum critério de distribuição; b) "justiça corretiva" – facilitando a identificação de certas alocações de bens por outros agentes privados; c) "eficiência econômica" – gerando segurança no mercado imobiliário e facilitando investimentos no setor. É um erro procurar um fundamento único para todo e qualquer regramento jurídico que se apresenta, *prima facie*, como um todo unitário. Há critérios capazes de explicar a relativa unidade desses ramos do direito sem a necessidade de um fundamento último, ou mesmo de um fundamento único.

No caso específico do direito do consumidor esse critério não é um princípio de justiça, mas uma situação fática à qual se aplicam (potencialmente) diferentes princípios de justiça: a vulnerabilidade do consumidor na relação de consumo. Sobre essa vulnerabilidade muito já foi escrito e não se pretende adicionar muito ao cânone. Para os propósitos do presente artigo dois pontos apenas devem ser ressaltados.

Em primeiro lugar, a vulnerabilidade do consumidor talvez possa ser mais bem explicada como um conceito "analógico" e não como um conceito (ou como uma soma de conceitos) unívoco(s). Não se trata de identificar um critério de vulnerabilidade (econômica, de informação etc.) ou mesmo um conjunto

---

[120] Muitos autores fazem referência superficial à natureza punitiva da Responsabilidade civil sem, no entanto, discutir a tese. Para uma discussão interessante do tema, ver T. Honoré "The Morality of Tort Law" in D. Owen (ed.) *Philosophical Foundations of Tort Law* Oxford: OUP, 1995, p 73, 86-90.
[121] E.g. Mazeaud, H.; Mazeaud, J.; Chabas, F. *Leçons de droit civil* – Obligations: théorie générale. 9. ed. Paris: Montchrestien, 1998. v. 1, t. II, p. 366-367.
[122] A mais radical tentativa de defender essa tese se encontra no clássico livro de C. Fried *Contract as Promise* Cambridge-MS: Harvard University Press, 1981.
[123] Um exemplo dessas concepções de contrato pode ser encontrado em autores vinculados à *Law and Economics*, como Richard Posner (ver, entre outros, R. Posner *Economic Analysis Of Law*, 7ª. Ed Aspen Publishers, 2007, capítulo 4).

de critérios sem uma relação interna entre si. Todos esses aspectos da vulnerabilidade do consumidor se relacionam de um modo complexo e sensível ao contexto do consumidor típico de um determinado produto ou serviço.[124]

O déficit de informação do consumidor é frequentemente relacionado a um déficit econômico que, por sua vez, não é simplesmente quantificável em relação ao poder econômico do consumidor comparado com o poder econômico da empresa,[125] mas por uma relação que se estabelece entre recursos disponíveis e que consumidor e fornecedor estão dispostos a expender no processo de levantar a informação relevante. Ou seja, a disparidade de informação da qual decorre um dever de informar qualificado para o fornecedor (p. ex. na responsabilidade por fato de produto por defeito de informação) não é simplesmente o resultado de uma diferença em poder econômico entre consumidor e fornecedor, mas uma diferença que toma em conta a relação de duas variáveis: o efetivo poder econômico de cada parte e o que se pode razoavelmente esperar que a parte despenda para obter a informação. Não é razoável esperar que um consumidor diabético, mesmo que multimilionário, despenda recursos, não apenas financeiros, mas em termos de esforço na administração de recursos, para testar todos os alimentos industrializados que consome com o intuito de identificar quantidades de açúcar no produto. Por outro lado, é perfeitamente razoável requerer de um produtor de biscoitos que divulgue se alguma quantidade de açúcar foi utilizada na confecção do produto. Essas vulnerabilidades não apenas se somam, mas se relacionam entre si tanto por conexões causais quanto conceitualmente. De uma forma ou outra, essas vulnerabilidades estão relacionadas à noção central de que uma das partes da relação jurídica está em uma situação na qual a outra parte não se encontra, ou seja, em uma situação de sujeição parcial.

Em segundo lugar, é um erro falar de um princípio da vulnerabilidade. A vulnerabilidade é um *fato* cujas consequências normativas dependem de outras considerações valorativas e fáticas.[126] Sobre esse fato, diversos princípios

---

[124] Uma ideia que Pasqualotto capturou com precisão ao diferenciar as noções de consumidor médio e de consumidor típico, ver Pasqualotto, Adalberto *Os Efeitos Obrigacionais da Publicidade no Código de Defesa do Consumidor* São Paulo, Editora Revista dos Tribunais, 1997, p 122-125.

[125] Há obviamente muitos consumidores com mais poder econômico do que os seus fornecedores.

[126] Um ponto discutido mais extensivamente por Jorge Cesa Ferreira da Silva no manuscrito ainda não publicado "A Vulnerabilidade do Consumidor não é um princípio" (com o autor). O autor gaúcho voltou ao tema mais recentemente em Ferreira da Silva, Jorge Cesa 'A vulnerabilidade no direito Contratual' *Revista da Faculdade de Direito da Universidade de Lisboa* Ano LXII (2021), número 1, Tomo 1, pp. 517-552.

podem ter algo a dizer e, dessa forma, podem justificar certos cursos de ação, mas o fato da vulnerabilidade não carrega em si nenhuma normatividade e argumentos no sentido contrário possuem uma natureza, no mais das vezes, puramente retórica.

Pois bem, se a unidade do direito do consumidor não deriva de um fundamento normativo único, mas da incidência de diversas razões para ação sobre um fato social, a vulnerabilidade, deve-se concluir que diferentes aspectos do direito do consumidor podem ser fundados em diversos princípios de filosofia política que, por sua vez, podem ser compreendidos a partir dos arquétipos da justiça particular, ou seja, a partir da justiça corretiva e da justiça distributiva.

4.2. Justiça como Fundamento do Direito do Consumidor

Para que a referência à justiça seja algo mais do que um mero apelo emotivo, é necessário possuir certa clareza conceitual sobre diferentes aspectos da justiça. No contexto do presente artigo, serão feitas algumas distinções gerais e esquemáticas. A justiça pode ser geral e, nesse sentido diz respeito às decisões tomadas pela comunidade política sobre alocação de recursos dentro dessa comunidade.

A justiça particular, por sua vez, identifica os tipos de critérios que podem ser utilizados em decisões sobre alocação de bens. Os dois tipos gerais de critério, a partir dos quais podem ser compreendidas todas as alocações de bens feitas a indivíduos ou grupos de indivíduos que formam um subgrupo da comunidade são a igualdade proporcional (i.e., justiça distributiva) e a igualdade nominal (i.e., a justiça corretiva). Na imagem de Aristóteles, a justiça distributiva é uma igualdade entre proporções.[127] Da mesma forma que 1/2 é igual a 2/4, a relação entre, digamos, a nota de dois alunos deve ser igual à relação entre a qualidade de suas provas. Se um fez uma prova melhor do que o outro, a igualdade só se estabelecerá se houver uma similar diferença entre as notas atribuídas às provas. A igualdade da justiça corretiva não é desse tipo: é uma igualdade nominal, não uma igualdade de proporções.[128]

---

[127] Aristotle, *Ética à Nicomacos*, 1131a-1134b.
[128] No presente texto utilizarei a expressão "justiça corretiva" de modo abrangente para incluir também o que Aristóteles chamou justiça "recíproca" (*Ética à Nicomacos*, 1132b31-33). Essa justiça se obtém em uma "comunidade econômica" e não supõe que tenha havido qualquer injustiça a ser corrigida. Ela orienta, por exemplo, as partes em uma transação, quando estão decidindo o preço a ser pago. Há quem sustente que essa foi uma inclusão tardia de Aristóteles e que deveríamos estar

Assim, por exemplo, a igualdade entre o valor das prestações recíprocas em uma transação comercial não se obtém em proporção a alguma característica do sujeito. O valor de um objeto em uma transação não é determinado por um critério subjetivo externo à transação. Dessa forma, a justiça corretiva não permitiria cobrar mais por canetas vendidas a bons alunos do que se cobra por canetas vendidas a maus alunos.

Ao tratar de distribuições, o critério em relação ao qual cada alocação deve ser feita (mérito) varia de contexto para contexto. Pode ser a noção de merecimento, como frequentemente ocorre no caso de avaliação de alunos, ou de necessidade, o que pareceria apropriado para a distribuição de bens básicos como v.g. cestas básicas, ou ainda capacidade presumida de tomar decisões racionais, como acontece com o direito de votar em uma democracia que é garantido a muitos cidadãos, mas não a crianças. Aristóteles chama a todos esses critérios de *mérito (axia)*, mas a teoria da justiça distributiva não necessita pensar nessa proporção em termos de uma retribuição por algum tipo de excelência. Como o exemplo das cestas básicas demonstra, "mérito", no modo como teóricos da justiça distributiva tentem a utilizar a palavra, não implica necessariamente merecimento ou valor como a tradução literal de *axia* poderia levar a crer.[129]

Disso se pode concluir que a justiça corretiva se diferencia da justiça distributiva por três critérios, a saber: (a) a restrição no âmbito de aplicação; (b) a restrição nos critérios relevantes de distribuição; e (c) a sua natureza *ex post facto*.[130] Ou seja, no primeiro caso a justiça corretiva se aplica somente em transações entre partes do grupo e não em relação ao grupo como um todo, no segundo, a justiça corretiva não toma em conta o que Aristóteles

---

tratando de dois 3 formas de justiça particular e não de duas: j. distributiva, j. corretiva, j. recíproca (ver, por exemplo, F. Miller Jr. Nature, *Justice, and Rights in Aristotle's Politics* Oxford: OUP, 1995, p. 73-74). Me parece que há boas razões para seguir a estratégia tomista e agrupar a j. corretiva e a j. recíproca sob o manto da j. comutativa, que se opõe à j. distributiva. De toda forma, para fins desse artigo, justiça corretiva será utilizado para se referir tanto às correções (em sentido estrito) quanto à reciprocidade.

[129] Para uma exposição clara dessas distinções, ver F. Miller Jr. Nature, *Justice, and Rights in Aristotle's Politics* Oxford: OUP, 1995, capítulo 3 e, em português L. F. Barzotto *Filosofia do Direito – Os Conceitos Fundamentais e a Tradição Jusnaturalista* Porto Alegre: Livraria do Advogado, 2010, pp. 81 ss.

[130] Weinrib também sugere três elementos distintivos da justiça corretiva (em relação à justiça distributiva, quais sejam *bipolarity, constrained standards of relevance e relationship to adjudication*. Meus três critérios são obviamente inspirados nos propostos por Weinrib, mas o conteúdo dos critérios (em particular do primeiro e do terceiro) é parcialmente diferente. Ver E. Weinrib *The Idea of Private law* (Cambridge/MS: Harvard Univ. Press, 1995, p. 56 ss)

chamou de "mérito" e, finalmente no último caso a justiça corretiva diz respeito a "distúrbios" em um determinado esquema alocativo.

Não se acredita que o fundamento do direito do consumidor possa ser reduzido a um desses dois aspectos da justiça particular. Justiça corretiva e justiça distributiva não são concepções completas de justiça, ou seja, não são princípios que *regulam* certas relações sociais. As formas de justiça particular são dois esquemas interpretativos, irredutíveis um ao outro, e essenciais para a compreensão das decisões de uma comunidade política, em particular do direito dessa comunidade política.[131] Do esquema interpretativo que denominamos "justiça distributiva", por exemplo, não se pode derivar nenhum esquema de alocação de recursos. Para que isso seja possível são necessários argumentos sobre os critérios de distribuição, ou seja, o "mérito" de Aristóteles, que devem ser aplicados a cada tipo de relação social, sobre o escopo da justiça distributiva. Todavia, o conceito de justiça distributiva ajuda a compreender esses princípios substantivos de justiça presentes nas decisões de uma comunidade política como uma unidade de sentido. Sem o esquema interpretativo da justiça distributiva, algumas decisões alocativas na comunidade política não seriam propriamente compreendidas. O mesmo vale para o esquema interpretativo da justiça corretiva. Mas essas decisões não são *fundadas* em qualquer das formas de justiça particular. Para tanto, basta pensar nos seguintes exemplos.

Primeiro exemplo:
Uma parte significativa da proteção contratual do consumidor no Brasil e em outros sistemas jurídicos, é composta de regras que procuram manter o equilíbrio das prestações em transações entre consumidor e fornecedor. Assim, por exemplo, a Lei 8.078/90 fala explicitamente da invalidade de cláusulas contratuais que ameacem o "equilíbrio contratual".[132] Uma linguagem similar foi utilizada pela União Européia na diretiva sobre *Unfair terms in consumer contracts*,[133] cujo artigo 3º classifica como *"unfair"* a disposição contractual que "...cause um desequilíbrio significativo entre os direitos e obrigações

---

[131] Opinião similar pode ser encontrada em um artigo de Weinrib anterior (e em alguns sentidos superior) ao livro *The Idea of Private Law*. O que não é aceitável nesse artigo é a leitura de Weinrib das causas Aristotélicas, em sua aplicação à justiça (ver Weinrib, E. Aristotle's Forms of Justice Ratio Iuris, Vol. 2, n. 3 Dec 1989 pp. 211-226)

[132] Lei 8.078/90 (art. 51,§ 1º, II, que interpreta o inciso IV do mesmo artigo).

[133] EU **Council Directive 93/13/EEC de 5 de abril de 1993.**

que surgem às partes sob o regime do contrato..."[134]. Nessa forma de regulação, a vulnerabilidade do consumidor não é regulada pela determinação de deveres especiais para uma parte em relação à outra ou a terceiros, mas sim pela redução do âmbito de liberdade contratual entre as partes. A restrição na possibilidade de contratação desses tipos de disposição contratual não coloca o consumidor em uma posição diferente do fornecedor, ao menos em relação aos seus deveres e poderes. Obviamente que o consumidor é privilegiado em relação ao fornecedor pela estrutura da proteção, mas a estrutura de direitos e deveres mútuos não é alterada pela regulação, i.e., as decisões que estão excluídas da esfera de possíveis decisões de um são exatamente as mesmas que estão excluídas da esfera de decisão do outro. Nem consumidor, nem fornecedor podem adotar cláusulas contratuais que prejudiquem exageradamente o consumidor.

A assimetria no tratamento jurídico procura compensar a assimetria na relação social de vulnerabilidade que lhe subjaz. Mas a relação jurídica não é em si assimétrica: o fornecedor não tem a obrigação de aceitar qualquer desvantagem exagerada *ao consumidor*. Presumivelmente essa proteção assimétrica não lhe causaria qualquer dano, dado que ele não se encontra na posição de vulnerabilidade seja econômica, de informação, de razoável priorização etc. O que a regulação busca é a manutenção da equivalência das obrigações mútuas.

No exemplo as características centrais da justiça corretiva parecem estar presentes. Em primeiro lugar, os critérios de validade estabelecidos nessa forma de regulação têm em vista primariamente transações entre um consumidor e um fornecedor e não as relações do grupo como um todo. Isso não significa, obviamente, que a regulação não tenha um impacto sistêmico, mas que os critérios utilizados são aplicados no interior da relação contratual. O fato de que um conjunto de transações compreendidas a partir da justiça corretiva possui impactos distributivos gerais no grupo social não é razão suficiente para considerar que essas relações entre particulares devem ser consideradas sob a ótica da justiça distributiva. É possível que esses efeitos distributivos gerais sejam desejáveis ou indesejáveis, de acordo com critérios distributivos. Mas, esses efeitos, quando indesejáveis, podem muitas vezes ser minimizados pela imposição de outras formas de relação social que procurem compensar os efeitos ruins. Por exemplo, as formas de redistribuição

---

[134] "...causes a significant imbalance in the parties' rights and obligations arising under the contract..."

CAPÍTULO 4 FUNDAMENTOS ECONÔMICOS E NÃO-ECONÔMICOS PARA A DEFESA...

levadas a cabo pelo sistema tributário aliadas ao direito que regula a repartição de benefícios sociais.[135]

Em segundo lugar, o reconhecimento da situação de vulnerabilidade do consumidor não implica que se esteja procurando alterar uma forma de distribuição de bens por meio desta regulação de modo a implementar uma certa noção substantiva de mérito. A ênfase na manutenção do equilíbrio contratual é precisamente uma tentativa de não interferir em uma situação distributiva prévia ao contrato. O que se procura evitar com essa forma de regulação não é uma distribuição de bens em que o consumidor, em razão de sua vulnerabilidade, obtenha uma porção maior dos bens sociais depois do contrato do que aquela porção que tinha antes. A sua vulnerabilidade é irrelevante como *critério de distribuição*, mas é um fato que poderia gerar um distúrbio distributivo no esquema de alocação de bens prévio ao contrato. Em suma, o objetivo dessa forma de regulação é *conservar* uma distribuição de bens, não efetuar uma redistribuição.

Finalmente, e em decorrência do que foi dito acima, a regulação sobre a necessidade de manutenção do equilíbrio contratual em contratos entre consumidor e fornecedor se apresenta como um mecanismo de reação a um "distúrbio" em um determinado esquema distributivo. Em conclusão, esse aspecto da regulação protetiva ao consumidor parece ser um aspecto da justiça corretiva.

Segundo exemplo:
O segundo exemplo é um aspecto da regulação da responsabilidade objetiva por defeito de produto, em particular, a regulação do dever de informar do fornecedor. Muitos dos princípios incorporados à regulação de acidentes de consumo se relacionam diretamente à justiça corretiva, e.g. as regras sobre reparação integral dos danos. Todavia, a distribuição de ônus em relação à provisão de informações sobre o produto responde a critérios de justiça distributiva. A imposição ao fornecedor de um dever de informar certas características básicas de seus produtos/serviços não é uma relação "bipolar" entre um consumidor e um fornecedor. A informação se dirige a uma porção maior do grupo social e tem por objetivo a distribuição de certo tipo de bem, a saber, a *informação*. Não toda e qualquer informação, obviamente,

---

[135] A tese de que a mera constatação de que alocações feitas a partir do direito privado têm efeitos distributivos gerais não implica a necessidade de ver as relações de direito privado como sendo compreensíveis apenas por meio do esquema interpretativo da justiça distributiva é discutida por William Lucy em seu *Philosophy of Private Law* Oxford: OUP, 2006, 338-342.

mas apenas as informações mais relevantes para a decisão do consumidor sobre se e como consumir o produto ou serviço. A relação que se estabelece aqui não é entre um consumidor e um fornecedor sobre um determinado bem, e.g. uma garrafa de refrigerante, mas uma relação mais geral entre os consumidores efetivos e potenciais de um produto e o fornecedor, na qual o fornecedor é chamado a compartilhar um bem que possui, i.e., uma informação sobre o produto. Há também uma clara noção de "mérito" envolvida na distribuição desse bem, a saber, a necessidade do consumidor de obter a informação possuída pelo fornecedor. Se a informação é desnecessária ou mesmo prejudicial à decisão do consumidor – o que pode facilmente ocorrer no presente contexto de "fadiga de informação" perceptível em sociedades contemporâneas –, ela não necessita ser distribuída. O "mérito" aqui é a vulnerabilidade do consumidor e a distribuição estabelece uma diferença nos deveres relativos das partes com base nessa vulnerabilidade.

Aqui, as características da justiça corretiva não aparecem. A distribuição de deveres de informação obedece a critérios distributivos e não meramente corretivos.[136]

Se os argumentos acima estão corretos, a conclusão a que se deve chegar é a de que o direito que estabelece regulação protetiva ao consumidor não está fundado em um ou outro aspecto da justiça exclusivamente. Uma fundamentação completa dependeria de uma justificação mais complexa de certas opções políticas da comunidade política. Nessa justificação deveriam constar argumentos sobre se um determinado critério de "mérito" deveria ser utilizado para decidir distribuições. Assim caberia ser decidido qual o critério de mérito adequado a uma determinada relação social, quais bens deveriam ser alocados a particulares e quais deveriam ser mantidos em comum, e que instituições teriam de ser constituídas/modificadas/extintas para compensar distorções alocativas que porventura resultassem de decisões alocativas prévias, entre outros tantos problemas. Nenhuma referência simples a uma das formas da justiça particular pode resolver esses problemas; só uma teoria substantiva da justiça pode fazê-lo. As formas da justiça particular regulam apenas *indiretamente* as relações sociais. Não as regulam diretamente pois são formais, mas lhes impõem um modelo a partir do qual é possível compreendê-las.

---

[136] Isso não significa que eu discorde do argumento apresentado por Rafael Dresch sobre a correlatividade do dever de informar com o direito à informação (*Fundamentos... cit*, p. 132), mas simplesmente que essa correlatividade não implica que no estabelecimento dos limites do dever de informar não se esteja tratando fundamentalmente de critérios distributivos de um bem social em uma determinada comunidade.

A tarefa de mapear em linhas gerais as possíveis formas de fundamentação do direito do consumidor não termina com a identificação da necessidade de uma teoria substancial, e não meramente formal, da justiça. Na verdade, esse mapa estaria ainda incompleto mesmo que fosse apresentada essa concepção substancial de justiça. Caso isso ocorresse, seria necessário perguntar como considerações consequencialistas, como são tipicamente os argumentos econômicos, podem se relacionar com a fundamentação da proteção ao consumidor na justiça. Esse é o objetivo da próxima sessão.

4.3. O Papel dos Argumentos Econômicos na Fundamentação do Direito do Consumidor

Um dos debates mais fundamentais na ética contemporânea se trava entre éticas consequencialistas e éticas deontológicas.[137] O primeiro modelo avalia a correção de uma ação ou de um arranjo institucional puramente pelas consequências boas ou ruins que decorrem da ação ou da adoção do arranjo institucional. No modelo puro do consequencialismo, as consequências são avaliadas no atacado, ou seja, agregando *todas* as coisas boas e ruins da ação. Se matar um inocente salvará a vida de 20 inocentes, o correto curso de ação é matar esse inocente. Éticas puramente deontológicas são focadas na ideia de dever, ou seja, de que certas ações são intrinsecamente boas ou más, independentemente das suas consequências. Tanto uma quanto outra teoria tem seus problemas e, de fato, ambas são o resultado de uma simplificação excessiva de nosso universo ético pela redução de toda experiência ética a apenas um de seus aspectos (para uma o dever, para a outra as consequências). Uma antropologia filosófica mais complexa poderia prover um sistema em que haja espaço para articular de modo racional o conflito entre dever e consequências.

No presente artigo nada até agora foi dito sobre como as consequências de adotar uma política de proteção ao consumidor podem ser tomadas em consideração em sua fundamentação. É impossível levar essa tarefa a contento no espaço de um artigo. O que é possível fazer é identificar uma classe particularmente importante de consequências e perguntar como (e se) essa classe de consequências poderia ser integrada a uma teoria da justificação do

---

[137] B Williams; JCC Smart *Utilitarianism: for & against* Cambridge: Cambridge University Press, 1973, pp. 83 ss.

direito do consumidor. Nesta seção serão consideradas (a) as consequências no aumento ou diminuição da riqueza total disponível em uma determinada sociedade; e (b) as consequências em termos de incentivos a agentes sociais. Tanto em um caso quanto no outro, a compreensão das consequências remete ao pensamento econômico.

Deve-se colocar uma primeira pergunta: como podem princípios econômicos ser utilizados no processo de fundamentação do direito do consumidor? Para respondê-la é necessário distinguir dois tipos de problema que esses princípios podem ser chamados a resolver.

Em primeiro lugar, há a questão de se a introdução da proteção ao consumidor, ou de algum de seus aspectos, tem impacto positivo ou negativo na existência de riqueza disponível em uma sociedade. A questão sobre a justiça particular, que foi tratada na última seção, diz apenas respeito à repartição, por critérios distributivos ou corretivos, de bens disponíveis em uma sociedade, mas não diz nada sobre como esses bens vieram a ser produzidos ou como aumentar a produção desses bens. Uma maior quantidade de riqueza em uma sociedade é algo presumivelmente bom, ainda que em certas condições possa se tornar moralmente indiferente ou mesmo ruim. Princípios econômicos podem auxiliar na compreensão do preço a ser pago, em termos de produção geral de riqueza, pela adoção de uma determinada política pública e, em particular, de um sistema de defesa do consumidor. A tensão entre critérios para atribuição de bens e a maior ou menor eficiência na produção de bens é uma característica central nos debates modernos sobre políticas públicas. Mais importante para os nossos fins é o fato de que muitas das mais sofisticadas teorias da justiça contemporâneas também reconheceram essa tensão e procuraram incorporar a eficiência aos critérios de alocação de bens. Segundo o "princípio da diferença", proposto por John Rawls como um aspecto do segundo princípio da justiça, as desigualdades na distribuição de bens em uma determinada sociedade apenas podem ser justificadas se essa desigualdade gerar benefícios aos menos favorecidos na distribuição. Nesse caso, os menos favorecidos teriam mais bens sob um regime de desigualdade do que sob um regime de igualdade.[138] Obviamente que esse princípio só faz sentido se o valor total da riqueza social não permanecer estável, já que a desigualdade distributiva sempre prejudicaria o que recebe menos se o bolo a ser dividido permanecesse o mesmo. O que Rawls tem em vista

---

[138] Rawls, J. *A Theory of Justice* Oxford: OUP, 1972(1971), p. 76-83, sendo que a formulação completa do segundo princípio de justiça (que contém o princípio da diferença) se encontra na p. 83.

aqui é o impacto de certos arranjos sociais distributivos nos incentivos produtivos dos agentes sociais. Se ganhar uma porção maior do bolo vai fazer o indivíduo produzir mais, de modo que a produção social seja aumentada significativamente, é possível imaginar um cenário em que esse indivíduo ficaria com mais riqueza do que os outros membros do seu grupo social, mas na qual o bolo aumentou tanto que, mesmo recebendo menos do que esse indivíduo, os outros membros teriam mais do que se todos dividissem de modo perfeitamente igual um bolo menor.

A tentativa de Rawls de integrar argumentos sobre a justiça, i.e., argumentos sobre alocação, com argumentos sobre a eficiência econômica é problemática por diversas razoes,[139] mas qualquer teoria contemporânea sobre alocação justa de bens deve enfrentar o problema da eficiência produtiva. Princípios de economia não resolverão o problema de como integrar esses dois bens, justiça e eficiência, mas podem oferecer um guia para entender as eficiências ou ineficiências produtivas de certas estruturas institucionais que são desenhadas com o objetivo primário de estabelecer uma alocação de bens distributiva ou corretivamente justa. A decisão sobre o quanto de ineficiência econômica deve ser incorrido para que se viva em uma sociedade igualitária não pode ser resolvida por meio desses princípios econômicos, mas sim por meio de argumentos sobre o valor relativo de igualdade e da eficiência em certos contextos. Um dos traços mais irritantes do debate político contemporâneo é a assunção de que ineficiência econômica não pode ser aceita em nenhum nível, mesmo que o benefício em termos de outros valores (e.g. igualdade) seja imenso. Essa crença é um dos pilares sob os quais se sustenta a escola do *Law and Economics*, movimento que dominou a teoria do direito norte-americana nos últimos anos. A escolha, todavia, não é de modo algum óbvia e depende de uma avaliação cuidadosa dos bens envolvidos.

Modelos econômicos podem ser utilizados também de outra forma em argumentos sobre a fundamentação da defesa do consumidor. Muitas das ferramentas da teoria econômica são construídas por meio de uma simplificação da estrutura motivacional de agentes reais. Dessa simplificação resulta um modelo de agente racional a partir do qual economistas podem extrapolar tendências comportamentais em grupos populacionais a partir de ferramentas estatísticas. A função dessa construção de "tipos ideais" de agente

---

[139] Em um texto que publiquei recentemente com Fernando Atria procuramos mapear algumas das consequências do princípio da diferença (cf. C Michelon e F Atria "Una crítica al principio de diferencia" in A. Squella (ed) *Filosofía y Política en Rawls* Santiago do Chile: EDEVAL, 2007, 215 ss).

é fundamentalmente a de prever o comportamento predominante em um determinado grupo social, a partir da alteração de certas variáveis. Essas ferramentas não estão conceitualmente conectadas ao ideal de maximização da riqueza produzida por uma determinada sociedade. Assim, pode-se utilizar essa modelação comportamental para compreender como outros objetivos sociais, que não a maximização da riqueza produzida, podem ser mais facilmente atingidos. Se o objetivo é, por exemplo, melhorar a distribuição de bens em uma determinada sociedade, seria útil saber como a adoção de certas medidas poderia impactar na distribuição de bens sociais. Hipoteticamente, o aumento da proteção legislativa ao trabalhador poderia levar, dadas certas condições sociais, a uma melhor distribuição de renda e, em outras condições sociais, a uma pior distribuição de renda, e.g. se muitos empregadores passarem de utilizar trabalho informal.

Modelos econômicos, quando bem-sucedidos, ajudam a prever esse comportamento em grupos populacionais e, por extensão, ajudam a compreender se determinados modelos institucionais, inclusive de instituições jurídicas, podem ajudar na persecução de determinados objetivos e bens sociais. Obviamente que, também nessa situação, o valor justificatório de modelos econômicos é parasitário em relação ao valor de teorias políticas sobre quais bens devem ser perseguidos e quais objetivos alcançados.

Em conclusão, a função de argumentos econômicos na fundamentação do direito do consumidor é sempre subsidiária em relação aos argumentos gerais sobre a justiça na alocação de bens e sobre o valor relativo da maximização de riqueza em um determinado grupo social.

4.4. Conclusão

Princípios econômicos não oferecem fundamentações para a proteção do consumidor, mas, eventualmente, contribuem para a aplicação concreta de premissas normativas que podem efetivamente oferecer um fundamento ao direito do consumidor, em particular argumentos sobre justiça e sobre outros bens como a maximização de riqueza no grupo social. A distinção entre justiça distributiva e corretiva, ainda que essencial para a compreensão das decisões alocativas, não é fundamento suficiente para justificar essas alocações. O que é necessário são teorias substantivas sobre a justiça que "sujem as mãos" ao propor critérios alocativos adequados à situação concreta de distribuição.

CAPÍTULO 4 FUNDAMENTOS ECONÔMICOS E NÃO-ECONÔMICOS PARA A DEFESA...

Ainda que algum trabalho reste a ser feito, o argumento apresentado acima sugere um tipo de solução para a fundamentação do direito do consumidor. O seu fundamento último é uma articulação das formas de justiça particular ao redor da concepção de vulnerabilidade do consumidor. Essa articulação se dá por vezes como uma distribuição de ônus e encargos para as partes que pode ser reconduzida diretamente a critérios de justiça distributiva, em que a igualdade é proporcional à maior ou menor vulnerabilidade de cada parte. Por vezes se dá pela redução do espectro do que pode ser decidido pelas partes, situação em que é mantida a igualdade absoluta entre as partes na transação, mas que visa a neutralizar (ou ao menos prevenir) a potencial desigualdade resultante da vulnerabilidade do consumidor. Nesses casos talvez faça sentido falar de um ideal de justiça como reciprocidade que, no argumento acima, foi subsumida à justiça corretiva. Por vezes se dá por critérios puramente corretivos (em sentido estrito), como no caso da resposta à responsabilidade civil na quantificação de danos sofridos pelo consumidor.

Subjacente a todas essas instanciações da justiça particular, permanece o fato da vulnerabilidade como elemento que articula todas elas em um objeto único de estudo que é mais do que uma simples colcha de retalhos legislativa. Em outras palavras, a unidade do direito do consumidor não resta nem na sua redutibilidade a um ou outro aspecto da justiça particular, nem no fato de que ele é um mandado da justiça universal, mas na complexa articulação da justiça particular com o fato da vulnerabilidade.

PARTE II
O DIREITO PRIVADO E A ESFERA PRIVADA

CAPÍTULO 5
A NATUREZA PÚBLICA DO DIREITO PRIVADO*

Teorias sobre a esfera pública têm frequentemente se esforçado para oferecer uma séria justificação para o direito privado. Muitas vezes, o direito privado, como o direito da esfera privada, é visto como o antagonista do direito público e da esfera pública. No entanto, o direito privado também é direito, possuindo um inerente elemento público, como irei argumentar. Qualquer concepção do direito não puramente instrumentalista deveria aceitar que o significado do direito transcende a satisfação dos interesses de uma determinada parte do grupo social (ainda que fossem interesses de um grupo majoritário). Nesse sentido, teríamos de aceitar que, embora aparentemente haja evidências contrárias, o direito merece respeito como representação do interesse comum dos membros do grupo social na realização de cada indivíduo em particular. Essa concepção da natureza política do direito tende a ser controversa, e devo explicar (e qualificar) como a concebo no presente artigo. Em oposição à ideia da esfera "pública", a esfera privada, em sua concepção liberal tradicional, coloca-se como o espaço onde se está livre da obrigação de se levar em consideração as necessidades do outro, quanto mais a sua realização.

O termo "direito privado" pode assim parecer um oximoro. No entanto, essa impressão baseia-se em uma incorreta concepção do que é o direito privado e da razão pela qual vale a pena preservá-lo com determinada forma. Por meio do direito, a esfera privada pode ser concebida como um espaço significativo de interação. Isto não quer dizer que o direito privado ensine as pessoas a cuidar uma das outras; hipótese empírica que, embora possa ocorrer em algum contexto específico, não concerne ao argumento desenvolvido

---

* Tradução de Gustavo Stenzel Sanseverino. Revisão de Rafael Branco Xavier e pelo autor. Tradução originalmente publicada em *Estudos de Direito Privado e Processual Civil em Homenagem a Clóvis do Couto e Silva* J Martins-Costa and V de Fradera (eds), São Paulo, editora Revista dos Tribunais.

neste artigo. O ponto que tentarei sublinhar no que segue é conceitual e tem implicações tanto em relação à investigação do significado do direito privado quanto em relação à sua forma.

No último século, a autocompreensão do direito privado – isto é, a narrativa pela qual encontra seu próprio sentido – tem sido uma fonte inesgotável de ansiedade intelectual para os juristas privatistas. No presente artigo, um dos principais objetivos ao argumentar em favor da natureza pública do direito privado é delinear uma outra narrativa pela qual as várias mudanças importantes sofridas nessa área ao longo do século XX, na maioria dos sistemas jurídicos ocidentais, possam ser vistas não como incursões de ideias estranhas no corpo do "verdadeiro" direito privado, mas sim como o desdobramento de uma ideia.

Inicialmente apresentarei dois argumentos que procuram dar plausibilidade às premissas do argumento apresentado na Parte 5.3 deste artigo. Na Parte 5.1, explico o que quero dizer ao afirmar que o direito sempre se fundamenta na conexão entre os membros de um dado grupo político. Na Parte 5.2, busco delinear com mais precisão a estrutura conceitual que está na base da concepção liberal da esfera privada.

5.1. O Direito como Expressão de uma Conexão

Cabe preliminarmente explicar em que sentido o direito está vinculado a uma concepção anti-individualista da esfera política. Existem duas maneiras antagônicas de compreender o significado das instituições políticas, incluindo o direito. De um lado, podem-se compreender tais instituições a partir de uma postura liberal, segundo a qual as instituições políticas são concebidas como instrumentos a fim de purgar coletivamente os vícios privados, ou bem porque forjam pessoas melhores,[140] ou bem porque criam mecanismos que fazem com que esses vícios privados acabem gerando benefícios públicos.[141] Em posição

---

[140] Os liberais ortodoxos poderiam se considerar os herdeiros de uma tradição que se origina anteriormente à obra *A República* de Platão, tendo seu lócus clássico na *Política* aristotélica (ARISTÓTELES. *The Complete Works of Aristotle*. Vol. 2. Traduzido por JOWETT, Benjamin. Princeton: Princeton University Press, 1991, pp. 1131-1132). No entanto, os ortodoxos modernos – tão confiantes em sua própria habilidade para construir instituições adequadas – acabaram por nunca se aproveitar de Aristóteles, cujo pensamento não estava cego para a essencial contestabilidade dos conceitos políticos. Vide: HURKA, Thomas. *Perfectionism*. New York: Oxford University Press, 1996, p. 147.

[141] Conforme definição de: RAWLS, John. *A Theory of Justice*. Cambridge: Harvard University Press, 1999.

diametralmente contrária, existe a concepção das instituições políticas como espaço de mediação entre a necessidade de decisões concretas a serem tomadas em situações particulares e o significado "transcendente" (na falta de um melhor termo), e nunca plenamente alcançável, dessas decisões.

Instituições políticas fazem a mediação entre a "transcendência" e a imanência no sentido que oferecem os mecanismos que ajudam a responder à questão sobre o que deve ser feito em situações concretas, apontando, ao mesmo tempo, para um significado último que vai além dessas instituições e de suas decisões. Para os adversários da concepção liberal, as instituições políticas permitem a criação de um espaço no qual a discussão política, não meramente acadêmica, sobre o significado último da vida em comunidade (isto é, sobre qual é o conceito de justiça nessa comunidade, quais são os deveres recíprocos entre os cidadãos, entre outras questões) se torna possível em razão desse espaço estar relativamente isolado das pressões de se decidir o que fazer no aqui e no agora. Além disso, esse espaço possibilita a *ação* política, pois a isola parcialmente das discussões fundamentais sobre o significado último da vida em comunidade. Portanto, o significado da vida em comunidade é a energia que move a máquina, a força onipresente que traz sentido à atividade política, o fundamento de todo argumento político, sendo, ao mesmo tempo, relativamente isolado da prática institucional e, por consequência, colocando-se além desta.

Os liberais negam que haja um significado transcendente das instituições políticas, acreditando que a política se resolve por meio de suas próprias instituições, como consequência de sua astúcia (transformando o desvio em virtude, vícios privados em benefícios públicos, ou alguma outra combinação parecida). Os adversários do liberalismo são antropologicamente pessimistas e sustentam que nenhuma instituição seria capaz de alcançar tal tarefa. Para estes, a constante mudança que observamos em nossas instituições políticas não significam que essas instituições evoluem (ou tentam evoluir) em direção a versões cada vez mais perfeitas delas mesmas, mas são simplesmente um sintoma do fato de que instituições políticas nunca conseguirão capturar plenamente a força transcendente que as anima.

Carl Schmitt desenvolveu a melhor explicação do papel de mediação da instituição jurídica. A instituição jurídica faz a mediação entre a deliberação concreta na comunidade política e o ideal de verdade, de justiça, ou ainda, como Schmitt expressava, a ideia de direito, tendo assim escrito:

> A antiga oposição aristotélica entre deliberação e ação começa por duas formas distintas; conquanto seja possível se aproximar da deliberação

por meio da forma jurídica, só é possível uma aproximação à ação por meio de uma formação técnica. A forma jurídica é governada pela ideia jurídica e pela necessidade de aplicar a forma de pensar propriamente jurídica à situação fática, o que significa que ela deve ser governada pelo desdobramento do direito em seu sentido mais amplo. Uma vez que a ideia jurídica não pode realizar a si mesma, ela necessita uma forma e de uma organização antes de poder se traduzir em realidade.[142]

Schmitt não cansou de elogiar o *insight* hobessiano de que *auctoritas non veritas facit legem*;[143] todavia, isto não quer dizer que a verdade (isto é, a verdade sobre o significado último da vida em comunidade) seja irrelevante na justificação do direito. Todos os diferentes grupos e facções dentro de uma sociedade política, quando propõem uma agenda política (seja ela geral ou específica para um tipo particular de problema), alegam agir de acordo com o significado último da vida comum naquela sociedade. Assim, é impossível diferenciar essas diferentes agendas políticas umas das outras porque umas alegam buscar a melhor (a verdadeira) forma de vida em comunidade enquanto outras não o fariam. Todas fazem a mesma alegação. Conforme a arguta observação de Schmitt, a questão política mais importante não é quem alega ter a verdade do seu lado, mas, por óbvio, *quem decide*.

No entanto, não se deve obscurecer o fato de que a decisão política se apresenta como uma busca pela interpretação da verdade e não como a imposição de certo grupo de interesses, sendo este o cerne da crítica de Schmitt à democracia parlamentarista. Parlamentos só podem ser considerados instituições políticas caso sejam verdadeiros espaços de deliberação. Quando o Parlamento se torna um balcão de negócios, perde sua específica politicidade, estando subordinado à principal inimiga do político, isto é, a pura racionalidade econômica.[144]

Esse compromisso com a verdade a respeito do significado da vida em comunidade é considerado como uma condição de todo discurso jurídico ou político. Cabe ressaltar que a autoridade política não está condicionada a corresponder estrita e verdadeiramente a uma concepção particular

---

[142] SCHMITT, Carl. *Political Theology*. Traduzido por George Schwab. Chicago: The University of Chicago Press, 2005, p. 28.
[143] SCHMITT, Carl. *Ibidem*, p. 33.
[144] SCHMITT, Carl. *The Crisis of Parliamentary Democracy*. Traduzido por Elen Kennedy. Cambridge: MIT Press, 1985, p. 4 e ss. A respeito da racionalidade econômica, vide também: SCHMITT, Carl. *La Tirania dei Valori*. Traduzido por BIGNOTTI, Sara; BECCHI, Paolo. Brescia: Morcelliana, p. 26.

do significado da vida em comunidade sustentada pelo soberano. De todo modo, traz importantes implicações o fato de que a autoridade política, distinguindo-se de um poderoso tirano, deva se apresentar como uma defensora de uma concepção da vida em comunidade. A busca por legitimação de uma autoridade política e do direito a ela relacionado sempre aponta para algo que não pode ser plenamente realizado no mundo, ou seja, para uma forma de conexão transcendente (a si própria). Fazer a concreção do que significa essa conexão é uma tarefa desafiadora, sendo a razão fundamental porque as instituições políticas são necessárias, conforme explicitado acima.

Nesse sentido, a reivindicação de supremacia política sempre implica que autoridade ao menos alegue que toma em consideração no seu processo decisório o interesse do grupo político em sua integralidade (e não apenas de um dos seus segmentos). O reconhecimento pela autoridade de uma conexão significativa entre os membros de uma comunidade é o principal fundamento para que seja considerado, nesse processo de decisão, o melhor interesse de todo e qualquer indivíduo pertencente ao corpo político. Por essa razão, a distinção "amigo-inimigo" é tão importante. Ao se distinguir entre amigo e inimigo, a autoridade estabelece uma comunidade entre os membros de um grupo social e, consequentemente, provoca o desenvolvimento de um aspecto relevante de cada um.

Podemos considerar assim que todos os membros de uma comunidade política particular têm interesse na realização de cada um dos demais membros daquela comunidade (independentemente de o indivíduo reconhecer que tem esse interesse). Diante dessa perspectiva, o espaço de interação social politicamente relevante de um membro da comunidade vai além das pessoas que ama ou ainda daquelas por ele conhecidas, incluindo também indivíduos que não conhece e outros que nunca conhecerá. Essa falta de proximidade não se opõe obviamente à tese de que a realização de todos os membros da comunidade está conceitualmente ligada à realização de todos os outros.

Perceba-se a diferença entre a concepção política desta conexão e a concepção meramente moral da mesma conexão, conforme é definida por liberais perfeccionistas. Na concepção meramente moral, a conexão está subordinada a uma teoria substantiva sobre qual é o melhor interesse de todos os membros da comunidade, tendo consequentemente mais dificuldade em albergar a essencial contestabilidade dos conceitos políticos. Não sendo de modo algum vazia, a concepção política de conexão reconhece o caráter contestável dos conceitos políticos e concebe as instituições políticas como um espaço de mediação entre versões conflitantes sobre a conexão substantiva e a deliberação comum concreta em um caso particular.

Em realidade, existe um amplo espectro de divergência dentro desse conceito de conexão política. Pode haver divergência a respeito de qual é (ou deve ser) a comunidade relevante; de se as escolhas autodestrutivas feitas por um indivíduo podem limitar o impacto de seu fracasso em atingir a plenitude à custa da autorrealização do outro; de qual é a divisão adequada da ação social para auxiliar diferentes grupos de indivíduos necessitados; de se esse auxílio pode ou não ser considerado um direito oponível a outros etc.

Apesar de todas essas divergências (e outras) quanto ao conteúdo preciso dessa conexão política, o direito, como instituição política, é sempre uma expressão dessa conexão.

Certamente isto não é incontroverso. Essa "busca do direito por conexão" está em diametral oposição não só ao individualismo liberal, mas também a todas as demais formas de puro instrumentalismo. Segundo os instrumentalistas, o direito é um arranjo social cuja finalidade está diretamente vinculada à sua capacidade de produzir certos "estados de coisas", cuja valor resulta da aplicação de critérios não jurídicos. A peculiaridade do liberalismo é se auto-conceber como um instrumento para a preservação de um espaço privado livre da interferência de outros indivíduos.

O instrumentalismo puro é uma concepção popular do direito[145] que pode ou não estar atrelada à visão de que o direito é um instrumento neutro. Alguém pode pensar que o direito, como instituição, é parcial, mas ainda assim sustentar uma visão instrumentalista. A partir dessa visão, o direito só seria um arauto da conexão caso algumas de suas características (e.g. sua linguagem) se inclinasse, tendencialmente, para o tipo de conexão descrita acima. Não acredito que este seja o caso e, nisso ao menos, estou bem acompanhado. Creio que seja perfeitamente razoável a conhecida tese de que o discurso dos direitos individuais, onipresente nos sistemas jurídicos ocidentais contemporâneos, favoreça uma concepção individualista. Todavia, a não-neutralidade do direito não militaria contrariamente à tese aqui defendida de que o direito sempre reivindica incorporar uma forma de conexão política entre os membros da comunidade política. Nem o argumento de que o direito contemporâneo tende ao individualismo, nem mesmo o argumento

---

[145] Uma esclarecedora síntese dos conceitos do instrumentalismo pode ser encontrada em: TAMANAHA, Brian Z. *Law as a means to an end*. Cambridge: Cambridge University Press, 2006, p. 188 e ss.

(também correto) de que frequentemente facções do grupo social "sequestram" o direito a fim de servir seus próprios interesses funcionariam como objeções apropriadas a tese aqui defendida.

A visão instrumental do direito está correta em considerá-lo como um instrumento adequado – às vezes o melhor ou até mesmo o único – para que se alcancem certos objetivos. Todavia, qualquer argumento que procure justificar que o direito deve ser respeitado independentemente do seu valor instrumental tem como fundamento último a suposição de que o direito é uma expressão da conexão intrínseca entre a completa realização de cada membro da comunidade política. Este é o sentido que interpreto da lição de Tomás de Aquino ao defender que o direito é intrinsecamente conectado ao bem comum[146] – em oposição ao bem de um segmento do grupo social.

Dessa forma, é inegável o fato de facções em diversas sociedades "sequestrarem" o direito a fim de favorecer seus próprios interesses em detrimento do bem comum. Em realidade, a relação entre direito e conexão não significa que aquele sempre será um meio eficiente para gerar ou fortalecer uma comunidade. O verdadeiro significado reside simplesmente no fato de que seria estranho, (de modo filosoficamente significativo) utilizar o direito para destruir políticas que incorporam essa conexão.

Essa estranheza decorre do fato de que, quando o direito é sequestrado por alguém (ou por um grupo) que, não acreditando no valor dessa conexão das pessoas em uma comunidade política, tenta remodelar a sociedade a partir de diretrizes definidas por uma concepção individualista, seus atos são legitimados pelo suposto interesse que esse indivíduo ou facção teria(m) no bem-estar de *todos os membros* da comunidade política. Na tentativa de moldar as instituições para espelhar o alegado desinteresse das pessoas na realização do outro, a facção dominante necessita alegar que está interessada na realização de todos os membros do grupo social.

Assim, afirmar que o direito é uma expressão da conexão política fundamental ou que ele está intrinsecamente ligado ao bem comum não significa filiar-se a uma visão otimista de como o direito opera no mundo, nem ainda defender que, caso não sirvam ao bem comum, as leis não podem ser consideradas direito – típica caricatura do direito natural que foi utilizada como espantalho por toda uma geração de juristas.

---

[146] AQUINO, Tomás de. *Summa Theologiae*. Traduzido por GILBY, Thomas. Vol. 28. London: Blackfriars, 1966, questão 9, artigo segundo.

O argumento apresentado acima não é um argumento completo para justificar a tese de que tais instituições políticas (paradigmaticamente, as instituições jurídicas) devem sempre ser compreendidas contra o pano de fundo de que essas instituições atualizam uma conexão essencial entre as pessoas em uma comunidade política particular, mas tão somente o esboço de tal argumento. No que segue, serei generoso com o meu próprio argumento ao assumir como verdadeira a respectiva conclusão. Na próxima seção, a questão a ser tratada é: caso a tese acima seja confirmada, como (e se) a esfera privada pode ser concebida como politicamente relevante, isto é, como poderia ela incorporar a noção de conexão, que é condição conceitualmente necessária do político?

5.2. O enigma da Conexão Privada

A fim de compreender como o domínio privado se relaciona com o argumento até agora apresentado, precisamos esclarecer e demarcar mais precisamente o que se entende por esfera privada. Isto é particularmente importante considerando o legítimo apontamento de Raymond Geuss no sentido de que talvez haja muitas coisas sob o rótulo de "privado" que poderiam ser mais bem consideradas separadamente. Como ele coloca:

> não há uma distinção única entre público e privado; os vários significados de 'público' não formam uma unidade particularmente coerente uns com os outros, da mesma forma que os diversos significados de 'privado'; as várias formas de oposição entre 'público' e 'privado', nem são absolutas, e nem são, em última análise, insubstanciais e ilusórias.[147]

Apesar de ser fundamentalmente válida a advertência de Geuss sobre os perigos da hiper-abrangência do conceito do "privado", é importante perceber que algumas características estruturais parecem ser comuns a vários tipos de argumento que procuram justificar a divisão público-privado. Postular uma distinção entre o público e o privado é muitas vezes o primeiro passo de um argumento contra uma eventual contaminação de uma das duas esferas pela outra. Esse passo permeia várias das formas de distinção entre

---

[147] GEUSS, Raymond. *Public Goods, Private Goods*. Princeton: Princeton University Press, 2001, p. 109.

o público e o privado identificadas por Geuss. A ideia de isolamento está presente: (a) na concepção do "público" como o espaço da não-interferência, isto é, determinadas ações são apropriadas na esfera privada, mas não devem se espalhar para a esfera pública, pois seriam invasivas em relação aos outros;[148] (b) na construção do "público" como a esfera onde só deveriam prevalecer razões sobre o bem comum, em oposição às razões de interesse privado;[149] e essa ideia também é (c) a principal preocupação de uma teoria liberal da esfera privada, sobre a qual irei me concentrar abaixo.

A teoria liberal da esfera privada não se limita a uma tentativa de construir um isolamento entre o espaço privado e o espaço público. Essa teoria especifica outro sentido, mais particular, pelo qual a distinção público-privado pode gerar isolamento. Para os liberais, o privado é o espaço da não-conexão, do isolamento, em contraste com o público, como o espaço pautado por essa conexão. Se a distinção público-privado é formulada desse modo, a separação entre as duas esferas é uma separação entre um espaço no qual a minha realização é intrinsecamente conectada com a realização dos demais (e a tragédia de outrem é também a minha tragédia) e um espaço no qual o destino dos outros não é necessariamente relevante para mim (embora possa optar por levá-lo em consideração).

Se a distinção é considerada dessa forma, talvez pareça que não estamos nos referindo a dois diferentes espaços de ação, mas sim a duas posturas éticas rivais que não poderiam ser conciliadas em um posicionamento político único. Para cada membro, o destino dos outros se apresentaria, simultaneamente, como relevante e não relevante. Nesse contexto, uma tentativa de contornar essa objeção é conceber a autorrealização como uma atividade complexa. Pode-se dizer que certos aspectos da minha realização não estão condicionados à autorrealização dos demais, enquanto outros aspectos são dependentes de serem alcançados por todos os membros. Tomado isoladamente, ter alimento suficiente, por exemplo, é um aspecto de autorrealização pessoal que certamente tem apenas uma conexão contingente com o fato de outras pessoas se realizarem (por terem alimento suficiente, educação de qualidade ou qualquer outro aspecto de autorrealização). Por outro lado, é possível conceber a autorrealização como dependente de um projeto comum que não pode ser desempenhado individualmente, mas, se exitoso, favoreceria a vida de todos os indivíduos. Nesse sentido Arendt pensou sobre

---

[148] GEUSS, Raymond. *Ibidem*, p. 12 e ss.
[149] GEUSS, Raymond. *Ibidem*, p. 34 e ss.

o "público" como o espaço da igualdade (necessariamente interdependente), do trabalho, das ações e do discurso.[150] O discurso e a ação (no sentido da palavra utilizado por Arendt) dependem da existência de uma comunidade de iguais, todos livres de necessidades básicas, algo que, segundo a autora alemã, não se encontra no espaço privado.[151] A carência desse argumento é a falta de uma justificativa para que se considerem os aspectos de autorrealização isolados uns dos outros, mas não é necessário entrar nos detalhes do argumento de Arendt aqui.

No contexto do presente artigo, importa discutir a concepção liberal da esfera privada, pois é o liberalismo que coloca o espaço privado em oposição à tese de conexão. O liberalismo concebe o "privado" como o espaço em que, em princípio, os demais membros do grupo social não podem demandar nada de mim. O "privado" é o domínio da ação humana no qual toda a conexão significativa que possa ocorrer entre indivíduos é livremente deliberada e decidida; o espaço onde a realização dos outros somente será relevante para o agente como resultado de sua escolha de tornar essa realização relevante. A partir dessa concepção, a esfera privada é habitada por um indivíduo que se vê envolto em uma selva de objetos, em que o outro não tem qualquer status particular a ser considerado, sendo encarado tão somente como um obstáculo na persecução dos meus objetivos livremente escolhidos. O outro está diante de mim de uma forma que não é essencialmente diferente de um tigre ou uma pedra.

É importante perceber assim que a "coisificação" do outro não é tanto uma característica psicológica do ser humano (ou ainda do burguês ocidental moderno), mas o pressuposto conceitual de uma concepção liberal de mundo.

A fim de encontrar uma alternativa a "coisificação" do outro, a concepção da política como um espaço de mediação não tem de ser antropologicamente otimista. As instituições políticas não são primariamente meios para tornar as pessoas melhores, mais capazes de compreender a relevância de se considerar o outro relevante e a importância, para a realização de cada um, dos demais membros também se realizarem (como um liberal perfeccionista talvez estivesse tentado a acreditar). Essas instituições também não

---

[150] ARENDT, Hannah. *The Promise of Politics*. New York: Schocken Books, 2005, p. 122 e ss. ARENDT, Hannah. *The Human Condition*. Chicago: The University of Chicago Press, 1958, pp. 50-58.

[151] ARENDT, Hannah. *The Human Condition*. Chicago: The University of Chicago Press, 1958, p. 70-72.

são eficientes mecanismos que buscam direcionar os vícios privados em favor de um critério de justiça definido objetivamente, como na justiça procedimental de Rawls.

As instituições políticas (e o direito em particular) estabelecem uma alternativa à "coisificação" ao incorporar nelas próprias uma determinada concepção de conexão. Acredito que esse insight oferece a chave para uma compreensão não meramente instrumental do direito privado.

5.3. O Direito Privado e a Esfera Privada

Cumpre agora aproximar as duas linhas de argumentação apresentadas nas seções anteriores. Na primeira seção, foi traçada uma concepção das instituições políticas, incluindo o direito, que incorpora a busca por conexão. Na segunda parte, desenvolvemos uma breve crítica à concepção liberal da esfera privada como espaço de "emancipação" em relação aos outros indivíduos, de liberdade para uma escolha individualista, não se levando em consideração o outro. A questão que gostaria de agora examinar é como (e se) a esfera privada pode ser considerada como um espaço de conexão significativa, algo que vai além da "coisificação" do outro num mundo solipsista.

Em síntese, a chave para compreender a esfera privada como um espaço de conexão significativa é o direito privado. O direito privado concede um significado de conexão para as interações dos agentes privados nessa esfera, enquanto ainda preserva a noção de que essa é um espaço de conexões livremente estabelecidas. Nessa tese reside, portanto, a natureza pública do direito privado, que, por sua vez, determina (ou deve determinar) suas principais características.

O pessimismo antropológico – cujas raízes se encontram no conceito de política, conforme apresentado na primeira seção desse texto – implica considerar a maximização de utilidade como a motivação padrão dos agentes privados na esfera reservada para suas livres escolhas. Os agentes, quando livres para decidir o que fazer, irão escolher o curso de ação que maximize a sua utilidade em detrimento de todos os outros indivíduos. Hoje, não podemos considerar o pessimismo antropológico como uma justificativa sociológica a respeito de como as pessoas realmente se comportam. Como apontou MacNeil,[152] muitas vezes as pessoas envolvidas em uma relação contratual são,

---

[152] MACNEIL, Ian. "Exchange Revisited: Individual Utility and Social Solidarity", *Ethics*, Vol. 96, nº 03, april 1996, pp. 577 e ss.

em certo sentido, solidárias, comportando-se não como "utility maximizers", mas como "utility enhancers" (i.e. somente contratam em razão de intentarem a obtenção de certa vantagem, mas estão, ao mesmo tempo, dispostas a ter um ganho menor do que o possível a fim de ajudar a contraparte). Alguns indivíduos agem solidariamente sem mesmo ter um ganho pessoal à vista. Em última análise, o maximizador de utilidade ideal, que não vislumbra o valor dos outros também obterem ganhos, seria, clinicamente, um psicopata.

Embora esses argumentos possam ser sociológica ou psicologicamente verdadeiros, Hobbes, Aristóteles e outros pessimistas da condição humana não estão simplesmente desenvolvendo uma justificativa sociológica sobre como normalmente nos comportamos. Na verdade, eles apresentam uma justificativa conceitual a respeito de como seria perfeitamente banal que, na ausência de uma estrutura institucional que torne certos tipos de ação necessariamente relacionais, qualquer indivíduo envolvido em uma transação (e.g. um contrato) não levasse em consideração os interesses da outra parte. Estas estruturas institucionais geram as condições necessárias para o surgimento do espaço político, pois estas devem sempre representar todos os seus membros (como explicado na primeira parte).

Dori Kimmel apresenta argumento similar ao se posicionar contra a concepção do contrato como promessa.[153] A promessa supõe um contexto de grande confiança entre promitente e promissário, enquanto o contrato torna-se necessário naqueles contextos nos quais não se tem completa confiança em que a outra parte agirá do modo esperado.

Esta é a função pública do direito privado: preencher com a noção de respeito mútuo o espaço privado, ambiente no qual não se pode presumir que as necessidades e os interesses de cada agente serão levados em consideração pelos demais agentes. O direito privado torna cogentes determinadas formas de comportamento que promoveriam o respeito mútuo. O direito privado tem outras funções que são apenas indiretamente relacionadas a esse papel principal, criando, por exemplo, condições que permitiriam aferir com mais facilidade se determinado comportamento promove o respeito para com o outro (exemplificativamente, ao definir regras de validade do negócio jurídico, sobre o lugar ou o tempo adequado para o adimplemento, etc). Mais ainda, como em qualquer outra concepção substantiva de justiça, o que precisamente constitui o respeito para com o outro é uma questão controversa,

---

[153] KIMMEL, Dori. *From Promise to Contract*. Oxford: Hart Publishing, 2003, pp. 60-65 e pp. 72 e ss.

e a comunidade deve resolvê-la por meio da política, foro privilegiado para a resolução da maior parte das questões sobre o justo.

O direito privado torna a esfera privada um espaço de conexão significativa entre os agentes. A concepção liberal do espaço privado mostra-se verdadeira quanto ao fato de esse espaço não carregar em si mesmo um antídoto contra a "coisificação" do outro. Considerando que a "coisificação" é uma possibilidade conceitual ao longo de toda a esfera privada, e um fato social comum em diferentes transações, a conexão significativa com o outro seria meramente contingente nesse espaço. Dessa forma, o direito privado tem como função aproximar o outro, fazendo-o presente diante de mim, apesar da minha possível relutância em enxergá-lo como algo mais do que um objeto na busca da satisfação dos meus próprios desejos.

Tudo isso não significa que o direito privado fará com que o indivíduo enxergue e responda ao outro de modo apropriado. Se tal fato ocorrer, será uma externalidade positiva do direito privado. Nesse contexto, o que realmente importa é preencher com respeito o *comportamento* das pessoas (mesmo aquelas que encaram o direito como uma pedra no caminho para a autossatisfação). A estrutura mental de cada membro não necessariamente se tornará mais política (isto é, consciente da conexão entre as respectivas realizações de cada membro do grupo social), mas sua ação, ao se conformar com o direito, acabará por reproduzir a de alguém cujo comportamento é mais solidário e relacional. Nesse sentido, o direito privado preenche com uma natureza pública o espaço privado.

Esse artigo busca contribuir na construção de uma narrativa adequada a respeito do desenvolvimento do direito privado ao longo do século XX. Os mais diferentes aspectos da evolução do direito privado, como a emergência do direito do trabalho e do direito consumidor, a crescente importância da boa-fé, o surgimento da responsabilidade pelo fato do produto e da coação econômica (*economic duress*) não devem ser considerados como intrusos num sistema que busca manter – diante dessas intromissões aceitas a contragosto – sua independência conceitual e normativa. Na verdade, a narrativa do desenvolvimento do direito privado pode ser concebida como o resultado de uma compreensão progressivamente mais sofisticadas do que significa promover o respeito ao outro. Às vezes, essa sofisticação é motivada por mudanças no contexto social e, em outras, é simplesmente um aprofundamento da nossa compreensão de como deve ser demonstrada a consideração para com o outro. Nesse sentido, a boa-fé e o direito do trabalho, tanto quanto o *pacta sunt servanda*, são igualmente aspectos essenciais da plena realização do direito privado. O importante desafio que será encontrado pelos juristas privatistas e pela comunidade política em geral é o de reconhecer os próximos passos nessa narrativa de realização de uma instituição cuja finalidade é preencher a esfera privada com a forma de conexão discutida na primeira seção acima. Essa busca por conexão não é apenas o desafio da nossa geração, mas também o horizonte para o qual os juristas privatistas se orientam.

Entender a narrativa do direito privado como um processo de aprofundamento da nossa compreensão da conexão política entre os agentes privados – ao invés de conceber essa narrativa como uma estrutura conceitual rígida que, originada na noção de liberdade individual, permanece constantemente reativa e contrariada em face da necessidade de lidar com os anseios sociais (e.g. proteção ao consumidor) – transcende os pontos desenvolvidos no presente artigo. Essa narrativa alternativa do desenvolvimento do direito privado acaba por abrir um leque de outras questões: como o respeito se apresenta de modo diferente na esfera privada e na esfera pública? Qual o conteúdo dessa forma de respeito? Qual a relação entre as instituições de direito privado e a noção de "respeito"? A introdução dessa agenda de pesquisa (e não o seu esgotamento) é a preocupação fundamental do presente texto.

CAPÍTULO 6
O PÚBLICO, O PRIVADO E O DIREITO*

6.1. Introdução

Uma das distinções conceituais mais importantes na estrutura profunda do imaginário moderno é aquela entre os domínios público e privado. Sua centralidade talvez seja a razão pela qual tanta energia foi gasta no último século no debate sobre o valor e o significado da divisão público/privado.[154] Uma característica interessante desse debate é que tanto os críticos quanto os entusiastas da distinção parecem partir de suposições (às vezes explícitas) de que existe uma relação direta entre, por um lado, as estruturas normativas sociais subjacentes de cada domínio e, por outro, o direito público e o direito privado. Assim, por exemplo, Gunther Teubner critica tanto do domínio privado quanto do direito privado como habitando o espaço de uma racionalidade econômica orientada para a eficiência.[155] Da mesma forma, muitos dos que endossam o direito privado e a iniciativa privada, ou o direito público e as políticas estatais de "interesse público", assumem que a dimensão jurídica e a dimensão não-jurídica do privado e do público são coextensivas.

---

* Agradeço aos participantes do workshop *After Public Law*, ocorrida em junho de 2011, na universidade de Edimburgo e, em particular, a Michael Wilkinson por comentários feitos a uma versão embrionária deste capítulo. O texto também se beneficiou de comentários de Zenon Bankowski, Cormac Mac Ahmlaigh, Francisco Saffie, Felipe Oliveira de Souza, e em especial, Neil Walker. Agradeço também aos tradutores, Camila Nienow, Gustavo Melo e Rafael de Freitas Vale Dresch (que coordenou a tradução).

[154] A literatura é muito vasta para resumir aqui. Parte dela será discutida em mais detalhe abaixo, mas uma visão geral útil pode ser encontrada em M. J. Horwitz, 'The History of the Public/Private Distinction' (1982) 130(6) *University of Pennsylvania Law Review* 1423.

[155] Eg in G. Teubner, 'State Policies in Private Law? A Comment on Hanoch Dagan' (2008) 56 *American Journal of Comparative Law* 835.

Meu objetivo neste capítulo é desafiar essa impressão de continuidade entre, de um lado, a normatividade subjacente à cada domínio e, de outro lado, as normatividades do direito público e privado. A seguir, defenderei a tese de que os pressupostos normativos subjacentes à utilização do Direito (em geral) pela comunidade política não correspondem aos pressupostos normativos mais amplos embutidos em cada domínio de ação social. Clareza sobre isto é um grande passo na direção de desenhar uma estrutura conceitual dentro da qual possam ser mais bem compreendidas as aparências de uma "publicização do direito privado"[156] ou, inversamente, de uma "privatização do direito público".[157] – [158]

Para apresentar e defender essa estrutura mais ampla, preciso refinar a afirmação feita acima sobre a centralidade da divisão público/privado na modernidade, já que seu significado e verdade estão longe de ser óbvios. Na verdade, mesmo na antiguidade, há uma série de distinções socialmente relevantes que mapeiam aspectos do que hoje podemos chamar de divisão entre público e privado.[159] Além disso, não é provável que – tanto na antiguidade

---

[156] A discussão sobre a publicização do direito privado não é nova. Em 1929, no trabalho seminal de Karl Renner *The Institutions of Private Law and their Social Function* (Londres: Routledge, 1949), conclui com um diagnóstico deste fenômeno (páginas 296-300). Mais recentemente, Hanoch Dagan aceitou cautelosamente esta publicização como um bem (entre muitas outras declarações de sua opinião, ver H. Dagan, 'The Limited Autonomy of Private Law' (2008) 56 *American Journal of Comparative Law* 809 ff), enquanto Ernest Weinrib, ainda mais cautelosamente, aceita que o 'direito público' possa gerar exceções à lógica do direito privado episodicamente, a partir de sua abordagem kantiana, ele adverte que essas intervenções não devam ser tantas a ponto de prejudicar a integridade conceitual do direito privado (E. Weinrib, 'Private Law and Public Right' (2011) 61 *University of Toronto Law Journal* 191, passim, esp. 210).

[157] Assim, o fenômeno do governo por contrato privado, com a terceirização de algumas funções tradicionais do Estado (incluindo a gestão de delegacias de polícia) tem sido amplamente discutido na literatura, muitas vezes de forma crítica, como por A. C. L. Davies em seu *The Public Law of Government Contracts* (Oxford: Oxford University Press, 2008) 63–82. Ver também M. R. Freedland, 'Government by contract and public law' (1994) *Public Law* 86.

[158] Esta não é a primeira tentativa de desenhar uma tal estrutura. A útil sugestão de policontextualidade de Günther Teubner – referindo-se à crescente diversidade de formas de ordenação social por meio do direito tanto no domínio nacional quanto no transnacional de domínios anteriormente separados de normatividade privada e pública – como a pedra de toque de uma nova abordagem da relação entre o público e o privado é um exemplo de outra alternativa. No entanto, Teunber conta apenas parte da história e, do ponto de vista do direito público e privado, não é a parte mais importante. Ver G. Teubner, 'Constitutionalizing Polycontextuality' (2011) 20 *Social and Legal Studies* 209

[159] Hannah Arendt elaborou uma conhecida explicação dos domínios público e privado nas sociedades clássicas (grega e romana), que se baseava em uma separação estrita entre, por um lado, o *oikos* grego e o *domus* romano e, por outro, a vida política; H. Arendt, *The Human Condition*,

quanto na modernidade – haja apenas uma distinção conceitual entre o privado e o público. Para tornar tudo mais complicado, essas várias distinções não se sobrepõem necessariamente e, como já foi sugerido, podem até não estar relacionadas.

Assim, a afirmação de que a distinção entre um domínio privado e um domínio público da ação social é central para o imaginário social moderno está sob pressão em muitas frentes. Diacronicamente, a distinção não parece ser tão característica da modernidade; sincronicamente, parece haver várias distinções entre o privado e o público, e algumas delas podem não ser tão importantes para a autocompreensão do agente social na modernidade. Minha primeira tarefa é, portanto, explicar a maneira particular pela qual a distinção público/privado é articulada na modernidade tanto internamente (qual é a diferença fundamental entre o público e o privado?) quanto externamente (que papel desempenha a distinção no imaginário social e político moderno?) Essa tarefa é realizada na Seção 6.2 abaixo.

As ideias de público e privado, no entanto, não são as únicas estruturas normativas que fornecem um contexto de legitimidade social para as instituições modernas. A ideia de legalidade, seu significado, valor e os papéis que ela pode desempenhar também fornecem um contexto para a legitimidade social dessas instituições. Na Seção 6.3, apresento uma concepção legalidade que seria capaz de desempenhar um determinado papel identificado na seção 6.2, ao expandir a ideia de 'relevância mútua necessária' introduzida a seguir. Esse nível adicional de complexidade tornará problemática a transição aparentemente fácil entre as normatividades do domínio privado da ação social e do domínio jurídico da ação social. A Seção 6.4 tenta dar corpo a essa tensão, identificando tanto a "charada do direito privado" quanto o que está em jogo se não conseguirmos resolver esta charada. Na mesma seção, apresento uma concepção mais complexa de ação social e, por meio dela, uma nova concepção do domínio privado que pode preservar os ganhos de 'relevância eletiva' (como também exposto na Seção 6.2) mas que permite ao direito privado desempenhar um papel baseado na 'relevância necessária'. A Seção 6.5, em conclusão, delineia como pode ser concebido o do direito privado, agora liberado de seus vínculos com a relevância eletiva e com as

---

2nd edn (Chicago: University of Chicago Press, 1958) cap 2. Outras explicações de formas de separação entre o público e o privado na antiguidade, como o de Raymond Geuss, defenderam não uma, mas muitas maneiras diferentes em que o que chamamos de "público" e "privado" na modernidade se relaciona com a experiência membros de sociedades pré-modernas; R. Geuss, *Public Goods, Private Goods* (Princeton: Princeton University Press, 2001).

estruturas conceituais e explicativas construídas pela teoria e doutrina do direito privado em torno da ideia de relevância eletiva. Este esboço irá sugerir que a categoria organizadora do direito privado é o reconhecimento (em vez de autonomia, livre arbítrio e similares) e que, por meio da ideia de reconhecimento, podemos encontrar uma chave melhor não apenas para a evolução do direito privado desde a metade do século XIX, mas também para as dificuldades atuais que encontramos em muitas áreas do direito privado nos sistemas jurídicos ocidentais.

6.2. Imaginários Sociais do Público e do Privado

Caracterizei a distinção entre público e privado acima como uma distinção entre 'domínios de ação social'. Antes de prosseguir para identificar as diferenças relevantes entre eles, vale a pena fazer uma pausa para considerar o que significa esta expressão. Um domínio de ação social é o ambiente social que dá significado a essa ação. O significado da ação é dado por uma série de estruturas interpretativas e avaliativas que compõem o contexto da ação. Esse significado é holístico, no sentido de que articula tanto elementos descritivos quanto avaliativos, explicações e justificativas. Esses domínios são aspectos do que Charles Taylor chamou de "imaginários sociais", ou seja:

> [As] maneiras pelas quais elas [as pessoas] imaginam sua existência social, como elas se relacionam com os outros, como as coisas acontecem entre elas e seus semelhantes, as expectativas que normalmente são atendidas e as noções e imagens normativas mais profundas subjacentes a essas expectativas.[160]

Então, o que estamos procurando é um conjunto de indícios conceituais e avaliativos que nos ajudem a compreender estes diferentes domínios de ação social; ou seja, diferentes estruturas de atribuição de significado utilizadas pelos agentes sociais para compreender suas ações.

A distinção conceitual crucial entre ambientes privados e públicos na modernidade reside na diferença entre um ambiente em que meu interesse no florescimento de outras pessoas é constitutivo do significado da minha ação, e um ambiente em que o significado da minha ação é dado

---

[160] C. Taylor, *A Secular Age* (Cambridge, Mass: Harvard University Press, 2007) 171.

sem referência a qualquer interesse que eu possa ter no florescimento dos outros membros do grupo social. Em outras palavras, o ambiente público é baseado na existência de *relevância mútua necessária* entre os agentes sociais, enquanto o ambiente privado é baseado em *relevância eletiva*. A novidade, em relação ao passado, reside na ideia de que há dois domínios de ação social, em um dos quais é perfeitamente ordinário que os membros da comunidade política ajam por motivos puramente auto interessados, enquanto no outro a ação só pode ser propriamente compreendida como uma ação que contempla os interesses dos demais membros da comunidade. Isso não significa que no domínio privado todas (ou mesmo a maioria) das pessoas ajam por motivos puramente auto interessados, e nem que, inversamente, antes do advento da modernidade, as pessoas sempre agissem por motivos altruístas. Significa apenas que as maneiras pelas quais atribuímos significado social à ação de um agente dentro do ambiente privado e, o que é crucial, às instituições que cercam tal ação, pertencem a esse domínio em que a satisfação dos interesses dos outros não é um componente necessário de nossa compreensão de ações e instituições. Estruturada dessa maneira, a distinção parece corresponder às distinções entre mercado e estado, e entre sociedade e política. Essa forma dicotômica de sobrepor a distinção entre relevância mútua necessária e relevância eletiva a qualquer dessas outras distinções oculta a relevância da primeira na simplificação excessiva das últimas. Discutirei isso com mais detalhes na Seção 6.4.

O típico da modernidade não é apenas a nitidez da distinção entre os dois domínios da ação social ou sua ampla aceitação social, mas a maneira pela qual as estruturas institucionais se tornaram progressivamente atreladas a ambos os imaginários sociais durante (o público e o privado) o período entre a séculos XVIII e XIX. Isso pode parecer surpreendente à primeira vista, pois a distinção entre relevância mútua necessária e relevância eletiva, como dois imaginários sociais explicativos radicalmente diferentes, carrega consigo o germe de uma competição entre as duas perspectivas, e é claro que, se não fosse pela intervenção estabilizadora de estruturas de mediação (institucionais e culturais), a competição aumentaria rapidamente. Na maioria das vezes, esses suportes institucionais e culturais procuram demonstrar como "o outro" não é completamente irrelevante no domínio privado, permanecendo de alguma forma indiretamente relevante em relação à ação praticada no domínio privado. Essas construções permitiram o florescimento de concepções de sociedade nas quais os interesses privados e públicos não estão necessariamente em conflito.

As teorias da mão invisível do mercado (das quais a de Adam Smith é a mais conhecida)[161] fornecem uma excelente ilustração de tais suportes conceituais. A ideia de que as ações de agentes puramente egoístas levam à vantagem coletiva é uma forma de tentar conciliar (o que nos tempos pré-modernos seria considerada como) a corrupção da pleonexia – do auto-interesse sem limites – com bem comum.[162] De fato, tais concepções da relação entre interesse privado e interesse público explicam o conflito no campo da ação postulando *cadeias causais* nas quais a busca do interesse próprio levaria à promoção da realização de todos. *Greed is good* não é uma afirmação sobre o que faz um agente se aprimorar moralmente, mas uma afirmação sobre a "astúcia do auto-interesse", cuja busca, inadvertidamente para o agente, acaba beneficiando a todos. O outro recupera relevância, mas ao preço de dissolver sua identidade em um benefício coletivo. Essa conexão entre relevância eletiva e interesse comum teve uma influência significativa na ascensão, no século XIX, da 'autonomie de la volunté' como um suporte normativo central do direito privado.[163]

O outro lado disso é a postulação rousseauniana da coincidência entre o interesse público e o *verdadeiro* interesse próprio, que inspirou a defesa de Robespierre da "virtude pública".[164] Nesta versão da harmonização entre interesse próprio e interesse público, o bem-estar da nação tem precedência sobre qualquer interesse próprio aparentemente conflitante, redefinindo o interesse próprio como nunca estando em conflito com o interesse da nação. Em ambos os casos, a aparência de conflito é considerada enganosa, pois

---

[161] Smith introduziu a metáfora no contexto específico de sua discussão sobre o benefício de proteger a indústria nacional no livro IV, capítulo II de *A Riqueza das Nações*. Mais interessante para nossos propósitos é a defesa de Smith do interesse próprio como uma ferramenta para melhorar nossa condição, que ele exemplifica com sua famosa frase de que '[i] não é da benevolência do açougueiro, do cervejeiro ou do padeiro que esperamos nosso jantar, mas de sua consideração por seu próprio interesse. Ver Smith, Adam *An inquiry into the Nature and the Causes of the Wealth of Nations* (Indianapolis: Liberty Fund 1982) 26–27.

[162] O que Charles Taylor chama de 'doutrinas da harmonia dos interesses'. Taylor, *A Secular Age*, 229 ff.

[163] Veja, por exemplo, o relato de Jacques Ghestin sobre a união da vontade e da utilidade no direito e na doutrina jurídica de meados do século XIX. (J. Ghestin, 'L'utile et le juste dans le droit des contrats', (1981) 26 Archives de Philosophie du Droit, 1981, 35, at 36); Ver também L. Reiser's classical 'Vertragsfunktion und Vertragsfreiheit'; utilizei primariamente a tradução italiana deste texto L. Reiser 'Funzione del Contratto e Libertà Contrattuale' in *Il Compito del Diritto Privato* (Milano: Giuffrè, 1990) 51–54.

[164] Taylor, *A Secular Age*, 201–207.

CAPÍTULO 6 O PÚBLICO, O PRIVADO E O DIREITO

oculta uma profunda harmonia entre o privado e o público (isto é, entre relevância eletiva e relevância mútua necessária).

A modernidade produziu outra estratégia muito bem-sucedida para lidar com a tensão público/privado, a saber, a postulação de uma forma de 'vedação hermética' entre os ambientes público e privado de significado de tal forma que a mesma ação nunca teria tanto uma significação pública quanto uma significação privada. A característica distintiva dessa estratégia é que ela aceita que existe uma diferença irreconciliável entre os domínios público e privado, mas introduz uma fronteira estrita entre esses domínios. A harmonia é garantida pelo policiamento da fronteira entre os dois ambientes sociais. Esse é o insight liberal original, que está profundamente enraizado nas doutrinas liberais de tolerância religiosa.[165]

O que essas diferentes imagens de acomodação entre interesse público e privado têm em comum é que todas elas são oferecidas como respostas ao quebra-cabeça gerado pela postulação do público e do privado como dois ambientes de significado concorrentes. Se, no âmbito privado, o sentido da ação de cada um não está ligado à realização de outros membros da comunidade política, e no âmbito público, ao contrário, é aquele em que uma ação só encontra sentido na vinculação que se postula entre membros da comunidade política, o problema da conciliação do sentido de uma ação torna-se urgente para quem quer levar uma vida coerente. As estratégias da "mão invisível" tentam reconciliar os dois ambientes postulando uma conexão causal entre a busca do interesse privado e o bem público de tal forma que a busca do interesse privado sempre tenha um significado público positivo. Estratégias de "vontade geral", como a de Rousseau, tentam reconciliar os dois ambientes por meio de uma definição conceitual – redefinindo o interesse privado. O verdadeiro interesse privado sempre estaria de acordo com o interesse público de tal forma que o que um determinado indivíduo acredita ser de seu interesse privado seria apenas um interesse aparente se estivesse em conflito com o interesse público. O liberal aceita e celebra a divisão como pavimentação do caminho para a liberdade.

Em contraste, afirmo que aceitar uma separação entre esses dois ambientes de significado é um erro em dois sentidos. É um erro, em primeiro lugar, porque esse quadro não permite uma explicação abrangente da agência na esfera privada. Ele aceita muito passivamente que o ponto de vista de um

---

[165] Um ponto levantado por John Rawls na obra *Political Liberalism* (New York: Columbia University Press, 1993) xxvi.

agente privado particular (e idealizado) é a única fonte possível do significado de uma ação. Como consequência, e em segundo lugar, esconde a interação entre, de um lado, a explicação psicológica do agente sobre sua própria ação e, de outro, as estruturas sociais que limitam esta ação (em particular as estruturas sociais arraigadas no direito privado). O que a concepção dicotômica do ambiente de ação social não pode fornecer são os meios para conceber um ambiente de significado social mais integrado, que leve em conta não apenas o interesse próprio e a política pública, mas a capacidade de integração e mediação fornecida pelo próprio direito.

A fim de encontrar as ferramentas conceituais apropriadas para apresentar meu argumento para essa concepção mais integrada de significado social, é necessário introduzir outras distinções conceituais. Parte da dificuldade em compreender esta concepção é uma tendência generalizada entre os filósofos de identificar noções de público com noções como o bem comum, que, em seu uso original por Aristóteles e Tomás de Aquino, referiam-se a uma forma de comunalidade que permeava tanto o domínio público quanto o privado. A discussão de Brian Tamanaha sobre a queda da noção de bem comum no discurso jurídico e político é um bom exemplo dessa fusão. O que me interessa aqui não é tanto o argumento mais amplo que Tamanaha aduz em favor de sua tese, mas o fato de que, ao construir essa evidência histórica, Tamanaha usa 'bem comum' e o 'bem público' de forma intercambiável, relacionando assim a noção de bem comum de Aristóteles e *Bonum Commune* de Aquino à tese de Locke de que o poder político deve ser utilizado "apenas para fins públicos".[166] O que está em jogo aqui não é apenas um certo pedantismo sobre a precisão no vocabulário filosófico: a confusão entre o bem comum e o público conduz à perda de uma importante distinção conceitual. Tanto o bem comum quanto o bem público são definidos negativamente em contraste com o que é para o benefício de grupos particulares (facções) dentro da sociedade. Em outras palavras, a concepção moderna do ambiente público de significado se baseia na relevância mútua: em uma comunhão estabelecida pelo interesse de cada membro da comunidade política no florescimento de todos os outros membros. Se o bem comum é o mesmo que o bem público, o domínio privado fica banido do bem comum, estabelecendo-se assim a agenda compartilhada por Rousseau, por Smith e pelos liberais, cujo centro é a questão de como preencher o abismo entre a relevância mútua necessária do ambiente público e a relevância eletiva do ambiente privado na comunidade política.

---

[166] B. Tamanaha, *Law as a means to an End* (Cambridge: Cambridge University Press, 2006) 220.

Segundo a concepção de domínio privado que defenderei abaixo, ainda que possa ter havido boas razões históricas para a formação da brecha entre público e privado, e mesmo que possa haver alguma utilidade em proteger parte do domínio privado dos imperativos de relevância mútua, a relevância também é parte integrante da esfera privada e seria impossível compreender a transformação sofrida tanto pela esfera privada e, mais especificamente, pelo direito privado no século XX, sem atenção a essa característica da esfera privada. A chave para entender porque (a maior parte) o domínio privado é permeado pela noção de relevância mútua necessária é entender o propósito político primário da mediação do direito (que discuto na Seção 6.4) e entender as diferentes maneiras pelas quais "o outro" pode ser concebido como necessariamente relevante para mim.[167] Na próxima seção, procuro fornecer uma explicação das maneiras pelas quais o outro pode ser legalmente relevante para mim.

6.3. Alteridade no Direito e na Política

Uma boa forma de iniciar uma investigação das relações entre direito e alteridade é identificar as maneiras pelas quais podemos interferir na vida uns nos outros. Existem várias maneiras pelas quais os outros podem interferir nas opções disponíveis para mim, mas uma delas dominou a imaginação dos filósofos políticos e jurídicos nos últimos séculos: a sujeição das minhas opções à mera *vontade* dos outros. Esta seção visa mostrar outras maneiras pelas quais essa invasão pode ocorrer, maneiras cuja compreensão é crucial para que meu argumento seja bem entendido.

Que tipo de pressupostos antropológicos subjazem à noção de que a relação entre direito e alteridade diz respeito somente (ou talvez primariamente), ao fato que ações voluntárias dos outros podem interferir nas possibilidades abertas ao meu próprio agir? O outro aqui é tipicamente concebido como uma perturbação potencial para minhas opções. Esse mesmo foco é compartilhado pelo republicanismo e pelo liberalismo filosóficos e abrange grande parte do espectro contemporâneo da teoria jurídica e política.

---

[167] Estou bem ciente de que isso se aproxima perigosamente do que Teubner vê como as muitas "afirmações vagas de que o direito privado é amplamente político" (Teubner, "State Policies in Private Law? A Comment on Hanoch Dagan", 837). Creio, porém que minha explicação sobre a natureza política do direito privado, conforme apresentada na Seção 4, seja mais do que uma mera "afirmação vaga".

Pense na ideia de "liberdade como independência" defendida por Nigel Simmonds, por exemplo. Em sua visão liberal, o valor da liberdade como independência é definido como o valor de ser relativamente independente da vontade dos outros, no sentido de que os outros não podem restringir indevidamente as opções de alguém, como ocorreria, paradigmaticamente, no caso da escravidão. Como ele afirmou:

> A liberdade, neste sentido, não é uma questão de número e diversidade ou valor das opções abertas a um indivíduo: pois vimos que o escravo pode ter mais (e talvez melhores) opções disponíveis para ele do que o homem livre... O homem livre... pode ter poucas opções disponíveis, mas pelo menos algumas dessas opções serão bastante independentes da vontade de qualquer outra pessoa.[168]

Segundo Simmonds, o Estado de Direito deve ser concebido como uma condição necessária para alcançar o ideal de liberdade como independência.[169] Embora nem todos os liberais aceitem que a compreensão do direito depende de entender seu papel em frear a invasão das opções de alguém pela vontade de outra pessoa, a maioria dos liberais aceita que o direito tem um papel importante a desempenhar na regulamentação das disputas de limites entre minhas escolhas e as reivindicações que outros possam ter em restringi-las.

Os liberais não são os únicos a conectar a lei à necessidade de frear a invasão dos outros em minhas escolhas. Filósofos neorrepublicanos, por exemplo, estão também muito preocupados com a ameaça representada pela vontade dos outros. Tome, por exemplo, a concepção de Petit de liberdade como não--dominação, que, embora focando mais no direito à independência do que no efetivo desfrute da independência, ainda mantém como elemento central da liberdade que os outros não tenham capacidade para intervir em meus assuntos de maneira arbitrária.[170] Novamente, o problema com o qual Petit está lidando é a interferência intencional de uma pessoa na vida de outrem e as estruturas institucionais que podem ou não permitir que o outro exerça tal poder.

---

[168] N. Simmonds, *Law as a Moral Idea* (Oxford: Oxford University Press, 2007)141.
[169] N. Simmonds, *Law as a Moral Idea*, 141
[170] P. Petit, *Republicanism: A Theory of Freedom and Government* (Oxford: Oxford University Press, 1997) 51 ff.

Há muito a ser elogiado na investigação sobre como *a vontade de outra pessoa* pode legitimamente limitar minhas escolhas, mas há outras maneiras pelas quais os outros podem limitar minhas escolhas. Algumas são triviais (embora não politicamente irrelevantes, como veremos): sua mera existência pode limitar minhas escolhas. Você pode estar sentada no meu banco favorito no parque, criando custos transacionais que tornem impossível (ou muito custoso) fazer o que eu quero. Portanto, há um sentido em que a mera existência do outro, não apenas suas ações, já pode limitar minha liberdade.

O mesmo ocorre, creio, em outras situações que são mais relevantes do ponto de vista político. Como estamos cercados por outros, sabemos que é bom para cada um de nós alcançar algum tipo de autorrealização. Não precisamos ser excessivamente prescritivos aqui. Há maneiras muito diferentes em que alguém (certa ou erroneamente) pode conceber sua autorrealização, mas continua sendo um fato que o bem da autorrealização é uma característica constitutiva de todos nós na comunidade política.

Suponha agora que cada membro da comunidade política tenha um interesse na realização de todos os outros membros da comunidade política. Argumentarei a favor da plausibilidade dessa suposição mais tarde, mas primeiro cumpre esclarecer o que está em jogo: quais seriam as consequências dessa abordagem em relação ao problema que ora nos ocupa, qual seja, o mapeamento das diversas maneiras por meio das quais os outros podem limitar minhas escolhas. Se eu tenho interesse na realização dos outros, o fato de eles não alcançarem essa realização não é apenas uma tragédia para eles, mas uma perda para mim. Minha própria autorrealização seria prejudicada pelo fracasso do outro. Segue-se que eu teria boas razões para tentar alcançar uma situação em que possamos otimizar a possibilidade de cada membro da comunidade política se realizar, pelo menos até certo ponto.

A maneira como o outro invade minhas escolhas aqui é muito mais sutil do que a imposição de sua vontade sobre mim ou mesmo a sua mera presença física. O simples fato de pertencermos à mesma comunidade política mudaria as razões para minha ação, mesmo que meu objetivo principal seja alcançar minha própria autorrealização. À medida que o outro se torna uma realidade política inelutável para mim, minhas razões para a ação, ou seja, aquelas razões capazes de justificar a minha ação, não podem permanecer as mesmas.

Há uma longa tradição de argumentar que os destinos dos membros da comunidade política estão interligados não apenas como resultado da necessidade factual, mas também como uma necessidade ética. Não seria difícil trazer figuras como Aristóteles, Tomás de Aquino, Rousseau ou Hegel em apoio a versões do que foi apresentado acima como uma hipótese. Em vez de seguir por esse caminho, no entanto, gostaria de adotar a abordagem mais direta de (i) apresentar minha tese e (ii) mapear algumas de suas implicações em uma tentativa de dar alguma plausibilidade a ela.

A tese que quero tornar plausível pode ser sucintamente formulada assim: direito e política são aspectos diferentes de nossa vida social, mas tem em comum o fato de que ambos representam tentativas de alcançar uma compreensão mais profunda do que significa viver em uma comunidade composta por indivíduos cuja autorrealização é mutuamente importante. Neste contexto, "o significado da vida comunitária" não se refere a um (ou a alguns) valor(es) simples concebidos em termos puramente abstratos, mas a articulações relativamente complexas de diversos valores nos vários contextos típicos de interação social. O fato de que esta é a razão de ser de instituições jurídicas e políticas não requer consenso sobre o que constitui a autorrealização e sobre qual é o peso relativo da autorrealização de outra pessoa em relação ao nosso compromisso com nossa própria autorrealização.

Isso, é claro, não é uma tese descritiva de nossas instituições políticas e jurídicas no estado em que se encontram agora. Muitas vezes, instituições políticas e jurídicas desprezam o significado da vida comunitária e são sequestradas e usadas para proteger os interesses de facções dentro do grupo social. Na verdade, por razões epistêmicas e sociais que serão apresentadas em breve, estes defeitos em nossas instituições jurídicas e sociais são inevitáveis. Mas a tese não é também puramente normativa, dizendo respeito a como nossas instituições *devem* se comportar. Minha sugestão é que existem traços claros em nossas práticas políticas que mostram que a ideia de uma comunidade de interesses está incorporada em nossas instituições políticas. Essa é a razão pela qual um governo que reivindicasse explicitamente estar protegendo apenas uma parcela do grupo social, sem consideração por qualquer outra parte do grupo, se encaixaria tão mal na maioria das instituições políticas ocidentais típicas.

O que sustento é que o esforço para a realização do significado último da vida comunitária deva ser concebido como a *arché* das práticas sociais corporificadas em nossas instituições legais e políticas. A *arché*[171] de uma prática

---

[171] Meu uso de Arché baseia-se no de Alasdair MacIntyre, conforme discutido no capítulo 5 do *Whose Justice? Which Rationality?* (London: Duckworth, 1984) 80, e no *First Principles, Final Ends and Contemporary Philosophical Issues* (Milwaukee: Marquette University Press, 1990) 34–39.

social é uma concepção preliminar do que as pessoas envolvidas nessa prática terão alcançado se e quando atingirem a perfeição nessa prática. Como tal, é tanto uma parte integrante da prática quanto uma concepção incompleta da razão de ser da prática.

Nessa concepção de nossas instituições e práticas políticas e jurídicas, a conectividade, que vimos ser uma característica do ambiente público de significado social na modernidade, é constitutiva da vida política. Mas sua articulação completa e as formas de sua realização não o são. Na verdade, parte da razão pela qual precisamos de uma divisão de trabalho entre direito e política é precisamente o fato de que existem poderosos obstáculos à plena realização da arché que lhes é comum.

Com efeito, se o direito e a política têm a mesma *arché* fundamental, o mesmo não pode ser dito sobre suas funções específicas na busca dessa *arché*. Direito e política se articulam em uma divisão do trabalho que permite essa busca. Essa divisão do trabalho é necessária precisamente porque uma teoria completa do significado da vida política não se apresenta aos membros da comunidade na forma de perguntas claras e fáceis, e muito menos de respostas claras e fáceis. Essa dificuldade não é simplesmente epistêmica, isto é, não tem simplesmente a ver com o fato de que as pessoas inevitavelmente acabariam por discordar sobre essas questões sobre o sentido da via comum, nem é um sinal do fato de que, *sub specie humanitatis*, nenhuma resposta, mesmo aquela que comanda o consenso absoluto por um determinado período de tempo, é imune ao desafio. A certeza de que conseguimos compreender corretamente o significado real da vida comum é simplesmente uma expressão da confiança que uma pessoa (ou de um grupo) pode sentir de que finalmente conseguiu resolver o problema. No entanto, a confiança é um mero estado psicológico e não algo que possa ser predicado de qualquer concepção particular do significado da própria vida comunitária. Tais concepções podem ser verdadeiras ou falsas, mas não certas ou incertas.

A principal razão pela qual as respostas à questão do sentido da vida coletiva são tão intratáveis é mais profunda. O ponto crucial aqui é que a política deve ser conduzida sob condições de alienação. Como argumentou Fernando Atria, o aparato conceitual da política só significa imperfeitamente; isto é, só pode transmitir aproximações dos objetos que descreve.[172] Refere-se ao que é conhecido pelos agentes envolvidos na prática social apenas imperfeitamente,

---

[172] F. Atria, 'Living under the Domain of Dead Ideas' in M. Del Mar and C. Michelon (eds), *The Anxiety of the Jurist* (Aldershot: Ashgate, 2013).

e isso se deve principalmente à condição de alienação. As expressões e efeitos desta condição de alienação só podem ser percebidos negativamente, na medida em que nossa sujeição generalizada a demandas e estruturas conflitantes revela uma profunda instabilidade em nossas práticas sociais.

Essa reflexividade radical da vida em comum, concebida tanto como circunstância quanto como resultado reforçado da política, é incapacitante. Por isto, uma compreensão segura da verdade última sobre o significado da vida política não pode ser uma pré-condição para a ação social. A ação social tem uma urgência incompatível com a espera por esta compreensão segura. Essa urgência é (ao menos) um imperativo pragmático – uma resposta à turbulência palpável e generalizada de nosso ambiente social coletivo, mesmo para aqueles que não aceitam este diagnóstico de alienação. Mas torna-se politicamente essencial se a alienação for aceita como uma condição estrutural que torna a política necessária. Nesse caso, e dado que a alienação é socialmente construída, a necessidade de ação social não seria simplesmente pragmática, mas também um instrumento necessário para combater a alienação, alterando as condições sociais em que a alienação prospera. Se esse diagnóstico estiver correto, a ação social coordenada só será possível mediante a introdução de um domínio prático em que não seja necessário encontrar um fundamento último seguro para nossos compromissos coletivos antes agir racionalmente.

Esse domínio prático é o direito.

É por isso que o direito deve ser compreendido como uma instituição mediadora, posicionada entre nosso esforço na caminhada em direção à *arché* da política (que inclui a cada passo uma consciência mais elevada do significado último da vida comum) e a necessidade premente de agir – de tomar as decisões que nos permitem prosseguir mesmo sem termos o entendimento que só seria possível obter ao final da caminhada. Essa divisão de trabalho é paradigmaticamente expressa na afirmação frequentemente citada de Hobbes de que *auctoritas non veritas facit legem*. A lei precisa se isolar, pelo menos parcialmente, da luta política mais ampla sobre o significado da vida comum para ser capaz de informar a tomada de decisão social. No entanto, ela nunca pode se isolar completamente, pois perderia seu propósito.[173] Essa função mediadora é desempenhada de diferentes maneiras

---

[173] Essa função mediadora do direito é crucial para responder ao antigo problema de como os dois aspectos da justiça particular (isto é, justiça distributiva e corretiva) não colapsam um no outro, um ponto que discuto em outro trabalho: C. Michelon, 'The Virtuous Circularity: positive law and particular justice' (2014) 27/2 *Ratio Juris*, 271-285 [traduzido publicado como primeiro capítulo do presente volume].

por diferentes instituições legais nos escopos tanto do direito privado quanto do direito público.

O que importa aqui, no entanto, é que, nessa concepção, o direito seria sempre uma versão parcial e incompleta do significado último da vida política (ou de um aspecto deste significado). Filosoficamente, os principais oponentes de tal afirmação seriam, por um lado, o liberalismo e, por outro, o funcionalismo jurídico. O primeiro seria cauteloso em dar muito peso à concepção de direito como uma versão de uma concepção substantiva da conexão entre os membros da comunidade política que estou propondo. O último desconfiaria da minha afirmação de que o direito e a política têm uma vocação comum para investigar o significado da vida comunitária. Não posso discutir em detalhes aqui as vantagens do 'direito como mediação' sobre o liberalismo ou o funcionalismo, pois isso exigiria um longo desvio do foco deste capítulo (embora pelo menos algumas das deficiências tanto do liberalismo quanto do funcionalismo sejam claras no contexto específico da minha definição do domínio privado da ação social na Seção 6.5 abaixo). Por enquanto, é suficiente apresentá-la como uma concepção plausível do valor intrínseco do direito.[174]

6.4. O Enigma do Direito Privado

Antes de seguirmos em frente, permita-me fazer um balanço do argumento até agora. Na Seção 6.2, identificamos a noção moderna de dois ambientes de significado para a ação social: o ambiente público, que se baseia no que chamei de "relevância mútua necessária", e o ambiente privado, que se baseia no que chamei de "relevância eletiva". Também vimos que, no imaginário moderno, esses ambientes não são simplesmente diferentes, mas inicialmente opostos e, após, relativamente reconciliados sem perda do sentido de sua distintividade ontológica básica.

Embarcamos na Seção 6.3 tentando entender o que significa a relevância mútua ao colocá-la no contexto mais amplo das formas que pode tomar

---

[174] Eu esbocei um argumento para o 'direito como mediação' em C. Michelon, 'The Public Nature of Private Law?' em C. Michelon et al. (eds), The Public in Law (Londres: Ashgate, 2012) [traduzido publicado como quinto capítulo do presente volume]. Outros argumentos que chegam a conclusões semelhantes por outras vias podem ser encontrados em F. Atria, 'Living under the Domain of Dead Ideas' e L. F. O. Barzotto, 'Guardião da Constituição: elementos para uma epistemologia democrática' in Ives Gandra da Silva Martins (ed.), *Princípios Constitucionais Relevantes*, 1ª ed., vol. 1 (São Paulo: Fischer2, 2011) 13–34.

a interferência mútua nas decisões uns dos outros. Distinguimos diferentes formas de interferência, que vão desde a submissão à vontade de outra pessoa até as limitações na ação causadas pela mera presença física do outro, mas identificamos que a forma de interferência mais problemática na tentativa de redesenhar a distinção entre público e privado é aquela causada pela relevância da realização dos outros para a nossa própria realização.

Esta análise permite reformular o problema inicial de forma mais clara e detalhada. Se todas as instituições legais e políticas são baseadas nessa última forma de avanço, surge uma dificuldade para uma teoria do *direito privado* em particular. Por um lado, a esfera privada da ação social é fundada na ideia de relevância eletiva. A ação social nessa esfera não deve ser concebida como necessariamente voltada para o outro. Em vez disso, esta é a esfera de relativo isolamento, onde o outro não pode legitimamente demandar nada de mim. Por outro lado, as instituições sociais que criam e policiam os limites da esfera privada, em particular o direito privado – se aceitarmos o envolvimento necessário do direito no projeto imperfeito da vida coletiva – devem necessariamente ser concebidas como voltadas para a realização do outro. Assim, parece que a relação entre a esfera privada da ação social e as instituições do direito privado pode ser mais complexa do que tanto os teóricos do direito privado quanto a doutrina frequentemente assumem.

Isso parece levar a uma escolha necessária entre uma de três alternativas: (a) desistir da concepção da esfera privada como um espaço onde os agentes não são obrigados a levar os outros em consideração (uma esfera de relevância eletiva), (b) desistir da concepção do direito como mediação delineada acima ou (c) desistir da suposição de que o direito privado e a esfera privada compartilham as mesmas pressuposições conceituais e normativas.

A alternativa (a) tem um custo, já que tanto a relevância eletiva da esfera privada da ação social quanto a relevância mútua necessária da esfera pública desempenham tarefas importantes. A constituição da esfera privada de ação separada da esfera pública não é uma construção sem propósito e a relevância eletiva é parte da razão pela qual ela existe. Entre os muitos propósitos discerníveis, e parcialmente sobrepostos, que ela cumpre estão gerar a possibilidade de que a riqueza passe de mão em mão sem controle político e a construção de identidades sociais particulares, que não estão intimamente conectadas ou derivadas de uma estrutura política abrangente. De forma mais geral, ainda, a separação cria um espaço em que o agente social pode conceber suas decisões como sendo primariamente *suas*, isto é, como decisões que livres do ônus de ter que sempre levar em consideração a realização dos outros membros da comunidade política.

A alternativa (b) também tem um custo. Embora eu não tenha fornecido uma defesa completa do "direito como mediação" na seção anterior, espero ter deixado claro as consequências de desistir dela. Se essa concepção estiver correta, então a relação do direito e suas instituições com outros seria uma parte essencial da justificação para se ter tais instituições em primeiro lugar.

A alternativa (c) não carrega esse tipo de custo, embora gere o ônus de explicar de maneira mais detalhada e complexa o que se supunha ser uma relação simples e sem problemas, ou seja, a relação entre as pressuposições normativas subjacentes, de um lado, à esfera privada e, de outro, ao direito privado. Creio que é possível se desincumbir satisfatoriamente deste ônus e, a seguir, apresento uma concepção reestruturada dessa relação.

A chave para entender essa relação reestruturada é evitar uma concepção primariamente psicológica da ação social. Uma explicação psicológica da ação social dá lugar de destaque à intenção do agente (consciente ou, às vezes, inconsciente) ao realizar uma ação. Assim, uma explicação psicológica da ação social pode qualificar o ato de doar dinheiro para uma instituição de caridade como um ato de benevolência (ou, talvez, orgulho, se o agente está buscando principalmente a satisfação pessoal). Uma das formas mais difundidas (e reducionistas) de explicações psicológicas da ação social é a que reduz toda ação à satisfação de preferências do agente, uma estratégia muito comum na em certas vertentes do pensamento econômico.[175]

Todavia, nem toda a ação social pode ser adequadamente compreendida exclusivamente (ou mesmo principalmente) com base na descrição do agente sobre o que ele está fazendo. Uma descrição mais apropriada dessas ações explicaria a ação também em sua relação com as instituições que a moldam. Tome-se, por exemplo, o ato de votar. Seu significado não pode ser simplesmente considerado uma expressão de preferência ou mesmo uma tentativa de produzir um determinado resultado (ambas as explicações que dão destaque à descrição psicológica do próprio agente sobre sua própria ação). Um voto só será verdadeiramente um voto se estiver em conformidade com determinados padrões. Uma ação praticada pelo mesmo agente, com a mesma intenção, mas em uma eleição simulada (que, hipoteticamente o agente considera ser

---

[175] Uma recente discussão filosófica sobre o papel da satisfação das preferências na Economia do Bem-Estar pode ser encontrada em D. M. Hausman e M. S. McPherson 'Preference satisfaction and Welfare Economics' (2009) 25 *Economics and Philosophy*, p. 1-25.

real), não é um voto. Essa compreensão exige que se leve em conta as normas e padrões que regem a prática da votação, e que são definidos pelas instituições que organizam o processo eleitoral.

A explicação apropriada de certas ações sociais, portanto, precisa levar em conta as instituições que regulam a realização da ação (e, às vezes, *constituem* a própria possibilidade de praticá-la). Essa explicação mais complexa da ação social é o que permite uma concepção da esfera privada da ação social que toma em conta o outro. A relevância eletiva, a característica central da concepção moderna da esfera privada da ação social, é preservada na forma como entendemos o elemento motivacional da ação social. Mas essa ação também é moldada por instituições jurídicas privadas, que são, por outro lado, construídas em torno da ideia de relevância necessária. O que o direito privado faz é tornar o outro presente para mim, apesar de minha relutância em vê-lo como algo mais do que um empecilho no caminho da satisfação de meus próprios desejos. A relação social mediada pelo direito privado (e as ações das partes, se elas cumprem seus deveres jurídicos) acaba por tomar em conta a realização do outro, mesmo que o agente faça isso contra a sua falta de interesse pelo outro, do ponto de vista psicológico.

É importante chamar a atenção para o fato de que existe uma maneira fácil de interpretar erroneamente a concepção acima apresentada de ação social: pode-se interpretá-la como significando simplesmente que o direito privado dá limite às ações livremente escolhidas pelos agentes privados. Mas o que quero dizer vai além disso: o direito privado não tem simplesmente um papel limitador na ação social; ao contrário, ele é constitutivo da ação social (juntamente com outros elementos, como a motivação individual).

Essa compreensão dos respectivos papéis do direito privado e da motivação psicológica na esfera privada tem um profundo impacto nas narrativas disponíveis, por um lado, sobre o desenvolvimento do direito privado e, por outro lado, sobre a relação entre o direito público e a esfera privada da ação social. Na próxima seção, tentarei fornecer essa narrativa construindo concepções-modelo do direito privado e da esfera privada.

6.5. Direito Privado e Formas de Desrespeito

A narrativa dominante sobre o desenvolvimento do direito privado desde a segunda metade do século XIX é de uma invasão do público ao sistema normativo e conceitualmente "fechado" do direito privado. A emergência do direito do trabalho, do direito antitruste, do direito do consumidor, o surgimento da responsabilidade pelo fato do produto, a boa-fé no direito obrigacional, a ideia de "abuso de direito", são frequentemente vistas como inserções desajeitadas da lógica da esfera pública no direito privado. Às vezes, essas invasões são consideradas justificadas e outras vezes são consideradas espúrias, mas frequentemente não são vistas como o desdobramento natural das estruturas normativas e conceituais que constituem o direito privado.

Acredito que isso seja um erro baseado em uma concepção simplista do direito privado e de sua relação com os agentes privados; ou seja, agentes que atuam dentro da esfera privada da ação social. Para explicar esse erro, não apresentarei uma narrativa alternativa completa do desenvolvimento histórico do direito privado. Em vez disso, gostaria de apresentar um esquema conceitual que ajudará a explicar a maior complexidade desse desenvolvimento (em comparação com a "narrativa padrão"). Embora não forneça uma narrativa completa, o esquema que delinearei a seguir ajudará a explicar as mudanças tanto no *direito privado positivo* quanto na *doutrina sobre o direito privado* em muitos sistemas jurídicos ocidentais. Esse esquema é construído em torno da relação entre o direito privado e as diferentes formas de desrespeito que os agentes sociais podem sofrer. Uma de suas vantagens é que o esquema incorpora uma explicação do erro cometido pela narrativa tradicional de "invasão" do público ao privado.

A ideia de desrespeito está conectada a um *déficit* ou falha de reconhecimento.[176] Gostaria de sugerir que certas instituições e normas do direito privado são mais bem compreendidas como tentativas de lidar com diferentes formas de desrespeito. Além disso, a maneira como as instituições do direito privado lidam com uma determinada forma de desrespeito pode gerar as condições para o surgimento de outra forma de desrespeito mais sofisticada. Nesse sentido, há uma progressão conceitual entre diferentes formas de desrespeito e uma progressão paralela de formas de reconhecimento social.

Os agentes sociais exibem desrespeito de três maneiras fundamentalmente diferentes, cada uma decorrente de um tipo particular de falha na percepção do outro. A primeira forma de desrespeito é não ver o outro como diferenciado do mundo. Nessa forma de desrespeito, o agente é cego para o outro porque só percebe uma diferença entre si mesmo (como algo que possui

---

[176] Para os conceitos relacionados de desrespeito e reconhecimento que estou utilizando aqui, baseio-me no trabalho de Axel Honneth, em particular A. Honneth, *"The Struggle for Recognition"* (Londres: Polity Press, 1995).

certas necessidades) e o resto do mundo (que não possui necessidades, mas é capaz de suprir as necessidades do agente). Aqui o agente vê a si mesmo como não sendo autossuficiente, como necessitando de algo que existe fora de si. Essa forma de desrespeito poderia ser chamada de objetificação.

Um afastamento dessa forma de desrespeito ocorre quando o agente percebe que existem no mundo outras entidades que também possuem necessidades. O agente não percebe a especificidade das necessidades em cada agente, apenas a existência de "necessidades" alheias a si. Isso possui um efeito equalizador e, na verdade, a característica distintiva dessa forma de reconhecimento que afasta o agente da objetificação do outro é baseada em uma noção de igualdade daqueles que (potencial ou efetivamente) experimentam necessidades. *Esse movimento é alcançado por meio do direito.*

No entanto, a postulação da igualdade formal entre os sujeitos e sua oposição ao mundo, ou seja, as entidades que não experimentam necessidades, abre a possibilidade de outra forma de desrespeito, a saber, aquela causada pela opacidade dos tipos particulares de necessidades que o outro possa ter, e que são distintas das próprias necessidades do agente. A forma de reconhecimento que pode lidar com isso deve ser sensível à diferença relativa de necessidade entre os sujeitos.

Essa divisão de desrespeito e reconhecimento em três diferentes tipos tem pontos em comum (embora não seja totalmente idêntica) com a reconstrução de Honneth da concepção inicial de Hegel sobre a evolução da vida ética como uma *luta pelo reconhecimento*. Para Honneth, o amor, a lei (em um sentido similar ao direito natural moderno), e a vida ética representam três formas de reconhecimento respectivamente baseadas na percepção do outro como tendo necessidades, [177] na percepção do outro como formalmente igual,[178] e na percepção do outro como valioso na especificidade de suas necessidades.[179]

Embora haja uma progressão conceitual entre as formas de reconhecimento (e de possível desrespeito), essa progressão não se aplica de forma ordenada às fases históricas do desenvolvimento das instituições jurídicas e políticas, nem deve ser concebida como uma progressão historicamente necessária. Diferentes formas de desrespeito coexistem em diferentes aspectos das relações sociais. Na verdade, se a análise da esfera privada apresentada na seção 6.4 estiver correta, a combinação de relevância eletiva (que diz respeito

---

[177] Honneth, *The Struggle for Recognition*, p. 95–107.
[178] Honneth, *The Struggle for Recognition*, p. 107–21.
[179] Honneth, *The Struggle for Recognition*, p. 121–30.

ao aspecto psicológico da ação) e relevância necessária (em seu aspecto jurídico), fornece um exemplo de como a mesma relação social pode ser marcada tanto pelo desrespeito, já que a objetificação psicológica do outro seria perfeitamente aceitável sob os padrões de relevância eletiva, quanto pelo reconhecimento e respeito da igualdade formal (em relação ao direito aplicável ao caso).

Essas formas de reconhecimento relacionam-se de maneiras complexas com o direito privado. Em primeiro lugar, elas se relacionam de maneira diferente tanto com o direito privado positivo enquanto com as construções explicativas do direito privado que a doutrina e a teoria sobre direito privado produzem.[180] Tanto o direito privado positivo quanto as narrativas produzidas pela doutrina são internamente heterogêneos em sua relação com as formas de desrespeito e reconhecimento. Certos aspectos do direito privado positivo podem ser reconstruídos de maneiras diferentes (e às vezes opostas). Além disso, diferentes partes do direito positivo estão em lados opostos da batalha entre reconhecimento e desrespeito. Além disso, em relação às narrativas doutrinárias do direito privado, embora em certos momentos algumas narrativas possam se tornar dominantes, seu domínio é frequentemente apenas parcial e certamente apenas temporário.

O esquema explicativo que estou delineando nesta seção tem como objetivo ajudar a compreender esse cenário complexo. Ele se baseia na existência de três modelos de relação entre o direito privado e cada forma de desrespeito/reconhecimento identificada anteriormente. É útil apresentar cada um desses três modelos por meio de determinadas instanciações históricas dessas relações.

O primeiro modelo é bem exemplificado pela ascensão do dogma da vontade na Europa do século XIX. Muito se falou sobre o *Willensdogma* e seu domínio na imaginação dos privatistas do século XIX.[181] A centralidade da vontade significou que conceitos tradicionais de direito privado foram explicados, redefinidos ou reposicionados dentro da arquitetura do direito privado, e também significou que certos novos conceitos foram criados e introduzidos nesta arquitetura.

Tome a *laesio enormis* como exemplo. Em sua forma original, certas consequências jurídicas resultavam da existência de um desequilíbrio entre

---

[180] O direito privado positivo aqui se refere às fontes de direito dotadas de autoridade que constituem o *explanandum*, cuja explicação é trabalho tanto da doutrina jurídica quanto da teoria jurídica.

[181] Que é simplesmente o ponto culminante de um processo que começou séculos antes. Veja A. Rieg, *Le rôle de la volonté dans l'acte juridique en droit civil français et allemand* (Paris: LGDJ, 1961).

as obrigações mútuas entre as partes em um contrato. Isso, é claro, partia da constatação de que existia um "preço justo" para cada bem trocado, mas a ascensão da vontade faria com que o padrão de medida do preço em um contrato fosse a vontade das partes. Sem um comparador externo à vontade das partes, a doutrina estaria fadada a desaparecer, como de fato ocorreu em alguns sistemas de direito romano-germânicos no século XIX.[182] Exemplos como esse são abundantes, mas as mudanças mais importantes, para meus propósitos aqui, dizem respeito à natureza progressivamente mais abstrata de alguns dos conceitos centrais de direito privado. De fato, já foi observado muitas vezes que o século XIX, em particular na tradição romano-germânica, foi marcado pelo declínio da atenção da doutrina às particularidades e contextos específicos de casos e pela gradual introdução de conceitos cada vez mais abstratos, como o conceito de "ato jurídico" (*Rechtsgeschäft*, *negozio giuridico*, etc), um gênero dentro do qual se encontram contratos, testamentos, casamentos, etc.[183]

A centralidade da vontade e a centralidade de conceitos progressivamente mais abstratos estão relacionados a duas formas diferentes de desrespeito. A centralidade da vontade (em vez, por exemplo, da *relação* entre as partes) cria instrumentos legais centrados no agente e no desdobramento de sua vontade no mundo. Os limites para a vontade são imaginados principalmente como provenientes da própria vontade, seja porque a vontade (e apenas a vontade) limita a si mesma, seja porque tenha havido alguma problema na formação da vontade do agente. Este último é exemplificado pela ascensão moderna da categoria dos *vices du consentement*[184] e sua centralidade no sistema de invalidade no Código Napoleão.

A centralidade da vontade coloca conceitos e teorias sobre o direito privado firmemente dentro de uma concepção do domínio privado como uma esfera de relevância eletiva. Se essa fosse a única história possível a ser contada sobre o direito privado, minha reconstrução da esfera privada como

---

[182] Para uma explicação resumida e instrutiva das vicissitudes da *laesio enormis* nos últimos 200 anos, ver R. Zimmerman, "*The Law of Obligations: Roman Foundations of the Civilian Tradition*" (Oxford: Oxford University Press, 1996), p. 264 – 270.

[183] Sobre essa pressão para uma abstração progressiva dos conceitos de direito privado durante o século XIX (particularmente na Alemanha e na Itália), consulte, por exemplo, E. Gabrielli, "Appunti su Diritti soggettivi, interessi legitimi, interessi collettivi" (1984) XXXVIII (4) *Rivista Trimestrale di Diritto e Procedura Civile* 969.

[184] A teoria dos *vices du consentement* tenta sistematizar os tipos de defeitos na formação da vontade (erro, coação, etc.) e as respectivas consequências legais em relação ao contrato (por exemplo, anulabilidade, obstáculo à própria formação do ato jurídico, modulação das eficácias jurídicas).

uma combinação entre a relevância eletiva, incorporada na psicologia dos agentes, e a relevância necessária imposta pelo direito que regula o relacionamento entre particulares não seria sustentável. Essa concepção voluntarista de direito privado anda de mãos dadas com uma concepção do agente como alguém para quem os outros são uma parte indiferenciada do mundo, algo (não alguém) com potencial ajudar a satisfazer (ou frustrar) as suas necessidades. As outras pessoas podem ser apenas impedimentos à satisfação de minha necessidade, de uma maneira semelhante àquela em que um pedregulho pode bloquear meu caminho e me impedir de tomar posse de um objeto que está atrás dele.

Essa concepção de direito privado só pode ser compreendida como puramente *instrumental*. Até mesmo o valor das regras mais básicas, como o *pacta sunt servanda*, que implicam um grau de reciprocidade, só pode ser visto como decorrente do meu desejo de satisfazer minha necessidade por um determinado bem. Isso seria o caso, por exemplo, se eu acreditasse que as pessoas são mais propensas a se comportar da maneira que eu espero na presença de uma regra específica. Assim, essa concepção de direito como puramente instrumental para a concretização da vontade arbitrária do agente privado no mundo exibe a primeira forma de desrespeito identificada anteriormente, ou seja, a *objetificação*.

A centralidade de conceitos progressivamente mais abstratos está relacionada a uma segunda forma de desrespeito, que podemos chamar de *reificação*. A reificação, conforme concebida por Lukács (e desenvolvida por Honneth), *não* é a forma de relação com o outro em que o agente não o percebe como sendo separado do mundo dos objetos. Na reificação, o desrespeito decorre de uma falta de autenticidade na relação que se tem com o outro. Na reificação, a patologia é de desapego da experiência vital do outro. O agente reificador se torna progressivamente um "observador contemplativo" "desapegado".[185] Como Honneth coloca:

> Nesse contexto, o sujeito já não está mais engajado de forma empática na interação com seu ambiente, mas é colocado na perspectiva de um observador neutro, psiquicamente e existencialmente intocado pelo ambiente ao seu redor.[186]

---

[185] Expressões de Lukács, repetidas por A. Honneth em "*Reification: A new Look at an Old Idea*" (Oxford: Oxford University Press, 2008), p. 24.
[186] Honneth, *Reification: A new Look at an Old Idea*, p. 24.

A progressiva abstração dos conceitos do direito privado, cujo apogeu ocorreu no século XIX, mas cujo legado permanece presente nos sistemas jurídicos ocidentais contemporâneos, canalizou precisamente esse afastamento. Os sujeitos de direito privado foram progressivamente abstraídos das necessidades e idiossincrasias particulares do indivíduo a quem o direito atribui personalidade. Esses desenvolvimentos no direito privado respondem a uma percepção dos sujeitos como iguais, mas apenas formalmente. A indiferença às vulnerabilidades e necessidades particulares dos indivíduos (e às vezes de classes inteiras de indivíduos) pode ser concebida no esquema delineado acima, como uma segunda forma de desrespeito. O direito que acompanha esta segunda forma de desrespeito é o direito formal.[187]

O tipo de reconhecimento que vai além da objetificação e reificação é marcado pela percepção do outro *concreto* em sua busca pela autorrealização. Não reconhecer o outro dessa maneira, seja como resultado de objetificação ou reificação, é um tipo de desrespeito que "priva uma pessoa da aprovação social de uma forma de autorrealização que ele ou ela teve que descobrir...".[188] A natureza universalista do direito torna quimérica qualquer tentativa de gerar esse tipo de reconhecimento através do direito. No entanto, muitas mudanças no direito privado contemporâneo podem ser mais bem compreendidas como tentativas de combater a objetificação e reificação, tornando a lei mais atenta às necessidades mais particulares de grupos sociais mais particulares. Pode-se apontar a regulamentação de contratos de "vulnerabilidade" (trabalho, consumo, etc), o foco na vítima na responsabilidade do produto, entre tantas outras mudanças no direito privado contemporâneo, como resultado desse tipo particular de luta pelo reconhecimento.

O que esbocei acima são apenas as linhas gerais de um esquema interpretativo. Apesar de sua apresentação breve o esquema tem o objetivo ambicioso de oferecer um novo padrão interpretativo para estudos sobre a fundação e desenvolvimento das instituições de direito privado.

---

[187] As teorias da vontade, desenvolvidas no século XIX, não são, é claro, as únicas formas de conceber o direito privado e, na verdade, uma das teorias contemporâneas mais sofisticadas do direito privado, o trabalho de Weinrib sobre justiça corretiva, é uma defesa do formalismo no direito privado; Conforme E. Weinrib, *"The Idea of Private Law"* (Cambridge, Mass: Harvard University Press, 1995).

[188] Honneth, *The Struggle for Recognition*, p. 134.

6.6. Conclusão

Este capítulo tentou fornecer uma chave alternativa para a interpretação da esfera privada e do direito privado. Nesse esquema, foi sugerido que a esfera privada não deve ser concebida como uma esfera de relevância meramente eletiva, mas sim como uma esfera na qual o direito traz para o âmbito da ação social considerações sobre a relevância necessária do outro. Esse esquema permite ver o papel do direito privado como o de introduzir na relação social subjacente à relação jurídica elementos de reconhecimento mútuo que fazem com que os agentes se comportem de maneira respeitosa. Também sugeri que esse reconhecimento social não é um processo simples e apresentei duas maneiras diferentes pelas quais os agentes poderiam deixar de reconhecer os outros, a saber, objetificação e reificação. Cada forma de desrespeito, ou seja, cada tipo de reconhecimento defeituoso, está relacionada a uma maneira particular de conceber o papel do direito privado. Na objetificação, o direito só pode ser visto como um instrumento; na reificação, o direito é marcado pela igualdade, mas apenas pela igualdade formal, que não atenta às necessidades particulares dos indivíduos ou grupos sociais. O mais alto nível de reconhecimento não corresponde a um tipo particular de direito privado. No entanto, a aspiração de alcançar esse nível de reconhecimento tem animado alguns dos mais importantes desenvolvimentos recentes no direito privado e permanece como o horizonte final de aspiração para a ação social na esfera privada.

PARTE III
DIREITO PRIVADO E DOUTRINA

CAPÍTULO 7
UM ENSAIO SOBRE A AUTORIDADE DA RAZÃO NO DIREITO PRIVADO*

7.1. Introdução

Um dos requisitos para que qualquer investigação possa ser considerada uma investigação racional é que, ao início da análise, o investigador tenha uma certa noção sobre o que será o resultado final da investigação. Toda a investigação racional supõe, portanto, aquilo que Aristóteles chamaria de uma *arché*. A importância da *arché* no processo investigatório decorre do fato de que ela dá o norte da investigação e estabelece um critério último para decidir qual das diversas teorias sobre o fenômeno oferece a melhor explicação. Sem uma *arché* é impossível avaliar o progresso de uma investigação e os investigadores procedem sem rumo produzindo teorias incomensuráveis sobre o problema investigado.[189] O presente trabalho pretende ser uma contribuição para o debate sobre a *arché* do direito privado, ou seja, uma contribuição para o debate sobre o que precisamente estaremos descobrindo quando, e se, a investigação de um problema de direito privado for concluída com êxito.[190]

---

* Eu gostaria de agradecer aos professores Judith Martins-Costa, Félix Lamas, Jorge Cesa Ferreira da Silva, Leandro Martins Zanitelli e Luis Fernando Barzotto, e também aos meus alunos na disciplina de *Temas de Filosofia do Direito* (ministrada no curso de doutoramento da Universidade Federal do Rio Grande do Sul no segundo semestre de 2001) pelas críticas e sugestões recebidas.

[189] Essa 'falta de rumo' e a incomensurabilidade que resulta dela são duas das características mais problemáticas da razão prática na modernidade. O que esse artigo propõe é tratar o direito privado (ou ao menos as áreas da reflexão tradicionalmente cobertas pelo direito privado) como instâncias da razão prática (aquela forma de razão cujo resultado é uma ação), ao invés de instâncias da razão teórica (aquela forma de razão cujo resultado é uma conclusão sobre o que é o caso). Não é surpreendente, portanto, que a 'falta rumo' e a consequente incomensurabilidade que resulta dessa falta de rumo sejam também encontradas na reflexão sobre o direito privado.

[190] Pela expressão 'direito privado' quero dizer simplesmente 'aquele conjunto de problemas tradicionalmente considerados como problemas de direito privado'. Como ficará claro nas seções III e IV, é mesmo discutível se existe uma *arché* comum a todos os problemas de direito privado.

Dois são os problemas centrais no debate sobre a *arché* do direito privado. Em primeiro lugar, não há clareza sobre quais são as concepções rivais de *arché* para o direito privado. Em diferentes momentos históricos, concepções da *arché* do direito privado foram tão largamente dominantes que frequentemente parecia àqueles envolvidos com a prática do direito privado não haver qualquer alternativa à concepção dominante. Assim, durante o período em que predominou a concepção da investigação sobre o direito privado como uma investigação sobre a melhor forma de garantir a autonomia dos indivíduos (o que chamarei de concepção autonômica) era difícil perceber qualquer alternativa à autonomia da vontade como princípio fundante do direito privado. Hoje, a afirmação de que o direito privado deve servir à realização do homem como um meio que não tem valor em si mesmo é também frequentemente, considerada um truísmo.[191]

A primeira forma como o presente artigo pretende contribuir para o debate é por meio de um mapeamento de algumas das concepções rivais da *arché* do direito privado. Serão identificadas três concepções rivais, nomeadamente, a concepção baseada na ideia de autonomia, a concepção funcionalista e a concepção aristotélico-tomista. A segunda forma como o presente artigo pretende contribuir para o debate é por meio de uma defesa da consistência interna da perspectiva aristotélica. Ou seja, esse artigo pretende demonstrar que a concepção funcionalista não é obviamente verdadeira, através da apresentação de uma concepção alternativa que também é internamente consistente e que não leva resultados inaceitáveis.[192]

No processo de me desincumbir dessas duas tarefas eu não pretendo separá-las. Eu pretendo que as diferentes concepções da *arché* do direito privado fiquem claras à medida que eu vou apresentando minha defesa da consistência da concepção aristotélica.

7.2. Funcionalismo e Autonomia Privada

A melhor maneira de introduzir a concepção de contrato e de direito privado que eu pretendo defender nesse artigo é proceder por oposição, apresentando uma concepção rival de contrato e de direito privado. A concepção

---

[191] Weinrib, *The idea of Private Law Cambridge*: Harvard University Press, 1995, p. 4
[192] Esses resultados só podem ser julgados inaceitáveis se estão em direto conflito com os *topoi* (lugares comuns compartilhados) que servem como o ponto de partida para a reflexão filosófica.

rival, chamemo-la, seguindo Weinrib, de concepção funcionalista, concebe todas as instituições de direito privado como sendo instrumentos para a persecução de um objetivo socialmente desejável.[193] Assim,

> [o] que o funcionalismo propõe não é tanto uma teoria do direito privado, mas uma teoria dos objetivos sociais na qual o direito privado pode ou não ser integrado.[194]

Daí decorre a negação de que exista um conjunto de regras de justiça diretamente aplicáveis aos institutos de direito privado que, como alicates e chaves de fenda, serviriam somente como meios para atingir objetivos definidos independentemente deles. Em outras palavras, a negação de que existam critérios de justiça internos à relação de direito privado.

A concepção funcionalista dos institutos de direito privado é atrativa por diversas razões. Em primeiro lugar, da adoção da concepção funcionalista segue-se que a diferença entre direito público e direito privado torna-se irrelevante. Como consequência, desaparece a necessidade de uma teoria da justiça que dê conta da necessidade de uma distinção entre direito público e direito privado. Assim, tanto a prática do direito quanto a teoria da justiça que justifica o engajamento com a prática do direito seriam unificados em uma teoria geral dos objetivos sociais almejados. A questão central para a compreensão do direito privado passa a ser então uma questão externa ao direito privado, a saber: quais são os objetivos sociais a serem alcançados. Essa questão determinará o *design* de todas as instituições sociais, inclusive da instituição social que chamamos 'direito privado', já que o valor (e o conteúdo) do direito privado seria simplesmente instrumental em relação a objetivos sociais comuns a serem alcançados pela comunidade.

A atratividade das concepções funcionalistas de direito privado pode ser comprovada tanto pelo largo curso de teorias gerais do direito que se pretendem aplicáveis também ao direito privado (como a teoria econômica

---

[193] Weinrib, *The idea of Private Law*, p.3
[194] Op. Cit, p.4

do direito de Posner[195] e de Calabresi[196] ou a teoria funcionalista do direito privado de Gierke[197]), como por particulares concepções de alguns institutos jurídicos em luz funcionalista, como a concepção da propriedade segundo a sua função social e, mais recentemente, a concepção do contrato como possuindo uma função social (conforme o que está consagrado no art. 421 no Código Civil brasileiro).

Uma razão para a força do funcionalismo reside no fato de que ele surge historicamente em oposição ao paradigma anterior do direito privado, ou seja, à concepção direito privado como garantidor da autonomia da vontade (doravante denominada simplesmente 'concepção autonômica'). A rigor as duas concepções não são excludentes, já que diversos argumentos a favor da concepção de direito privado como garantidor da autonomia da vontade foram justificados com base em argumentos funcionalistas. J. Ghestin arrola alguns desses argumentos, quando afirma que:

> Le principe d'autonomie de la volonté s'impose alors par son utilité sociale. La loi économique de l'offre et de la demande répondra nécessairement à l'intérêt général. Pour favoriser les échanges nécessaires au développement économique il faut écarter toutes les entraves à la liberté contractuelle. C'est le principe du «laisser faire, laisser passer», que complète implicitement le laisser contracter.[198]

---

[195] O funcionalismo permeia toda a obra de Richard Posner. Em sua obra seminal *Economic Analysis of Law* (5th ed. 1998), a perspectiva funcionalista é um pressuposto de todo o argumento. Posner chegou a questionar a existência do direito como uma disciplina autônoma (em The Decline of Law as na Autonomous Discipline. 1962-1987' Harvard Law Review (1987), p 761. Posner, ao contrário de outros adeptos do movimento 'Law and Economics', não concebe a visão econômica do direito como uma ferramenta útil na análise do direito, mas sim como a única perspectiva possível para a compreensão do direito.

[196] Para exemplificar a defesa de uma perspectiva funcionalista em áreas como a responsabilidade civil, veja-se Calabresi, Guido 'Some thoughts on Risk Distribution and the law of tors' in Avery Wiener Katz (ed.) *Fondations of the Economic Approach to Law* New York, Fountation Press, 1998, p. 44

[197] Em especial no primeiro ensaio de GIERKE, Otto von. "Die soziale Aufgabe des Privatrechts"/"Das Wesen der menschlichen Verbände". Berlin : 1889 ; Leipzig : 1902 (utilizei a trad. esp. por José M. Navarro de Palencia. "La función social del derecho privado"/"La naturaleza de las asociaciones humanas". Madrid : Sociedad Editorial Española, 1904).

[198] Ghestin Jacques 'L'utile et le juste dans les contracts' *Archives de Philosohie du Droit* V. 26 (1981) p. 36

CAPÍTULO 7 UM ENSAIO SOBRE A AUTORIDADE DA RAZÃO NO DIREITO PRIVADO

Seria interessante identificar o quanto justificativas funcionalistas influenciaram a formação do princípio da autonomia da vontade, já que uma fundamentação alternativa do princípio da autonomia da vontade pode ser encontrada no coração da filosofia moderna. A filosofia política e social moderna pode ser compreendida como uma tentativa de oferecer uma resposta para o problema de como viver adequadamente em uma sociedade pluralista. A solução em voga nos séculos XVIII e XIX, e que ainda é uma forte tendência da filosofia política contemporânea, é encontrada na ideia de tolerância[199], ou seja, na ideia de que todos devem ter garantida, na maior medida possível, a possibilidade de determinarem seu próprio destino. Daí porque só a vontade do indivíduo poderia ser considerada como uma fonte de deveres cogentes para o próprio indivíduo. Infelizmente uma tal investigação histórica não é necessária para que eu me desincumba das tarefas a que me propus no presente artigo. Basta aqui caracterizar duas concepções da *arché* do direito privado, a saber, a concepção funcionalista e a concepção autonômica.

De acordo com a concepção autonômica, a investigação do direito privado, quando completada, terá concluído pela melhor maneira de garantir aos indivíduos a sua autodeterminação de modo compatível com a mesma medida de autodeterminação dos demais indivíduos. De acordo com a concepção funcionalista, como vimos acima, a investigação do direito privado, quando completada, terá concluído pelos meios mais eficazes para atingir certos objetivos sociais decididos independentemente do direito privado (o que não exclui a possibilidade de que o direito privado seja considerado um mecanismo ineficaz de persecução dos tais fins sociais e de que, como consequência, devesse ser simplesmente descartado).

Um exemplo será útil para compreender a tese funcionalista e suas implicações para a prática do direito. Há quem defenda a tese de que, em relações de consumo, a razão de ser da responsabilidade civil objetiva do fornecedor é simplesmente promover uma repartição social dos riscos gerados pela produção em escala industrial.[200] É seguro presumir que o valor do ressarcimento

---

[199] Sobre a tolerância religiosa como a inspiração histórica do liberalismo político contemporâneo ver Rawls, John *Political Liberalism* New York: Columbia University Press, 1996, p. xxvi; sobre a tolerância como parte integrante do liberalismo político contemporâneo veja-se na mesma obra p. 194 e ss.
[200] Essa concepção funcionalista da responsabilidade civil em geral foi descrita por Paolo Gallo na primeiras páginas de seu *Pene private e responsabilità* civile Milano: 1996. Para uma defesa dessa visão funcionalista especificamente no que diz respeito às relações de consumo, veja-se José Reinaldo de Lima Lopes (*Responsabilidade Civil do Fabricante e a Defesa do Consumidor* São Paulo: Revista dos Tribunais, 1992, P. 29 e ss. 97 e ss., 145 e ss.)

devido pelo fornecedor será repassado aos consumidores dos seus produtos, fazendo com que cada consumidor responda por uma parcela do dano e evitando que o consumidor sobre o qual o dano mais diretamente incidiu sofra toda a perda derivada do acidente de consumo. Com base nesta concepção de responsabilidade civil, alguns autores chegaram à conclusão de que a responsabilidade objetiva do código de defesa do consumidor não apenas exclui a necessidade da culpa do fornecedor dos produtos, mas também exclui que o fornecedor possa defender-se alegando a ocorrência das excludentes de nexo de causalidade, a saber, o caso fortuito e a força maior.[201] Dessa forma, a concepção da *arché* da investigação levou diversos autores a uma solução particular para o problema de saber se as excludentes de nexo de causalidade (o caso fortuito e a força maior) servem como defesas aos fornecedores em ações de reparação pelos danos causados por seus produtos.

Foi dito acima que a concepção funcionalista foi apresentada como *a* alternativa à concepção autonômica. Mas a mudança é mais sutil do que aparenta ser. O debate entre a concepção funcionalista e a concepção autonômica é frequentemente obscurecido pelo fato de que os partidários de uma ou outra concepção descrevem a concepção rival em seus próprios termos, escondendo a divergência essencial entre as duas concepções de direito privado.

Jacques Ghestin oferece um bom exemplo aqui. A concepção autonômica foi caracterizada por ele, como se percebe na passagem transcrita acima, como uma concepção de direito privado que se baseia no fato de que a autonomia da vontade é um meio para maior eficiência econômica e que, por essa razão, tem grande utilidade social. Uma objeção mortal à concepção autonômica seria, portanto, demonstrar que tal eficiência econômica não se produz ou que, apesar da concepção autonômica atingir a eficiência, um outro objetivo social não é convenientemente alcançado se o direito privado é concebido em chave autonômica. E é justamente o que alguns opositores da concepção autonômica (entre eles o próprio Ghestin) passam a arguir: a concepção autonômica não é um meio adequado de atingir as finalidades sociais desejadas. Aqui os opositores da concepção autonômica estão simplesmente desconsiderando que a concepção autonômica possa ser justificada de outro modo que não em termos funcionais. Mas, como vimos acima, um bom argumento, na verdade talvez o melhor argumento possível (e, talvez mesmo o primeiro

---

[201] No sentido de excluir dentre as defesas do fornecedor as alegações de caso fortuito e de força maior, Nery Jr. Nelson *Os princípios gerais do Código de Defesa do Consumidor* Revista de Direito do Consumidor, n. 3(set] dez. de 1993), p. 56.

argumento histórico) a favor de uma concepção autonômica do direito privado é o argumento liberal baseado na tolerância.

A oposição entre as duas concepções de direito privado pode ser vista como uma instanciação, dentro do direito privado, do debate entre utilitaristas e liberais, ou seja, entre a busca da maximização da utilidade social e a garantia da autodeterminação do ser humano.[202]

Todavia, não é imediatamente claro porque o direito privado deva ser concebido em termos dessa rivalidade entre as concepções funcionalistas e as concepções autonômicas. Da mesma forma que existem alternativas na filosofia além do liberalismo e do utilitarismo, existem outras maneiras de conceber o direito privado que não se esgotam no funcionalismo ou na concepção autonômica. E, da mesma forma que alternativas aos tipos de filosofia moral dominantes da modernidade (i.e., liberalismo e utilitarismo) são encontradas na filosofia pré-moderna (v.g. o comunitarismo), a filosofia pré-moderna também é fonte de concepções alternativas de direito privado. A justiça comutativa aristotélico-tomista oferece as bases para uma tal concepção alternativa e, na próxima seção é dela que eu me ocupo.

7.3. Uma Moralidade para o Direito Privado.

Em fidelidade ao método aristotélico o melhor ponto de partida para a apresentação da concepção aristotélica de direito privado devem ser algumas opiniões compartilhadas.

Quando chamados a efetuar julgamentos sobre a responsabilidade de alguém, é frequente que nosso julgamento seja efetuado considerando os agentes *no contexto da relação em que praticaram a ação*. Nem sempre fazemos cálculos sobre como a ação que julgamos repercutiu na persecução pela sociedade, de certos objetivos sociais gerais. Nós entendemos as pessoas que

---

[202] A correspondência não é conceitual. Utilitaristas poderiam, dadas algumas pressuposições sobre, por exemplo, como a economia se torna mais eficaz, propor uma concepção autonômica de direito privado. Da mesma forma, liberais podem pensar o direito privado em termos funcionais, pensando ser o direito privado um instrumento para a almejada neutralidade entre as concepções de bem. A correspondência aqui apontada diz respeito ao ar de família que existe, de um lado, entre liberalismo e concepção autonômica e, de outro lado, entre utilitarismo e funcionalismo. Enquanto os primeiros dois estão centrados especialmente na necessidade de criar uma esfera de liberdade para o indivíduo, os últimos dois encontram a chave para a compreensão do fenômeno que se propõem a explicar no cálculo da utilidade social geral a ser obtida com uma ação.

julgamos de diversos modos e nem sempre a pessoa julgada é definida como parte de um projeto comum de perseguir certos objetivos sociais. A partir dessas práticas compartilhadas é possível formular algumas das teses centrais da concepção aristotélica de direito privado.

Em primeiro lugar, julgamentos morais parecem ser sensíveis ao contexto da relação social em que as ações são praticadas, e não simplesmente julgamentos sobre qual a contribuição da ação para a realização de um objetivo do grupo social. Em segundo lugar, existem diferentes formas de conceber a relação entre dois indivíduos, e a concepção da relação entre dois indivíduos enquanto membros de um grupo social que persegue objetivos gerais é apenas uma das formas de conceber tais relações interindividuais.

As nossas intuições, portanto, falam de um critério de justiça próprio das relações entre agentes *qua* agentes privados, mas obviamente que a mera intuição não é uma prova de que exista um tal critério. Devemos, portanto, investigar qual poderia ser o fundamento racional de tal intuição.

Mas, enquanto procedemos a essa busca, devemos sempre ter em mente qual o tipo de critério buscado. O que estamos buscando é simplesmente a *arché* das investigações sobre o direito privado. A *arché* só pode ser concebida em termos genéricos e isso porque a concepção completa sobre o resultado da investigação tornaria a própria investigação desnecessária. A concepção acabada de direito privado deve resolver uma série de problemas específicos de cuja resolução depende a completa compreensão do objeto (no caso, do direito privado). Aplicação dos resultados da investigação a casos concretos, portanto, será impossível sem que alguns fatos adicionais pudessem ser estabelecidos, ou seja, sem que a investigação seja completada.

O critério de justiça tipicamente aplicável às relações privadas é, segundo Aristóteles, a *justiça corretiva*. Aristóteles formula a tese distinguindo entre justiça corretiva e a justiça distributiva. O *Locus* clássico da distinção é encontrado na *Ética Nicomaquéia*, 1131b25-1131a2, onde Aristóteles, após afirmar que toda justiça particular é uma forma de igualdade (*to ison*), esclarece que existem duas formas de justiça, a saber, a justiça distributiva e a justiça corretiva. A primeira, como é sabido, é a distribuição de bens ou encargos de acordo com os méritos, em que a igualdade é melhor representada como uma igualdade entre razões bem distribuído/mérito. A outra:

> é a corretiva, que surge ligada a relações tanto voluntárias quanto involuntárias... a justiça em transações entre um e outro homem é efetivamente uma forma de igualdade, e a injustiça uma forma de desigualdade;

CAPÍTULO 7 UM ENSAIO SOBRE A AUTORIDADE DA RAZÃO NO DIREITO PRIVADO

não de acordo com aquele tipo de proporção [típica da justiça distributiva], mas de acordo com uma proporção aritmética.' [EN 1131 b25-113 la21]

Essa distinção deixa clara a principal característica das regras de justiça aplicáveis às relações entre privados, a saber, a existência de limites quanto à relevância de certos tipos de considerações: considerações sobre mérito das pessoas são excluídas.[203] Os sujeitos privados são considerados como *iguais* em todos os aspectos que não dizem respeito à relação particular que se estabelece entre eles. Assim, do ponto de vista da justiça corretiva, um co-contratante é simplesmente alguém que participa do contrato, sendo irrelevante o fato de que ele possua melhores virtudes, ou tenha realizado mais ou maiores grandes obras ao longo da vida, ou mesmo o fato de que ele tenha mais necessidades. Essa igualdade é concebida como uma função da *identidade* dos sujeitos. A igualdade é, portanto, função do fato de que a pergunta sobre quem eu sou em uma relação privada é respondida por referência à própria relação, e não por referência a qualquer aspecto de minha vida fora da relação. E o critério de justiça é aplicado ao tipo de sujeito que eu sou na relação privada.

Esse talvez tenha sido o brilhante insight de Clóvis do Couto e Silva ao introduzir na dogmática jurídica a categoria explicativa do 'contato social', que havia sido inicialmente utilizada como instrumento para análise sociológica por von Wiese[204]. Segundo Clóvis do Couto e Silva, o grau de proximidade ou distância nas relações entre indivíduos é dado juridicamente relevante. O grau mínimo de contato é a pertinência ao mesmo grupo social, e isso implicaria a obrigatoriedade de alguns *standards* gerais de conduta que instanciam a máxima do *neminen laedere*[205]. Os direitos de ressarcimento derivados do enriquecimento sem causa, a responsabilização por inadimplemento de obrigação voluntariamente assumida, os deveres dos cônjuges no casamento, pressuporiam formas de contato social mais próximas do que a mera pertinência ao mesmo grupo social. Mas o grau de contato social só pode ser considerado um dado *juridicamente* relevante se os critérios por meio dos quais nós julgamos a correção de uma conduta forem variáveis de acordo

---

[203] Entre as três características que Weinrib identifica como características centrais do direito privado (e que já se encontram presentes na concepção aristotélica de justiça comutativa) estão: a bipolaridade da relação e os standards de relevância limitados op. cit., p. 56
[204] Silva. Clóvis V- do Couto e *A Obrigação como Processo* Sao Paulo: José Bushatsky, 1976, pp. 88-91 ; ver também seu *Principes Fontamentaux de la Responsabilité Civile en Droit Brésilien et Comparé*. Paris: Es. N. J., 1988. pp. 8-17
[205] Silva, Clóvis V do Couto e, Principes... cit. p. 3, nota l.

com o tipo de relação social entre as partes e isso é justamente o que está suposto no critério de comutatividade aristotélico-tomista.

Portanto, o que necessita justificação é uma concepção particular sobre a justiça que compreende uma limitação nas considerações relevantes para a decisão do caso. É claro que essa ideia inicial, como qualquer *arché*, só oferece uma noção aproximada do objeto da investigação. Mas essa ideia aproximada do objeto da investigação, essa *arché*, estabelece uma agenda de problemas de cuja resolução depende a correta compreensão do que é a justiça entre os indivíduos. Uma teoria completa necessitaria identificar, por exemplo, quais os bens e quais os valores comparativos dos bens a serem alocados para cada um. Sem uma tal teoria será impossível dar a cada parte em uma relação privada o igual aritmético. Da mesma forma, devemos formular uma explicação sobre os tipos de relação que requerem a aplicação do critério de justiça corretiva e os tipos de relação em que outro critério de justiça deve ser aplicado. O direito privado tem sido pródigo em teorias que pretendem resolver problemas como esses. Na próxima seção eu apresento, exemplificativamente, uma dessas teorias e procuro demonstrar como ela pode ser compreendida como parte do projeto de tentar responder às questões cuja resolução é necessária para a correta aplicação do critério genérico proposto por Aristóteles. O que não ficará claro na próxima seção é qual o critério de racionalidade para julgar se uma tal teoria sobre estes pontos mais específicos é ou não a mais apropriada. Esse será o objeto da seção V, onde a concepção platônico-aristotélica de razão prática será invocada como fornecendo critérios racionais para a adjudicação entre essas teorias.

7.4. A Teoria da Causa do Negócio Jurídico

O conceito de 'causa' do negócio jurídico é ponto particularmente controverso no direito privado. Uma parte significativa da doutrina sobre a causa tendeu a considerar que a 'causa' do negócio jurídico equivale aos motivos que determinaram a celebração do negócio.[206] Essa concepção de causa,

---

[206] Ainda que a doutrina francesa ao menos desde Domat separe nominalmente a causa do motivo, a doutrina italiana demonstrou que dada a concepção subjetiva da causa que adotam os escritores franceses, não há como distinguir entre causa e motivo (sobre a discussão entre as doutrinas francesa e italiana da causa veja-se o ensaio de Clóvis Veríssimo do Couto e Silva 'Teoria da Causa no Direito Privado' in Vera Maria Jacob de Fradera (org.) *O Direito Privado brasileiro na visão de Clóvis do Couto e Silva* Porto Alegre: Livraria do Advogado Editora, 1997, 59-71

duramente criticada por Pontes de Miranda e outros, está relacionada ao império da concepção autonômica de direito privado. Conceber 'causa' como 'motivo que levou à celebração do negócio' foi o modo através do qual a doutrina francesa tentou tornar uma velha categoria (que remonta ao período clássico do direito romano clássico) útil no contexto de uma concepção autonômica de direito privado. Emilio Betti concebe a causa como estando vinculada à função econômico-social do negócio jurídico (agregando à noção de causa, portanto, uma ideia funcionalista)[207].

Em minha análise da causa, eu me atenho a uma concepção particular da causa do negócio jurídico, nomeadamente, a concepção de causa de Pontes de Miranda. O que Pontes chama de 'causa' ou de 'causa de atribuição' não resta claro em sua explicação geral para o conceito de causa. Como sói acontecer na obra de Pontes de Miranda, os conceitos gerais são determinados por exclusão (assim, segundo Pontes de Miranda, causa não é motivo nem tampouco função econômica, nem ainda tipo contratual). Do conteúdo positivo da 'causa' muito pouco é dito, mas ainda assim um aspecto da concepção geral de causa de Pontes nos será útil, a saber: Pontes, um dos mais sofisticados positivistas brasileiros afirma que há algo de natural na 'causa' dos negócios jurídicos. Atentar contra ela, afirma Pontes é atentar contra a *natureza das coisas*[208]. Mas se a definição geral não é particularmente esclarecedora, a identificação particular das 3 'causas' nos será bastante útil. Segundo Pontes de Miranda existem fundamentalmente 3 causas, quais sejam: a causa *credendi* (ou *constituendi*), a causa *donandi* e a causa *solvendi*[209]. *Credendi* (ou *constituendi*) é a causa de todos os negócios que estabelecem uma relação obrigacional comutativa (e.g. compra e venda, troca, constituição onerosa de direito real de superfície, etc.); *donandi* é a causa de todos os negócios que, fundados na vontade de promover uma liberalidade, não pressupõem nenhuma forma de comutação (como a doação ou o legado); *solvendi* são os negócios celebrados como forma de adimplemento de uma obrigação anteriormente assumida (como os negócios translativos de direito real no direito alemão em relação ao contrato de compra e venda). O que importa perguntar é: qual foi o critério utilizado por Pontes de Miranda (e pela doutrina civilista em

---

[207] A identificação da causa com a função econômico social do negócio pode ser encontrada na teoria geral do negócio jurídico de Betti (utilizei a tradução espanhola *Teoria General del Negocio Jurídico* Madrid: Editorial revista de Direito Privado, s.d., sobre a teoria da causa ver pp. 132 e ss.)
[208] Miranda, Francisco Cavalcanti Pontes de *Tratado de Direito Privado* V. III 2ª ed. Borsói, 1954, 262, p. 79'
[209] Sobre as três espécies de causa ver Miranda, F. C. Pontes de , op. cit., S263, p. 82-86.

geral) para identificar essas três modalidades? O critério é a existência de três critérios de justiça diferentes que são aplicáveis a três tipos diferentes de relação social. Na causa *credendi* o critério de justiça é a comutatividade; na causa *donandi*, diferentemente, é o respeito às disposições de vontade de um sujeito de direito; na causa *solvendi*, a adequação em relação ao que fora anteriormente estabelecido. A teoria da causa conforme concebida por Pontes de Miranda e por boa parte da doutrina civilista é, portanto, a tentativa de identificar precisamente qual o espaço da justiça corretiva no direito privado (e, também, qual o espaço de outras formas de justiça naquilo que convencionalmente chamamos de direito privado). Em outras palavras, é a discussão das *archai* da investigação dos assuntos que tradicionalmente consideramos assuntos de direito privado.

7.5. O Direito Privado e a Razão como *Techné*.

Como pode ser julgada uma teoria que pretende solucionar alguns dos problemas de cuja resolução depende a implementação da justiça corretiva? O que torna uma teoria melhor do que outra teoria alternativa? Um bom ponto de partida seria investigar que tipos de falha uma teoria pode apresentar do ponto de vista de suas credenciais de racionalidade. Em outras palavras: o que torna uma teoria menos racional para a outra? Grande parte dos teóricos do direito e, especificamente, dos teóricos do direito privado, afirmam a necessidade de uma teoria satisfazer um único critério de racionalidade, a saber, a coerência entre os seus postulados. Seguindo MacIntyre, eu gostaria de acrescentar um segundo critério de racionalidade, a saber, a sua capacidade de dar conta, em seus próprios termos, de teorias rivais.[210]

O primeiro critério de racionalidade é relativamente incontroverso: nenhuma teoria pode ser aceita cujas teses centrais estejam em direta contradição. Uma teoria sobre, digamos, a exclusão da responsabilização objetiva pela ocorrência de caso fortuito ou força maior não pode incorporar diversas teses contraditórias. O que chamo de 'contradição' aqui pode ser pensado com diversos graus de complexidade. O grau menos elevado de complexidade é a contradição direta entre duas teses dentro de uma mesma teoria. Neil MacCormick reserva o termo inconsistência para tratar dessa forma

---

[210] MacIntyre, *Justiça de Quem? Qual Racionalidade?* São Paulo: Loyola, 1991, em especial capítulos 5 e 6.

de contradição.²¹¹ Assim, duas teses que afirmem uma obrigação e uma proibição de um mesmo curso de ação são contraditórias.²¹² O grau menos elevado de contradição é o que Neil MacCormick trata como uma falha na coerência. Mesmo duas teses que não estejam diretamente em contradição podem ser inconsistentes se fosse impossível imaginar um princípio explicativo para aquele aspecto da prática que fosse compatível com ambas as teses. Esse princípio explicativo é o que autores como Dworkin²¹³, Alexy e outros tantos chamam de princípio jurídico. Como foi afirmado acima, grande parte dos teóricos do direito moderno, como Ronald Dworkin, Neil MacCormick, e Robert Alexy, bem como teóricos do direito privado, como E. Weinrib, depositam toda a sua confiança nesse critério de racionalidade.

Todavia, existe ao menos uma situação limite para esse critério de racionalidade. Quando duas teorias rivais são internamente consistentes e coerentes, esse critério de racionalidade não oferece qualquer solução sobre qual das teorias rivais pode reclamar a autoridade da razão para si.²¹⁴ Do ponto de vista lógico, duas são as soluções possíveis em uma situação como essa: ou bem não existem critérios racionais para governar a escolha (que passa a ser arbitrária), ou bem existem critérios adicionais de racionalidade que não estão compreendidos no critério de não contradição.

Mas os teóricos do direito (e mais especificamente do direito privado) que enfrentam esse dilema procuram uma saída alternativa. A impossibilidade de decidir sobre a coerência de duas alternativas rivais internamente consistentes é superada pela introdução de mais materiais como parte da matéria que deve explicada. Assim, se eu não tenho critérios para decidir entre duas teorias internamente consistentes sobre, digamos, a natureza dos bens incorpóreos, eu recolocaria a questão no contexto de uma teoria geral dos bens *tout court* e escolheria a teoria sobre a natureza dos bens incorpóreos que estivesse mais bem adequada à teoria mais coerente dos bens *tout court*. Ora, apesar do grande otimismo de autores como Ronald Dworkin (com sua tese da única resposta correta) e Weinrib, no que concerne especificamente ao direito privado, nada garante que essa estratégia não conduzirá a um momento em

---

²¹¹ MacCormick, Neil *Legal Reasoning and Legal Theory* Oxford: Clarendon Press, 1994, p. 195 ss.
²¹² Idem, p. 152 ss.
²¹³ Dworkin introduz a sua concepção de um princípio jurídico no clássico artigo, mas a explicação completa do que é um princípio e de sua função na teoria do direito só pode ser corretamente compreendido à luz do segundo capítulo de seu *Law's Empire* (Glasgow: Fontana Press, 1991, originalmente publicado em 1986).
²¹⁴ MacIntyre, *Justiça de Quem? Qual Racionalidade?* cit, p. 90.

que as complexas teorias genéricas não sejam simplesmente indecidíveis.²¹⁵ Nesse caso, a alternativa descrita acima recoloca-se: ou bem não existem critérios racionais para governar a escolha, ou bem existem critérios adicionais de racionalidade que não estão compreendidos no critério de não-contradição/coerência. Mas existiria algum outro critério de racionalidade para fundamentar racionalmente uma opção por uma das teorias rivais?

Platão e Aristóteles, na interpretação de Alasdair MacIntyre, pensam que sim. Existe uma segunda forma de falha de racionalidade em que poderia incorrer mesmo uma teoria internamente consistente. É possível que as teses centrais de uma teoria só possam ser provadas a partir delas mesmas. Em outras palavras, a prova da verdade das teses que compõem a teoria pode ser circular. Toda teoria tem de dar conta de teorias rivais e 'aprender' com elas, identificando suas fraquezas e incorporando os *insights* da rival. Nas palavras de MacIntyre:

> 'Empenhar-se na pesquisa intelectual não significa simplesmente propor teses e aderir racionalmente às teses que até agora resistiram à refutação; significa compreender o movimento que leva de uma tese a outra como um movimento rumo a um tipo de *logos* que revelará como as coisas são, não em relação a algum ponto de vista, mas em si mesmas. E a concepção do que cada tipo de coisa é como tal não apenas dá uma direção à pesquisa, uma direção de que ela careceria se não a tivéssemos, mas também nos dá um recurso para corrigir e reformular nossas teses sucessivas, à medida que aspiramos passar das hipóteses à afirmação incondicional.²¹⁶

Esse segundo requisito da racionalidade envolve ao menos quatro elementos, a saber:

a) os últimos estágios da pesquisa teriam de pressupor os estágios iniciais.
b) os últimos estágios devem incorporar uma teoria do erro que explica a insuficiência dos estágios iniciais.
c) Uma concepção do que seria já ter completado a pesquisa: uma *arché*.
d) O refinamento progressivo da concepção de bem (da *arché*).

---

[215] Ronald Dworkin procura escapar dessa objeção professando sua fé na riqueza da tradição jurídica.
[216] MacIntyre, A. op. cit., p. 91

Tal requisito, se incorporado a uma concepção de racionalidade baseada somente na coerência, torna a concepção de racionalidade algo análogo ao que Platão e Aristóteles concebiam como uma *techné*, ou seja, uma arte que acumula e melhora o domínio do seu objeto.

A razão entre os dogmáticos do direito privado parece seguir precisamente esse padrão. Mas o progresso da arte somente pode ser medido dada uma certa concepção do fim da pesquisa racional em direito privado. A alegação central desse artigo é a de que as opções em relação a como conceber o fim da pesquisa racional em direito privado são ao menos três: a realização da autonomia, a maximização de objetivos sociais definidos independentemente da arte, ou a justiça corretiva de Aristóteles.

7.6. Os Limites da Justiça Corretiva: sociedades transicionais e o estabelecimento da justiça distributiva como pressuposto da justiça corretiva

Para evitar o risco de ser mal interpretado em minha defesa da concepção aristotélica de direito privado contra a pretensão de absolutez da concepção funcionalista, devo tratar ainda de um último tema: a relação entre justiça corretiva e justiça distributiva e a utilidade dos conceitos funcionais que têm sido incorporados ao direito privado, como a função social do contrato e a função social da propriedade.

Meu ponto aqui é simples: a justiça comutativa sozinha não garante a justiça na sociedade política. A justiça corretiva supõe a justiça distributiva exatamente na mesma medida que a justiça distributiva supõe a justiça corretiva. Uma sociedade de pura distribuição de acordo com méritos e sem justiça corretiva é tão injusta quanto uma sociedade somente baseada na justiça corretiva, em que não há qualquer distribuição por merecimento. Meu argumento não é, portanto, contra a incorporação ao direito de regras sobre a função social de institutos jurídicos, seja o contrato, a empresa, a propriedade, ou a responsabilidade civil. Eu apenas quero chamar a atenção para o fato de que as confusões decorrentes da interpretação desses institutos são, em grande medida, derivadas do fato de que eles não são institutos tipicamente de direito privado.

Em sociedades onde a implementação de uma justiça distributiva simplesmente não ocorreu nem mesmo em um grau mínimo, tais institutos são úteis como mecanismos de distribuição e de persecução de objetivos sociais úteis para que uma distribuição justa dos bens possa ocorrer. Mas a lógica, as formas de pensamento que regem a implementação, e a interpretação desses institutos não são a lógica e as formas de pensamento e interpretação típicas do direito privado. Em outras palavras, a investigação sobre a sua abrangência e sobre os tipos de relação social para as quais tais institutos são aplicáveis não é uma investigação tipicamente privatista. A tentação de conceber o direito privado em chave meramente funcionalista é em grande medida abastecida pela dificuldade de lidar com essas ideias funcionalistas dentro do paradigma do direito privado concebido como instrumento da justiça comutativa. Mas há uma alternativa, a saber, pensar em tais institutos como instrumentos de uma justiça distributiva e pensar sua investigação como uma investigação sobre os limites da justiça comutativa.

7.7. Conclusão

Como eu me desincumbi dos objetivos a que me propus no início desse ensaio? Meu primeiro objetivo era o mapear diversas concepções rivais da *arché* do direito privado. Três concepções rivais foram identificadas nas seções 7.2 e 7.3, a saber, as concepções funcionalista, autonômica e aristotélico-tomista. A seguir um aspecto da concepção aristotélico-tomista foi explicado, qual seja, a noção de que certos tipos de considerações, ainda que aparentemente aplicáveis ao caso concreto, são irrelevantes (ou tem reduzida relevância) em se tratando de relações tipicamente privadas. Se isso é correto, a tarefa fundamental de uma teoria do direito privado é identificar que tipos de relação (e.g. relações de liberalidade ou relações comutativas) exigem ou excluem que tipos de consideração do processo decisório (considerações que dizem respeito ao equilíbrio das partes, à maximização de um bem coletivo etc). Essa tarefa já é parte da agenda dos teóricos do direito privado, como procurei demonstrar em minha breve análise da teoria da causa, elaborado na seção 7.4. Esse artigo não pretende revolucionar a agenda de preocupações dos teóricos do direito privado. Uma tal revolução é a negação do tipo de desenvolvimento orgânico que caracteriza o direito privado, talvez a forma de razão prática que, na modernidade, mais conserva a estrutura da razão-*techné* (i.e., a concepção clássica de razão que tentei delinear na seção 7.5 acima). O que esse artigo pretende é oferecer aos teóricos do direito privado, que já estão engajados desde sempre em um determinado projeto de investigação racional (a racionalidade como *techné*), uma melhor compreensão sobre

CAPÍTULO 7 UM ENSAIO SOBRE A AUTORIDADE DA RAZÃO NO DIREITO PRIVADO

o processo em que estão envolvidos. Não um novo norte para a pesquisa, mas uma visão mais precisa do norte da pesquisa e do caminho à frente. Nessa visão mais precisa, os modismos revolucionários (como o funcionalismo) e os momentos reacionários (como as tentativas de retornar ao período do absolutismo da concepção autonômica) são vistas como investigações de aspectos parciais de uma teoria mais abrangente do direito privado, uma teoria que as articule como *causae* que governam aspectos diferentes da vida privada e que em seu conjunto constituem o estatuto da pessoa privada.

Todavia, ainda que eu tivesse me desincumbido bem das tarefas a que me propus, o leitor ainda tem ao menos uma razão para frustração. Ao início do artigo eu afirmava que eu pretendia contribuir para a determinação da *arché* do direito privado e o que resultou da investigação foi a existência de diversas *archai* para diferentes aspectos do direito privado. A questão sobre se existe ou não uma *arché* unificadora para todo o direito privado não foi resolvida pelo argumento desse artigo. Esse é um problema complexo cuja resolução, eu creio, demandaria uma forma de abordagem diferente daquela que foi adotada aqui.

CAPÍTULO 8
A INFERÊNCIA À MELHOR EXPLICAÇÃO E A AUTORIDADE DA DOUTRINA

Em 1993, a professora Judith H. Martins-Costa me apresentou a um tipo de doutrina jurídica que eu não conhecia até então e que certamente, àquela altura, não entendia. Nos seminários de Teoria Geral do Direito Privado do programa de mestrado da UFRGS, que ela liderava juntamente com o prof. Ruy Rosado de Aguiar Junior, os argumentos se moviam com suavidade da interpretação de artigos do Código Civil à utilidade de metáforas biológicas para a compreensão de conceitos jurídicos, da noção de validade ao desenvolvimento histórico do conceito de legítima, da utilidade de diferentes técnicas legislativas ao surgimento de microssistemas dentro do Direito Privado. Diversas formas de investigação se entrecruzavam e se influenciavam mutuamente. Argumentos sobre a história do desenvolvimento de um conceito ofereciam pistas sobre uma interpretação das fontes contemporâneas do Direito Privado brasileiro; argumentos sobre a função do Direito ajudavam a construir hipóteses sobre a melhor forma de entender um instituto; argumentos sobre a arquitetura geral do sistema jurídico sugeriam novas maneiras de reformar e desenvolver as fontes do Direito Privado. As constantes, múltiplas e inesperadas combinações de argumentos de tipos diferentes que se fertilizavam mutuamente deixavam em todos, ao final das três (ou quatro ou cinco) horas de seminário, a sensação que um explorador deve ter ao desembarcar nas praias de um novo continente.

A estrutura dos debates naquela disciplina não era apenas uma opção estilística ou pedagógica dos professores, mas refletia uma certa visão de como fazer doutrina jurídica. Esta visão não consistia em um conjunto claramente articulado de princípios que estabelecem prioridades e estratégias argumentativas comuns a todos os que compartilhavam dela. No melhor estilo Aristotélico, este modo de conceber e praticar doutrina jurídica era ensinada não por meio da defesa articulada de um método, mas pela *experiência*[217] de observar e participar da produção de diversos aspectos do Direito. Esta forma de conceber o modo de fazer doutrina não foi inventada pela professora Judith Martins-Costa, que sempre fez questão de reclamar a sua inserção em uma tradição precedente de investigação sobre o Direito, mas encontrou expressão escrita singularmente feliz na obra da homenageada.

Não é incomum na literatura contemporânea sobre a investigação doutrinária encontrar a opinião de que esta concepção de doutrina se encontra hoje sitiada. As forças sitiantes não formam uma tropa coesa, mas contam em suas linhas com posições teóricas (como certas versões do pós-modernismo), com políticas públicas (como as que condicionam a disponibilidade de dinheiro público ao volume de publicações), com a estrutura da academia contemporânea (onde se enraíza cada vez mais a máxima do *"publish or perish"*), e mesmo com certas macroestruturas sociais, como a "colonização" de diversas esferas de interação social pelo Direito, algo que é tanto causa quanto efeito da atomização das sociedades pós-industriais (e que, por sua vez, causa uma inflação de litigância e na proletarização dos profissionais do Direito).[218]

Como sói acontecer com forças que se encontram sitiadas, uma estratégia possível é a do encastelamento, na esperança de que o inverno dê conta das forças sitiantes. Assim como os monges medievais protegeram a cultura da antiguidade em monastérios durante a alta Idade Média, na esperança de um ressurgimento de condições políticas e sociais que permitissem a proteção e o desenvolvimento daquela cultura (algo que só ocorre no baixo medievo),[219] aos herdeiros da tradição doutrinária da qual este texto se ocupa pode parecer tentador se recolher ao seu atraente castelo intelectual e declinar o conflito.

O presente artigo adota a estratégia oposta, a saber, a de refinar a compreensão das credenciais racionais da doutrina e, por consequência, contribuir para a compreensão do valor desta tradição de investigação racional. Em particular, o artigo discute um modo de inferência característico desta tradição.

---

[217] ARISTÓTELES. *Ética a Nicômaco*. Tradução de David Ross. Oxford: Oxford University Press, 1980, 1.103ª11-20, p. 28.
[218] Um diagnóstico lúcido dessas pressões pode ser encontrado em: MARTINS-COSTA, Judith. A autoridade e utilidade da doutrina: a construção de modelos doutrinários. In: MARTINS-COSTA, Judith (ed.) *Modelos de direito privado*. São Paulo: Marcial Pons, 2014, pp. 18-26.
[219] Como na famosa sugestão de MacIntyre no último parágrafo de *After virtue* (MACINTYRE, Alasdair. *After virtue*. 2. ed. Londres: Duckworth, 1985, p. 263).

CAPÍTULO 8 A INFERÊNCIA À MELHOR EXPLICAÇÃO E A AUTORIDADE DA DOUTRINA

Uma tradição madura e reflexiva de investigação racional não possui necessariamente (nem normalmente necessita possuir) clareza sobre as formas inferenciais e estruturas argumentativas que os participantes da tradição utilizam em suas investigações. De fato, a *capacidade de obter sucesso* em uma investigação racional particular não implica a capacidade (nem a necessidade) de produzir uma explicação completa e articulada desta prática. A investigação racional em que consiste a doutrina jurídica é uma forma de conhecimento habilitativo, não uma forma de conhecimento proposicional, um *know-how*, e não um *know-that*.[220] Esta não é uma propriedade exclusiva da atividade de um investigador (e, mais especificamente, de um doutrinador), mas é compartilhada com diversas outras atividades: um bom nadador pode não ser capaz de descrever todos os detalhes do que está fazendo quando nada; saber andar de bicicleta não implica saber descrever com precisão todos os movimentos e decisões (racionais) tomadas pelo ciclista bem-sucedido. Portanto, do fato de que tradição de investigação racional seja sofisticada e madura não se pode inferir que quem participa dela tenha completa clareza sobre as estruturas argumentativas que lhe subjazem, os tipos de inferência que são utilizados e a divisão de trabalho entre eles.

Todavia, em momentos nos quais a prática de investigação se encontra sob pressão há boas razões para procurar produzir uma explicação deste tipo. Uma tal explicação deve oferecer uma plataforma adequada para (i) a melhor compreensão das condições nas quais a prática pode ser justificada, (ii) a reflexão sobre a prática e sobre as possibilidades de seu refinamento (um refinamento que, diga-se de passagem, é visível no desenrolar da obra de Judith Martins-Costa), e (iii) uma melhor compreensão de seus limites e dos compromissos e ônus que lhe são implícitos.

Neste artigo, portanto, nenhuma tese particular defendida pela homenageada sobre este ou aquele instituto jurídico, conceito, ou norma será criticada, apoiada ou desenvolvida. O que se procura é desvelar aspectos centrais da concepção de doutrina que subjaz a sua produção intelectual, uma compreensão que não é exclusiva de Judith Martins-Costa e que, de fato, é compartilhada por diversas contribuições ao volume no qual o presente capítulo foi originalmente publicado (muitas de autores que foram, como eu, seus estudantes).

Mas ao apresentar uma concepção plausível das estruturas racionais centrais de doutrina jurídica, o artigo também procura oferecer um ponto de partida para a avaliação e crítica de produtos que procuram reclamar para si a autoridade da doutrina.

---

[220] A distinção seminal introduzida por Ryle no capítulo 2 de *The concept of mind* (RYLE, Gilbert. *The concept of mind*. Londres: Harmondsworth, Penguin Books, 1949, pp. 26-60).

8.1. A Autoridade da Doutrina

A doutrina, diz-se, é uma fonte do Direito. Não há consenso sobre o que significa dizer que algo é uma fonte do Direito, mas uma propriedade que lhe pode ser plausivelmente atribuída é a de ser capaz de produzir *razões* dotadas de *autoridade*. Dizer que uma razão é dotada de autoridade, por seu turno, significa dizer que ela deve ser utilizada para orientar ações ou crenças independentemente de seu mérito.[221] Nesta concepção de uma fonte do Direito, a doutrina seria, portanto, capaz de produzir razões que *devem guiar* ações e/ou crenças sobre um determinado objeto, mesmo que estas não sejam boas razões do ponto de vista substantivo.[222]

Mas por que razão dever-se-ia atribuir à doutrina esta capacidade de produzir razões dotadas de autoridade? A resposta a uma pergunta análoga que fosse feita sobre a legislação atrairia um tipo de resposta direta: o Congresso Nacional (ou qualquer outro *locus* de produção legislativa) é autorizado pela Constituição Federal a produzir razões para agir dotadas de autoridade. Algo similar poderia ser dito sobre a autoridade dos tribunais quando estes geram precedentes judiciais: decisões judiciais são dotadas de autoridade porque assim prevê a Constituição (como a regra do *stare decisis* nos sistemas jurídicos de Inglaterra e Escócia) ou alguma outra fonte de Direito criada pela Constituição. Em ambos os casos, o *status* de "fonte do direito" é atribuído pela posição do texto em relação a outro texto dotado de autoridade.

A mesma pergunta, se feita em relação à doutrina, atrai um tipo de resposta diferente. A capacidade da doutrina de criar razões é frequentemente justificada por meio das credenciais intelectuais que a doutrina possui. Como disse Judith Martins-Costa:

> À doutrina (assim mesmo, no singular, em sinédoque) é atribuída a *auctoritas* como *autoridade epistemológica*, autoridade originada não de um poder político (*imperium*), não de um mandato divino, mas de uma *autoridade intelectual*, reconhecendo-se, ao menos como ponto de partida, que

---

[221] Para uma explicação sucinta do que significa dizer que uma razão é dotada de autoridade: MICHELON, Claudio. *Being apart from reasons*. Dordrecht: Springer, 2007, pp. 111-114.

[222] Fábio Shecaira recentemente defendeu uma concepção de doutrina como capaz de produzir razões dotadas de autoridade em seu *Legal scholarship as a source of law* (Dordrecht: Springer, 2013).

CAPÍTULO 8 A INFERÊNCIA À MELHOR EXPLICAÇÃO E A AUTORIDADE DA DOUTRINA

o doutrinador, por ser quem é intelectualmente, possa emitir opiniões confiáveis ou oferecer soluções provavelmente plausíveis. Obras doutrinárias são, portanto, aquelas dotadas de *autoridade explicativa* e *valor de orientação*.[223]

A autoridade dos textos nos quais consistem a legislação e do precedente judicial é *prática*, no sentido de que legislação e precedente (se sua autoridade é justificada) são ambos capazes de produzir *razões para agir*. A autoridade da doutrina é, como regra,[224] de outro tipo: trata-se de autoridade teórica, capaz de criar *razões para crer* que algo é o caso (inclusive razões para crer que algo deve ser feito). É, neste sentido, análoga à autoridade que se dá aos pronunciamentos de um cientista: minha crença de que o aquecimento global está sendo causado pela atividade humana não se justifica pelo meu conhecimento das razões científicas que justificam minha crença (seus méritos, do ponto de vista do método científico), mas sim pelo fato de que eu identifico corretamente as pessoas que dominam este método e atribuo a suas conclusões autoridade teórica. A autoridade teórica, quando justificada, me dá razões não substanciais para crer. Seria irracional que eu não acreditasse no que a cientista dotada de autoridade afirma ser a verdade sobre o aquecimento global, atribuindo tanto a mim quanto a ela o mesmo *status* epistemológico com relação ao tema. De fato, seria irracional preferir o meu julgamento, *mesmo que, ao fim e ao cabo, a cientista estivesse enganada*.[225]

Neste particular, tanto o texto doutrinário quanto o texto legislativo ou o texto da decisão judicial dotados de autoridade se aproximam: todos clamam a capacidade de produzir razões "independente dos méritos". A peculiaridade do texto doutrinário é a de que o tipo de razão que ele produz é uma razão para crer que algo é o caso (seu "valor explicativo"), ainda que estas crenças sejam elas mesmas normativas (seu "valor de orientação").

Resta claro, portanto, que a capacidade do texto doutrinário de produzir ações é fundada em sua "autoridade intelectual". Mas como identificar um texto que possui esta autoridade intelectual? O modo mais comum

---

[223] MARTINS-COSTA, Judith. Op. cit., p. 14 (itálicos no original).
[224] A mais famosa exceção na modernidade são os chamados *institutional writers* na Escócia, cujas obras ganharam autoridade de uma fonte formal do Direito (*vide* verbete: Sources of law (*general and historical*), *legal method and reform*. In: *Stair memorial encyclopaedia*, v. 22, § 534. Disponível em: <https://lexisweb.co.uk/guides/sources/stair-memorial-encyclopaedia>. Acesso em: 24 jul. 2017)
[225] Uma conclusão indigesta para quem, como o político britânico conservador Michael Gove (ou como os adeptos da política pós-verdade), está farto de ouvir o que os *experts* têm a dizer.

de identificar a autoridade de um texto (seja ela prática ou teórica) é perguntar sobre se o autor do texto (o Congresso Nacional, certos tribunais, certas pessoas) possui uma ou mais propriedades que justificariam tratar os textos que produzem como capazes de gerar razões para agir ou para crer em algo. O Congresso é capaz de gerar razões para agir porque, *inter alia*, seus membros foram eleitos de certa forma (nos termos da Constituição e da Lei Eleitoral). Portanto, a pergunta sobre a autoridade da doutrina torna-se uma pergunta sobre a propriedade (ou propriedades) que deve possuir o autor de um texto para que ele seja capaz de produzir razões autoritativas para crer. Em outras palavras, que propriedades fazem de um autor de livros sobre o Direito (que são uma legião) um doutrinador (que são raros)?

Algumas propriedades possuídas por autores de livros sobre o Direito, obviamente, não dizem nada sobre sua capacidade de produzir razões para crer: a notoriedade, a produtividade, a capacidade de produzir textos de fácil compreensão. Algumas delas podem ser positivas (e.g., um doutrinador produtivo terá contribuição maior para a investigação do Direito do que um improdutivo), mas não são estas propriedades, positivas ou negativas, que justificam o tratamento de um autor como capaz de produzir doutrina. Outras podem, dado um certo contexto, produzir indícios de que o autor possui certas propriedades que devem ser possuídas para que seja considerado um doutrinador: uma posição acadêmica elevada em uma universidade respeitada, homenagens prestadas por certas instituições etc. Mas elas só oferecem prova indiciária de que o autor possui as propriedades que fazem dele um doutrinador. A pergunta persiste sobre quais são estas propriedades.

Um modo de começar a respondê-la é examinar um tipo de evidência comumente utilizada para identificar um doutrinador: seu histórico, ou seja, as opiniões anteriores que ele emitiu sobre temas jurídicos complexos e os argumentos que ofereceu para justificar estas opiniões. Ao olhar para o histórico de opiniões e argumentos, é possível reconhecer certas qualidades nestas opiniões e argumentos: (i) as opiniões são verdadeiras e os argumentos são robustos, (ii) estas opiniões e argumentos são originais, (iii) a opinião e, principalmente as razões que a justificam, não teriam sido percebidas sem o "roteiro" argumentativo oferecido pelo doutrinador. De fato, não é incomum a experiência de ser incapaz de *produzir* um bom argumento para resolver um problema complexo, mas ser capaz de *reconhecer* um argumento proposto por outrem como bom e uma opinião como verdadeira. Ou seja, a habilidade de reconhecer argumentos e teses como respectivamente sólidos e verdadeiras não implica a possibilidade de produzir estes argumentos.

Este apelo ao histórico de sucessos oferece uma razão para aceitar opiniões futuras como criando razões para crer. Mas a razão é relativamente fraca já que está baseada (neste estágio) puramente em uma coincidência estatística. Portanto, na ausência de clareza sobre precisamente o que faz o doutrinador que é mais capaz de produzir os argumentos necessários para resolver o caso do que eu sou, a razão que eu poderia ter para atribuir autoridade de doutrina a um texto ainda é precária.

Aqui parece residir uma parte importante da crise da atividade doutrinária à qual aludiu-se acima. O doutrinador deve ser reconhecido como autoridade teórica por ser capaz de fazer certas coisas melhor do que eu. Mas se eu não tenho clareza sobre quais são estas atividades nas quais o doutrinador é peculiarmente competente, seria difícil justificar a opinião de que o argumento produzido pelo autor X é sólido, enquanto o argumento produzido pelo autor Y não é. Como explicação eu não teria mais do que um apelo à minha "percepção" do primeiro como sendo melhor do que o segundo. Isto pode ser o suficiente em certos contextos, mas é possível insistir e perguntar se é possível explicar com mais precisão o objeto desta percepção: O que, precisamente, o nosso investigador está percebendo? Qual a habilidade na qual o doutrinador é mais versado do que eu sou? A falta de clareza sobre isto torna difícil separar livros "sobre o Direito" de "livros de doutrina".

8.2. A Atividade Intelectual do Doutrinador

Clareza sobre a natureza da autoridade da doutrina não vem acompanhada de clareza sobre *em que consiste a atividade intelectual* que justifica atribuir a alguém esta autoridade.

Em parte, isto se deve ao fato de a atividade intelectual do doutrinador ser complexa. Ela consiste em uma combinação de diversas habilidades de diferentes tipos, entre as quais uma forma particular de percepção,[226] a capacidade de produzir certos tipos de argumento, e a capacidade de julgar

---

[226] Quando procurando identificar o significado de uma fonte positiva (por exemplo), um bom doutrinador será capaz de perceber certas relações entre normas e entre normas e fatos sociais que passariam desapercebidas por outros. Desta capacidade de percepção aguçada resulta a capacidade de projetar os efeitos intra e extrassistêmicos que diversas interpretações de uma fonte positiva teriam e, desta projeção, pode-se produzir argumentos a favor de uma ou outra interpretação. Sobre esta capacidade perceptiva, *vide*: MICHELON, Claudio. Practical wisdom in legal decision-making. In: AMAYA, Amalia. HOCK LAI, Ho. (Eds.). *Law, virtue and justice*. Oxford: Hart, 2012, pp. 29-49.

(com base em um conjunto de critérios de variada precisão) as diferentes forças persuasivas que diferentes argumentos possuem. O foco desta contribuição é aclarar um aspecto desta complexa atividade intelectual (i.e., uma de suas formas inferenciais características).

Em parte, a falta de clareza sobre a atividade intelectual na qual o doutrinador deve possuir excelência resulta de falta de clareza sobre no que exatamente consistem estas conclusões. As conclusões em favor das quais a doutrina milita, como veremos a seguir, são de diversos tipos, cada qual necessitando ser suportada por diferentes aspectos da atividade intelectual do doutrinador.

Portanto, uma teoria sobre um tipo de argumento doutrinário deve satisfazer (*inter alia*) dois *desiderata*: (i) avançar uma explicação plausível sobre como este argumento se relaciona com as fontes positivas do Direito e (ii) avançar uma explicação plausível dos tipos de conclusão que o argumento procura estabelecer.

As fontes positivas do Direito (leis, costumes, precedentes) não são normas jurídicas, mas textos normativos;[227] são os textos normativos sobre os quais a doutrina jurídica procede sua investigação. Sobre as fontes positivas do Direito cabe fazer diversos tipos de indagação. A forma mais adequada de iniciar uma explicação da Inferência à Melhor Explicação[228] no Direito é procurar identificar a classe de *juízos* em favor da qual este tipo de argumento tipicamente milita, os tipos de *respostas* que se pode dar a cada tipo de indagação.

Por vezes, doutrinadores perguntam *sobre o valor* de certas fontes do Direito e produzem argumentos que criticam as fontes e, frequentemente, propõem mudanças. Estes argumentos *de lege referenda* são normativos e dizem respeito às fontes do Direito, mas não as tratam como autoritativas: elas não são a razão que justifica o argumento sobre o seu próprio valor. Não é deste

---

[227] No sentido abrangente que Michael Moore dá ao termo, ou seja, aproximadamente: algo cujo significado pode produzir razões (sejam elas razões teóricas ou práticas (MOORE, Michael. Interpreting Interpretation. In: MARMOR, Andrei (Ed.). *Law and interpretation*. Oxford: OUP, 1995, pp. 2-8). Neste sentido, costumes jurídicos são texto para o doutrinador no mesmo sentido em que sonhos são texto para o psicanalista ou nuvens são texto para o pajé.

[228] No presente texto utilizarei "Inferência à Melhor Explicação" e "Abdução" como sinônimos. A literatura por vezes reserva estes termos para diferentes argumentos, como faz, exemplificativamente, Hanna Maria Kreuzbauer em texto recente (Inference to the best explanation in the legal universe: two challenges and one opportunity. *Rechtstheorie*. Berlim: Duckert & Humblot, 2016, v. 47, pp. 333-347.

CAPÍTULO 8 A INFERÊNCIA À MELHOR EXPLICAÇÃO E A AUTORIDADE DA DOUTRINA

tipo de (respeitável) empreendimento intelectual da doutrina que se trata no presente texto.

Um tipo de indagação que se pode fazer sobre as fontes positivas do Direito em um determinado ordenamento jurídico diz respeito a quais *tipos* de fontes positivas de Direito são admitidas pelo ordenamento em questão. A questão se pôs no Brasil recentemente com a entrada em vigor do novo Código de Processo Civil (em particular em face dos art. 489, § 1º, V e VI, 926, 927): teria o sistema de fontes positivas do Direito brasileiro sido alterado para a inclusão de um novo tipo de fonte positiva, a saber, o precedente judicial?[229] Este tipo de indagação diz respeito ao significado dos textos normativos que versam sobre quais textos devem constar como possuindo autoridade prática em um sistema jurídico.

Pode-se perguntar também sobre se este ou aquele item particular satisfaz os critérios para constar como uma fonte positiva em um ordenamento jurídico determinado. Este tipo de indagação se encontra no cerne do controle de constitucionalidade: Teria a Lei n. 15.299/2013, do Estado do Ceará (promulgada pela Assembleia Legislativa cearense, em regulamentação das "vaquejadas"), cumprido todos os requisitos constitucionais necessários para que possa constar como uma fonte positiva no sistema jurídico brasileiro? O Supremo Tribunal Federal considerou que sim no julgamento da ADIN 4.983.[230] O mesmo tipo de questão pode ser feito em relação à legalidade de fontes infralegais

Dar resposta a estes dois tipos de pergunta sobre fontes do Direito é parte da tarefa da doutrina. Para responder a estas perguntas, pode ser necessário fazer uma outra pergunta sobre as fontes do Direito: Qual "conteúdo normativo" deve ser atribuído às fontes de Direito? A resposta ao problema sobre se os precedentes são ou não fontes formais do Direito no Brasil depende

---

[229] É notório que a importância de decisões judiciais como fonte do Direito no Brasil cresceu muito nas últimas décadas. Daniel Mitidiero oferece uma linha de tempo sucinta e muito instrutiva em seu *Precedentes:* da persuasão à vinculação (São Paulo: RT, 2016, pp. 94-95). Antes do Código já havia razões estruturais para considerar que decisões judiciais deveriam ter força de precedente no Direito brasileiro, um ponto defendido com vigor por Luiz Guilherme Marinoni na primeira parte de seu *Precedentes obrigatórios* em edições anteriores ao novo CPC (5. ed. São Paulo: Revista dos Tribunais, 2016). O art. 489, § 1º, incs. V e, em especial, VI, do novo CPC inovou ao obrigar o julgador a adotar o *método de argumentação* por precedentes ao estabelecer como elemento essencial da sentença a justificação para adotar a *ratio decidendi* de casos anteriores na decisão do caso presente, ou bem a explicação de o que os distingue.

[230] Supremo Tribunal Federal, Ação Direta de Inconstitucionalidade n. 4.983, Rel. Min. Marco Aurélio (j. 06.10.2016, e publicação do acórdão em 27.04.2017).

da resposta ao problema de qual seja o conteúdo normativo dos arts. 489, § 1º, V e VI, 926, 927 do Código de Processo Civil. A resposta ao problema sobre se a Lei estadual cearense n. 15.299/2013 cumpriu os requisitos constitucionais necessários depende da determinação do conteúdo normativo do art. 225 da Constituição Federal.

Mas a resposta à pergunta sobre o conteúdo normativo de fontes formais do Direito não é apenas necessária para resolver os problemas de pertinência de fontes a um sistema jurídico. A atividade intelectual da doutrina é caracteristicamente polarizada pela necessidade de oferecer respostas deste tipo. Não é nenhuma surpresa, portanto, que a atividade doutrinária inclua recursos intelectuais úteis para o processo de determinação do conteúdo normativo das fontes de Direito (e.g., tipos canônicos de argumento, formas de argumentação, formas inferenciais, habilidades perceptivas): argumentos sobre as prescrições, proibições e permissões contidas no texto dotado de autoridade.

Muitos desses argumentos dizem respeito ao significado das fontes formais do Direito e a doutrina emprega conhecidas estratégias argumentativas, como a utilização de cânones de interpretação legislativa (muitos dos quais, *mutatis mutandis*, são também utilizados na interpretação de precedentes judiciais). Entre esses argumentos se encontram os cânones tradicionais de interpretação legislativa (e.g., a interpretação literal, a interpretação segundo a vontade da lei ou do legislador, a interpretação com base em consequências). Cada qual destes cânones compreende uma série de subespécies: o argumento fundado nas consequências, por exemplo, pode dizer respeito (i) às consequências "intrassistêmicas" de uma determinada interpretação; ou (ii) às consequências sociais de adotar uma determinada interpretação; ou (iii) uma combinação de ambas. O argumento fundado na interpretação literal pode dizer respeito (i) ao significado ordinário de um termo ou expressão ou (ii) ao seu significado técnico. A forma inferencial primária neste modo de argumentar não é abdutiva. Um argumento fundado na interpretação literal, por exemplo, identifica evidência do sentido literal de uma expressão ou termo (frequentemente por meio do apelo à autoridade teórica de um dicionarista ou jurista), e procede de modo dedutivo para oferecer razões *pro tanto* em favor de uma determinada interpretação. Ao identificar as *consequências* que se seguiriam à atribuição de um conteúdo normativo a uma fonte, o doutrinador pode utilizar inferências do tipo indutivo. Doutrinadores utilizam todos esses argumentos e formas inferenciais.

A forma inferencial que me interessa aqui, porém, é capaz de dizer algo sobre a existência de razões para agir em situações que não estão cobertas

CAPÍTULO 8 A INFERÊNCIA À MELHOR EXPLICAÇÃO E A AUTORIDADE DA DOUTRINA

pelo *significado* das fontes. Esta forma inferencial é a inferência à melhor explicação em sua variante especificamente jurídica (a assim chamada "abdução jurídica") e a excelência na utilização desta forma inferencial no campo jurídico é uma das marcas do doutrinador.

Neste uso jurídico da inferência à melhor explicação, *a conclusão é uma proposição descritiva sobre qual programa normativo* (i.e., qual conjunto articulado de permissões, prescrições ou proibições) *dá sentido às normas jurídicas que estão prima facie contidas nas fontes formais do Direito*. Isto significa que sua plausibilidade e cogência dependem da capacidade de demonstrar uma conexão entre, de um lado, um determinado programa normativo e, de outro, um conjunto de fontes formais do Direito. Esta conexão com as fontes é a principal peculiaridade do uso da inferência à melhor explicação no Direito em relação a outras formas de argumentação normativa como, por exemplo, a argumentação moral *tout court*.

Portanto, nem todos os argumentos doutrinários são abduções jurídicas, mas alguns dos mais ambiciosos e difíceis argumentos produzidos por doutrinadores são precisamente desse tipo. De fato, sucesso em produzir esse tipo de argumento é um dos critérios que se pode utilizar para distinguir pessoas que escrevem sobre o Direito de doutrinadores.

8.3. A Inferência à Melhor Explicação

No conhecido conto *"The Adventure of Silver Blaze"*,[231] Sherlock Holmes enfrentava os mistérios do desaparecimento do cavalo *Silver Blaze* e da morte de seu treinador. A certo ponto da narrativa, Arthur Conan Doyle cunha o seguinte diálogo entre Gregory (um detetive da Scotland Yard) e Holmes:

> Gregory: "Há mais algum aspecto da situação que o senhor crê merecer atenção?"
> Holmes: "O curioso incidente do cão durante a noite."
> Gregory: "Mas o cão não fez nada durante toda a noite."
> Holmes: "E isto, justamente, é o curioso."

---

[231] DOYLE, Arthur Conan. Memoirs of Sherlock Holmes. In: *Sherlock Holmes – The complete novels and stories*. Londres: Bantam Dell, 1986, p. 540 (tradução do autor).

Mais tarde, Holmes produz uma explicação para o fato de o cão não ter latido durante a noite: ele não latiu para um estranho que teria entrado no estábulo porque não havia nenhum estranho no estábulo. O "visitante noturno" era alguém que o animal conhecia. Combinando esta informação com outros dados aparentemente irrelevantes, Holmes conclui que o próprio treinador (Stalker) removeu *Silver Blaze* da sua baia e conduziu-o ao brejo, antes de sofrer um acidente fatal. É comum dizer que Holmes "deduziu" a solução do caso e falar de seus poderes de dedução.[232] Mas o tipo de inferência produzido por ele não é dedutivo. Na dedução *a forma* da relação entre premissas e conclusão é tal que a verdade das premissas *garante* a verdade da conclusão. O tipo de suporte dado à conclusão pelas premissas de um argumento dedutivo é absoluto: se as premissas são verdadeiras, e a conclusão se segue formalmente das premissas, a conclusão é também verdadeira. Sem exceções. Os argumentos modelados em formas válidas (*modus ponens*, *modus tollens*, silogismo disjuntivo, silogismo jurídico etc.) *"preservam"* a verdade das premissas na conclusão. Por outro lado, argumentos dedutivos *não são ampliativos*. A conclusão nunca pode conter mais do que o que já está contido nas premissas.

O argumento apresentado por Holmes não possui nenhuma dessas duas propriedades. Em primeiro lugar, suas premissas ("o cão não latiu" etc.), ainda que verdadeiras, não *garantem* a verdade da conclusão ("Stalker removeu *Silver Blaze* da sua baia"). As premissas dão suporte à conclusão, mas a conclusão pode ser falsa ainda que as premissas sejam verdadeiras (talvez o cão tivesse sofrido uma indigestão, ou sido drogado). No tipo de argumento empregado por Holmes, a conclusão é *a explicação mais plausível* dos fatos narrados nas premissas. É isto que suporta a crença na conclusão. Em segundo lugar, o argumento de Holmes é *ampliativo*: a conclusão não está totalmente contida nas premissas.[233] Estas duas características apontam para o fato de que

---

[232] O próprio Conan Doyle por vezes se refere ao método de Holmes como "a ciência da dedução" como, por exemplo, em *A study in scarlet* (DOYLE, Arthur Conan. Memoirs of Sherlock Holmes. In: *Sherlock Holmes – The complete novels and stories*. Londres: Bantam Dell, 1986, p. 127).

[233] Uma observação feita por vários autores, e.g., DOUVEN, Igor (Abduction. In: *Stanford encyclopedia of philosophy*. Disponível em: <https://plato.stanford.edu/archives/sum2017/entries/abduction>. Acesso em: 24 jul. 2017). Em relação especificamente à natureza ampliativa da abdução jurídica, *vide* AMAYA, Amalia. *The tapestry of reason:* an inquiry into the nature of coherence and its role in legal argument. Oxford: Hart Publishers, 2015, p. 505. Giovanni Tuzet parece também concordar, apesar de apontar para certas diferenças no tipo de ampliação que ocorre em uma abdução científica e em uma abdução sobre os fatos no contexto da análise probatória em um processo judicial (TUZET, Giovanni. Legal abduction. *Cognitio*, 2005, v. 6, p. 274).

os argumentos de Sherlock Holmes são inferências à melhor explicação.[234] Os decantados poderes dedutivos de Sherlock Holmes são, na verdade, poderes abdutivos.[235]

A forma precisa da inferência à melhor explicação é objeto de controvérsia na Filosofia. Tome-se a seguinte tentativa de formulação geral como ponto de partida: dados certos fatos $F_1, F_2, ... F_n$, se a explicação E_1 explica estes fatos melhor do que qualquer outra explicação, pode-se inferir que E_1 é mais próxima da verdade do que qualquer outra explicação.

Esta formulação captura alguns aspectos centrais da inferência à melhor explicação utilizada no método científico, nos romances policiais e na vida cotidiana: o ponto de partida nesses usos da forma inferencial são fatos, a conclusão diz algo sobre a verdade de uma explicação (ou seja, sobre um outro fato ou sobre um padrão de relação entre fatos).[236] Todavia a abdução jurídica não se encaixa facilmente neste modelo. Em primeiro lugar, na abdução jurídica,[237] o ponto de partida é um conjunto de normas jurídicas, e não

---

[234] Charles Sanders Pierce foi quem primeiro sugeriu a existência desta forma inferencial, que não seria redutível nem à dedução, nem à indução. O próprio Pierce utilizou diferentes termos para designar esta forma inferencial e, mais importante, evoluiu na forma de conceber esta inferência (como demonstrou K.T. Fan em seu excelente *Pierce's theory of abduction* (Haia: Martinus Nijhoff, 1970). A discussão recente sobre a abdução avançou muito em relação ao *insight* original de Pierce, mas as propriedades básicas da inferência abdutiva (não-preservativa e ampliativa) permaneceram constantes durante toda esta evolução.

[235] A inferência à melhor explicação não é apenas um elemento central de bons romances policiais, mas é peça central da atividade intelectual nas ciências naturais. O movimento intelectual que vai da observação à formulação de uma teoria explicativa para o fenômeno observado é o que explica tanto a necessidade de produzir e desenhar experimentos quanto o papel central da criatividade nas ciências naturais (algo que o *insight* original de Pierce procurava explicar). Mas a inferência abdutiva não é apenas uma parte estrutural de romances policiais e das ciências naturais, é ubíqua na vida cotidiana.

[236] Este modo de tentar caracterizar a forma inferencial da abdução não é isenta de problemas. Certas ideias como a "proximidade da verdade" não são facilmente analisáveis em ideias mais básicas como a de "probabilidade" (para uma noção interessante de proximidade, *vide* KUIPERS, Theo. *From instrumentalism to constructive realism*. Dordrecht: Kluwer, 2000). Estes são problemas relevantes, mas não pretendo enfrentá-los no que se segue, uma vez que minha principal preocupação é discutir algumas das peculiaridades da abdução jurídica.

[237] O foco da presente contribuição é a abdução jurídica em sentido estrito, o que exclui o comum (e importante) uso da inferência abdutiva na avaliação da prova e, consequentemente, na determinação dos fatos aos quais normas jurídicas se aplicam. Este foco mais estrito não é incompatível com a existência de uma concepção mais geral de abdução jurídica que possa incorporar tanto a abdução de programas normativos quanto a abdução de fatos (como procurou fazer AMAYA, *The tapestry of reason*, p. 503 e ss.)

de fatos.[238] Em segundo lugar, o que as normas suportam é a conclusão de que há uma razão (*pro tanto*) para agir de acordo com um determinado programa normativo. Em terceiro lugar, a relação de explicação na abdução jurídica é uma relação de *justificação*, na qual um determinado programa normativo é tido como a *melhor justificativa* para um dado conjunto de normas jurídicas. Considere a seguinte formulação da abdução jurídica: dadas certas normas jurídicas $N_1, N_2, ... N_n$, se um *programa normativo* PN_e *justifica* estas normas melhor do que qualquer outro programa normativo, há razão para agir em conformidade com PN_e.

A partir desta formulação, é possível construir um modelo de argumento jurídico que utilize a forma inferencial da inferência à melhor explicação:

(1) $N_1, N_2, ... N_n$ são normas jurídicas.
(2) PN_1 *melhor justifica*, do ponto de vista substancial, $N_1, N_2, ... N_n$.
Portanto, segue-se de (1) e (2) que:
(3) Há razão para agir em conformidade com PN_1.

Três aspectos desta formulação requerem esclarecimentos adicionais: (i) o significado de "justificar" no contexto de abdução jurídica; (ii) o significado de "programa normativo"; e (iii) o porquê de uma relação de justificação entre um conjunto de normas jurídicas por um programa normativo ser capaz de produzir razões para agir. Os primeiros dois esclarecimentos são necessários para que se tenha melhor noção da forma inferencial da abdução jurídica. A última diz respeito ao suporte que uma inferência deste tipo é capaz de gerar em favor da conclusão de que há razões para agir de uma determinada maneira. Minha preocupação primária diz respeito aos dois primeiros esclarecimentos[239] e a estratégia escolhida para explicá-los passa pela introdução de um exemplo concreto.

O Código Civil brasileiro de 1916, em seu art. 964, primeira parte, dispunha que: "Todo aquele que recebeu o que lhe não era devido fica obrigado a

---

[238] A intenção aqui não é me comprometer com a tese metafísica de que normas jurídicas não são "fatos". Com efeito, algumas definições de "fato" na literatura sobre a inferência à melhor explicação são suficientemente abrangentes para cobrir normas jurídicas (v.g., Kreuzbauer, op. cit., pp. 336-337). O ponto é simplesmente que a norma jurídica é um tipo de entidade (independentemente de ser ou não um fato) que se presta a tipos específicos de explicação aos quais outros "fatos" não necessariamente se prestam.

[239] Ainda que minha preocupação primária não seja com o problema da força da inferência abdutiva, o tema é enfrentado de modo sintético adiante.

restituir". O art. 965, por sua vez, dispunha que: "[a]o que voluntariamente pagou o indevido incumbe a prova de tê-lo feito por erro". Pode-se *explicar* estas normas por meio de sua genealogia. Dispositivos similares podem ser encontrados no *Esboço* de Teixeira de Freitas (1029) e no Código Civil francês (art. 1.376, em 1804, equivalente ao art. 1302-1 atual), que possuem origens mais distantes no Digesto (Livro XII, título VI). É possível também explicar o que teria levado os juristas citados no Digesto (Ulpiano, Papiniano etc.) a adotarem os princípios que influenciaram o codificador de 1916. E a opção por promulgar essa norma não se explica apenas por sua similaridade com textos precedentes, mas é o resultado da percepção de parte de um grupo social de que a adoção de tal regra seria necessária ou conveniente. Esta forma de explicação da norma diz respeito aos eventos que influenciaram a criação da norma em 1916. Elas explicam o que *causou* o ato de promulgação. Não é nessa relação entre fatos e normas que consiste a relação de justificação na abdução jurídica.[240] Outra forma de explicação de uma norma jurídica (mais precisamente do texto normativo) diz respeito à fonte de sua normatividade. No caso dos arts. 964 e 965 esta explicação se dá declinando as razões que explicam por que o ato de promulgação da Lei n. 3.071/1916 tem o condão de criar fontes formais do Direito. Essas razões, por sua vez, dizem respeito ao procedimento legislativo constitucional, seus limites em disposições constitucionais substantivas etc. Também não é este tipo de explicação o típico da abdução jurídica, vez que, na abdução jurídica, a juridicidade das normas "fonte" é pressuposta.

O que se procura estabelecer ao buscar a "melhor explicação" na abdução jurídica é qual seria a melhor justificação, do ponto de vista substancial, para um conjunto de normas que deve sua existência, em última análise,[241] à sua forma (i.e., ao fato de que certos requisitos formais estabelecidos em outras normas jurídicas foram cumpridos). É importante notar que esta não é uma justificação substantiva para *as ações de incluir ou procurar manter* um conjunto de normas em um determinado ordenamento jurídico. Na abdução jurídica a justificação relevante para que a inferência funcione não relaciona

---

[240] Ainda que nessa relação possa se encontrar pistas para a construção de argumentos cuja forma inferencial é uma inferência à melhor explicação, como ocorria frequentemente nas aulas de Teoria Geral do Direito Privado mencionadas no primeiro parágrafo deste capítulo.

[241] A inferência à melhor explicação pode ocorrer tanto em normas que são a interpretação mais natural de textos dotados de autoridade (e.g., leis, decretos) quanto em relação a normas que só indiretamente se relacionam com textos autoritativos, como aquelas que são parte de um programa normativo que tenha sido, ele mesmo, suportado por uma inferência abdutiva anterior.

a *ação* de promulgar certas normas a um determinado programa normativo. A relação se expressa na pergunta: Que razões poder-se-ia ter para considerar que as normas jurídicas do conjunto C fossem também normas substantivas (i.e., normas capazes de justificar, de modo independentemente de suas credenciais formais, que certos fatos contem como *boas razões para agir*).

Com isto em mente, podemos voltar ao nosso exemplo. Pode-se explicar as normas contidas nos arts. 964 e 965 do CC/1916 oferecendo uma justificativa para que o pagamento indevido resulte de um erro substancial do devedor putativo sobre a existência de uma dívida. Poder-se-ia sugerir, por exemplo, que os dispositivos mencionados se justificam porque "um ato praticado como resultado de erro substancial por parte do agente não deve produzir os mesmos efeitos jurídicos de atos praticados sem erro substancial". Note-se que a forma da frase contida entre as aspas, no período anterior, é deôntica, i.e., afirma que algo *não deve ocorrer* (i.e., atos jurídicos praticados com ou sem erro não devem ter os mesmos efeitos jurídicos). Denominemos esta justificativa "Princípio dos efeitos atípicos do ato praticado em erro" (PEAAE).

Como em qualquer inferência abdutiva, a conclusão (o PEAAE) não é cogentemente implicada pelas premissas (as normas contidas nos arts. 964 e 965 do CC/1916). Portanto, uma tal inferência possui uma certa *força*, mas esta pode ser aumentada ou diminuída utilizando estratégias que são "segunda natureza" para o bom doutrinador (e, mais genericamente, para o bom profissional do Direito).

Uma estratégia comumente utilizada para reforçar a cogência de uma inferência abdutiva no Direito é a ampliação do conjunto de normas jurídicas na base da inferência. No nosso exemplo, suporte adicional para o princípio poderia ser buscado nas regras sobre a anulabilidade dos atos jurídicos por erro substancial, contida nos arts. 86-91 do Código de 1916. Estes diversos dispositivos, de uma forma ou de outra, regulam a eficácia de atos jurídicos praticados com erro substancial e em todos eles efeitos jurídicos atípicos são prescritos pela norma jurídica.

A conclusão de que PEAAE melhor explica os arts. 964 e 965 do CC/1916 pode ser suficiente, em certos contextos, para satisfazer o ônus argumentativo do autor do argumento. É possível que os envolvidos no processo argumentativo se satisfaçam com esta explicação por considerarem que, *do ponto de vista substancial*, é correto tratar de modo diverso (em relação à eficácia jurídica) atos jurídicos conforme tenham ou não sido praticados em erro. Mas é também possível que o PEAAE não seja considerado suficiente: pode-se levantar a questão sobre *o que torna PEAAE atraente do ponto de vista substancial*.

CAPÍTULO 8   A INFERÊNCIA À MELHOR EXPLICAÇÃO E A AUTORIDADE DA DOUTRINA

Esta questão poderia ser respondida apontando um outro *princípio* ou *bem* no qual PEAAE está ancorado. Na explicação discutida acima, poder-se-ia argumentar que a coincidência entre os dispositivos resulta (i) de ser a atribuição de eficácia jurídica para atos praticados por particulares fundada no valor de proteção à autonomia privada (i.e., à capacidade de sujeitos privados regularem seus próprios interesses) e (ii) de que atos praticados a partir de representações mentais equivocadas da realidade não são atos de autorregulação de interesses privados, em sentido próprio.

Portanto, nesta forma de "explicação" a pergunta que se procura responder diz respeito aos bens que se procura proteger por meio das normas (e os correspondentes princípios que determinam a persecução desses bens). É importante lembrar que este enunciado não é meramente descritivo: ele não descreve quais bens (ou valores) a autoridade que efetivamente emitiu a norma buscava proteger.[242]

A expressão "programa normativo" designa justamente o conjunto de princípios/bens/valores (como o princípio que protege a autonomia privada e o PEAAE), julgamentos (como o constante no item (ii) acima), conceitos (como o de erro substancial), e assunções fáticas que se articulam na justificação substantiva de um grupo de normas jurídicas. A pergunta que o programa normativo responde é: O que justificaria este conjunto de regras? Em outras palavras: assumindo que fosse substancialmente obrigatório restituir o que se recebeu como pagamento, mas que não era devido, e assumindo que fosse substancialmente correto que a prova do erro no pagamento incumbe a quem pagou com erro, qual seria a melhor justificativa para estas normas?

O argumento no nosso exemplo poderia ser reconstruído da seguinte forma (na qual o nome PN_1 é utilizado para designar o programa normativo que contém PEAAE, o princípio da autonomia privada, e o julgamento em (ii)):

(1) As normas contidas nos arts. 964 e 965 do Código Civil de 1916 são jurídicas.
(2) PN_1 *melhor justifica*, do ponto de vista substancial as normas contidas nos arts. 964 e 965 do Código Civil de 1916.
Portanto, segue-se de (1) e (2) que:
(3) Há razão para agir em conformidade com PN_1.

---

[242] Ainda que, por vezes, a investigação descritiva possa oferecer pistas sobre a melhor explicação normativa. Esta é a razão pela qual, nas aulas de Teoria Geral do Direito Privado, em 1993, muitos dos argumentos discutidos diziam respeito à origem histórica de certas fontes do Direito.

Nesta formulação fica evidente que a abdução jurídica não é apenas a inferência a *uma explicação*; ela é uma inferência à *melhor explicação*.[243] Para que ela ofereça suporte a um determinado programa normativo é necessário que não haja melhor explicação para a(s) norma(s) da(s) qual(is) parte o argumento.

Mas a mesma estratégia que foi utilizada acima para procurar reforçar o suporte na inferência abdutiva, a saber, a expansão do *explanandum*, pode ser utilizada para levantar dúvidas sobre um determinado programa normativo. Tome-se o art. 970 do antigo Código, que determinava: "[N]ão se pode repetir o que se pagou para solver dívida prescrita, [...]". Este dispositivo se encontra na mesma seção do Código no qual se encontram os artigos dos quais partiu nosso exemplo de abdução jurídica (964 e 965). Esse dispositivo não permite que o pagamento de dívida prescrita seja repetido, mesmo que haja erro substancial do pagante. PN_1 não é capaz de explicar por que isto seria o caso. A regra contida neste dispositivo, não apenas por sua proximidade topológica com os outros dispositivos (964 e 965), mas também porque regulam o mesmo direito (o direito subjetivo à repetição do pagamento indevido), reclama uma explicação unificada. Comparativamente, as regras sobre erro substancial invalidante (contidas nos arts. 86-91 do antigo Código) não apenas estão topologicamente distantes, mas tratam de outros tipos de posição jurídica ativa (o direito potestativo à anulação e o eventual direito subjetivo a uma prestação indenizatória). Se for possível identificar um programa normativo que possa justificar o conjunto de normas jurídicas original, expandido para incluir a norma contida no dispositivo do art. 970 do Código de 1916 (chamemo-lo PN_2, por conveniência), este programa normativo será uma melhor explicação dos arts. 964 e 965 do que PN_1. E de fato, a evolução da investigação doutrinária sobre o pagamento indevido na vigência do Código de 1916 produziu uma explicação melhor do que a oferecida por PEAAE.

A doutrina posterior ao Código, pouco impressionada com o posicionamento dos artigos que regulam o pagamento indevido no capítulo do Código dedicado ao pagamento e no título dedicado aos "Efeitos das Obrigações", logo percebeu que esses dispositivos (incluindo os arts. 964 e 965) não regulavam um aspecto da extinção de obrigações (o pagamento), mas sim

---

[243] Uma significativa parte da literatura sobre a inferência à melhor explicação (em geral) e sobre a abdução jurídica (em particular) ressaltam sua natureza comparativa. Peter Lipton, em seu importante trabalho sobre o tema, propõe que inferência à melhor explicação seja analisada em duas fases: uma fase de formulação das explicações plausíveis e uma fase subsequente de adjudicação entre as diversas explicações encontradas na primeira fase (*Inference to the best explanation*, 2. ed. Londres: Routledge, 2004, p. 148 e ss.)

CAPÍTULO 8 A INFERÊNCIA À MELHOR EXPLICAÇÃO E A AUTORIDADE DA DOUTRINA

o surgimento de uma nova obrigação. Não havia inicialmente absoluta clareza sobre a razão para que o pagamento indevido gerasse obrigações, afinal de contas as fontes obrigacionais tradicionais fundadas na vontade de se obrigar e na ação voluntária culposa não eram condições necessárias para o surgimento da obrigação de restituir. Como se sabe, o Código Civil brasileiro de 1916 não possuía uma cláusula geral que regulasse os casos de enriquecimento sem causa[244] e diversos tipos específicos de obrigação de restituir o que fora recebido sem causa eram regulados dispersamente naquele Código.

Mas a doutrina se adiantou ao legislador ao identificar, em colaboração com a jurisprudência, um programa normativo capaz de explicar os arts. 964, 965 e 970 (e, de fato, muitos dos outros dispositivos na Seção VII, que versa sobre o pagamento indevido), fundado na obrigação de restituir o enriquecimento sem causa.[245] Em apertada síntese, este programa normativo poderia ser identificado como derivando do Princípio da Conservação Estática dos Patrimônios (PCEP), segundo o qual uma transferência que ocorrer sem causa jurídica gera uma obrigação de restituir. A referência ao erro, no art. 965, neste contexto, visa apenas a excluir uma possível causa capaz de justificar a transferência, a saber, a *causa donandi* (i.e., a intenção de gratuitamente transferir patrimônio).[246] Ao mesmo tempo este programa normativo pode explicar por que o pagamento da dívida prescrita não gera a obrigação restituitória (conforme o art. 970). Como a prescrição não extingue a dívida, mas apenas a sua exigibilidade (a pretensão de direito material), em havendo pagamento, mesmo que por erro, de dívida prescrita, não se pode concluir que houve ausência de causa. A causa *solvendi* está presente também na dívida prescrita e, portanto, dá causa ao enriquecimento. A eficácia normal do pagamento (ou seja, a exoneração da dívida) se segue, portanto, do ato de pagamento de dívida prescrita, mesmo se praticado com erro substancial (lembre-se que o pagamento é ato-fato jurídico e, portanto, não está sujeito às regras sobre invalidade dos atos jurídicos).

Esta construção teve impacto significativo na doutrina e na jurisprudência anterior ao Código de 2002. Com base nela, introduziu-se a distinção

---

[244] Por opção consciente, ainda que equivocada, do autor do projeto, Clóvis Beviláqua (Do enriquecimento illegitimo: logar que se lhe deve assignalar nos Códigos Civis. *Revista Academica da Faculdade de Direito do Recife*, Recife: 1903, ano XI, p. 9.
[245] Um sumário desta evolução pode ser encontrado em MICHELON, Claudio. *Direito restituitório.* São Paulo: Revista dos Tribunais, 2007, pp. 15-35.
[246] Sobre as três "causas" centrais no Direito Privado (*credendi, donandi, solvendi*), vide PONTES DE MIRANDA, Francisco Cavalcanti. *Tratado de direito privado.* 2. ed. Rio de Janeiro: Borsoi, 1954, Tomo III, § 263, pp. 82-86.

entre "indébito objetivo" e "indébito subjetivo" cuja nomenclatura parece ter sido inspirada na doutrina e na jurisprudência de outros ordenamentos jurídicos, mas cujo conteúdo adquiriu contornos próprios no Brasil[247], onde a jurisprudência aceitou a tese de que pode haver pagamento sem que haja erro, em diversos casos específicos. Como a importância do art. 965 era simplesmente a de excluir a *causa donandi*, percebeu-se que outras razões podem levar a uma transferência de valor a título de pagamento de uma dívida inexistente, *mesmo em não havendo erro substancial*. Vários argumentos foram aduzidos pelos ministros do STJ em relação a contratos bancários procurando demonstrar que neles o *solvens* pode ser levado ao pagamento não apenas por erro, mas por medo de sanções extrajudiciais frequentemente utilizadas por bancos como a inscrição em cadastros de inadimplentes ou a prática de contatos telefônicos constantes por empresas de cobrança.[248] A matéria chegou a ser objeto da Súmula n. 322[249] do STJ. Estes argumentos fazem sentido se percebermos os dispositivos dos arts. 964 e 965 como sendo justificados pela necessidade de coibir o enriquecimento sem causa.[250]

Este segundo argumento abdutivo construído a partir dos arts. 964 e 965 para apoiar o programa normativo construído a partir de PCEP (PN_2) possui a mesma *forma* do argumento que havia sido construído para apoiar o programa normativo constituído a partir de PEAEE (PN_1):

(1) As normas contidas nos arts. 964 e 965 do Código Civil de 1916 são jurídicas.
(2) PN_2 *melhor justifica*, do ponto de vista substancial, as normas contidas nos arts. 964 e 965 do Código Civil de 1916.
Portanto, segue-se de (1) e (2) que:
(3) Há razão para agir em conformidade com PN_2.

---

[247] A distinção produzida pela doutrina italiana procura explicar a diferença entre os arts. 2.033 e 2.036 do Código de 1942. A diferença é entre o pagamento de dívida que inexiste não apenas em relação ao *solvens*, mas em relação a qualquer outro (o indébito objetivo) e o pagamento de uma prestação devida por terceiro (GALLO, Paolo. *Arricchimento senza causa e quasi contratti*: i rimedi restitutori. Torino: Utet, 1996, p. 144 e ss.). A distinção produzida pela doutrina francesa é similar.
[248] Por exemplo, Superior Tribunal de Justiça, Recurso Especial 331.416/RS, 3ª Turma, Rel. Min. Menezes Direito, j. 11.04.2003, *DJ* 02.06.2003, p. 295 e Recurso Especial 505.734/MA, 3ª Turma, Rel. Min. Menezes Direito, j. 20.05.2003, *DJ* 23.06.2003, p. 369.
[249] Súmula n. 322: "Para a repetição de indébito, nos contratos de abertura de crédito em conta-corrente, não se exige a prova do erro".
[250] Por exemplo, Superior Tribunal de Justiça, Recurso Especial 67.731/SC, 3ª Turma, Rel. Min. Sálvio de Figueiredo Teixeira, *DJ* 09.12.1997.

CAPÍTULO 8 A INFERÊNCIA À MELHOR EXPLICAÇÃO E A AUTORIDADE DA DOUTRINA

Como se vê, a diferença entre este argumento e o argumento anterior não é estrutural, mas diz respeito à verdade da segunda premissa em cada argumento: elas não podem ser ambas verdadeiras já que não pode ser verdadeiro que PN_1 e PN_2 sejam cada qual e exclusivamente, do ponto de vista substancial, a melhor justificativa para os arts. 964 e 965 do Código de 1916.

Poder-se-ia objetar que este tipo de explicação é incompleto. A conclusão desse argumento, como afirmamos acima, não é propriamente normativa, mas assevera a existência de razões para agir: o argumento dá *razões para crer* que haja uma *razão para agir*.

Uma justificativa completa teria de produzir um argumento para explicar por que haveria razão para agir de forma a implementar um programa normativo determinado quando este programa normativo fosse a melhor explicação de um certo conjunto de normas jurídicas. Um argumento deste tipo, todavia, não é necessário para que se compreenda a utilização da abdução jurídica pela doutrina.

De fato, parece haver um conjunto de argumentos diferentes (alguns dos quais são mutuamente excludentes) para tal conclusão: (i) argumentos em favor da coerência (ou, mais precisamente, de uma certa concepção de coerência) na aplicação do Direito;[251] (ii) argumentos fundados no valor da previsibilidade de decisões judiciais (e, consequentemente, do incremento da coordenação social); (iii) argumentos fundados no fato de que a comunidade política procurou proteger os bens consubstanciados em um determinado programa normativo, a partir da criação de certas regras gerais, são apenas alguns exemplos de tais argumentos.[252]

O que é relevante para compreender a atividade da doutrina é o fato de que, quaisquer que sejam essas razões, há uma grande convergência na prática do Direito em sistemas jurídicos ocidentais em considerar que há razões para agir de acordo com o programa normativo que melhor explica um dado conjunto de fontes do Direito.

Também não tem interesse (no presente contexto e, possivelmente, em geral), perguntar se o programa normativo que melhor explica certas normas contidas em fontes formais é ele mesmo, parte do Direito ou se,

---

[251] AMAYA, *The tapestry of reason*, p. 471 e ss.
[252] É possível que esta razão para agir surja apenas (ou surja com mais força) em relação àqueles que exercem funções "políticas" (paradigmaticamente o juiz), mas a existência de uma tal razão parece ser o que dá importância ao argumento abdutivo.

alternativamente, trata-se apenas de razões substanciais que surgem como resultado da positivação de certas normas jurídicas ($N_1, N_2, ... N_n$). O que importa é a prática convergente de tomar os programas normativos que subjazem a estas normas como a gerar, eles mesmos, razões para agir.

8.4. O Joio do Trigo

A excelência na utilização da abdução jurídica é, como vimos acima, apenas uma das propriedades que o doutrinador possui. Mais clareza sobre no que precisamente consiste esta forma inferencial oferece critérios que nos permitem diferenciar o doutrinador (cujo produto intelectual merece ser tratado como autoridade) de quem meramente escreve sobre o Direito (cujo produto intelectual pode, quando muito, ter algum valor didático para o neófito).

Em primeiro lugar, a inferência abdutiva depende da capacidade de identificar corretamente as fontes do Direito (o "texto") e interpretá-las de forma a identificar (*prima facie*) normas jurídicas. Como vimos acima, estas normas figuram nas premissas da inferência jurídica à melhor explicação. A identificação de fontes, em ordenamentos jurídicos complexos (como os ordenamentos ocidentais contemporâneos) não é uma habilidade trivial, mas apenas uma condição necessária, e não suficiente, para a excelência na produção de argumentos que utilizam a inferência à melhor explicação. Pode-se ser excelente em identificar fontes sem se ter atingido o mesmo grau de excelência como doutrinador.

A atividade interpretativa que permite extrair normas dessas fontes é, por sua vez, complexa e dinâmica, vez que pode ser, ela mesma, influenciada por argumentos modelados na inferência à melhor explicação. Ao identificar um programa normativo perseguido por um conjunto de normas, o argumento abdutivo retroalimenta o processo interpretativo (ao menos nos ordenamentos jurídicos que aceitam a interpretação teleológica da fonte do Direito).

Nem todo aquele que escreve (e publica) textos sobre o Direito possui a capacidade de interpretá-lo de forma a identificar normas capazes de figurar nas premissas de uma abdução jurídica. Nos casos em que a interpretação teleológica se faz necessária (por exemplo), a excelência no processo interpretativo depende da existência de uma habilidade intelectual que está no cerne da abdução jurídica: a habilidade de identificar e argumentar sobre os bens perseguidos por um determinado conjunto de normas jurídicas. Em outras palavras, a capacidade de identificar o *programa normativo* que melhor justifica um conjunto finito de normas.

CAPÍTULO 8 A INFERÊNCIA À MELHOR EXPLICAÇÃO E A AUTORIDADE DA DOUTRINA

De fato, a excelência na produção de inferências à melhor explicação no Direito não depende apenas da habilidade de extrair normas jurídicas dessas fontes por meio da interpretação. Como vimos acima, a abdução jurídica implica essa mesma capacidade de produzir concepções articuladas e suficientemente complexas do programa normativo subjacente a normas jurídicas.

Essa capacidade é o justo meio entre dois vícios intelectuais dos quais muitos escritores sobre o Direito padecem. De uma parte, o *quietismo* que reduz o escritor do Direito a um repórter das fontes e que o impede de produzir algo que tenha, nas palavras de Judith Martins-Costa mencionadas acima, "valor de orientação". O quietismo é uma condição intelectual que resulta (ou pode resultar) de diversos fatores, entre os quais merece destaque o limite na capacidade de imaginar conexões valorativas entre normas. Lembre-se que a inferência à melhor explicação, diferentemente do argumento dedutivo, é ampliativa: a conclusão contém mais do que o que existe nas premissas. Mais ainda, a construção da segunda premissa depende da capacidade de criar hipóteses plausíveis sobre as conexões valorativas entre um conjunto dado de normas.

No extremo oposto ao quietismo, encontra-se o *romantismo* que sugere conexões excessivamente abstratas entre, de um lado, as normas especificamente examinadas e, de outro, um determinado bem ou princípio. O bem ou princípio identificado por quem padece deste vício pode estar conectado às normas que constituem o seu *explanandum*, mas também poderiam estar conectados a outras normas, algumas das quais incompatíveis com as que se encontram nesse *explanandum*. A excessiva abstração não torna falsa a afirmação de que há uma conexão conceitual ou valorativa entre (i) as normas e (ii) o bem ou princípio, mas torna a conexão trivial. Como dito acima, a inferência à melhor explicação no Direito requer a articulação de um conjunto de princípios/bens/valores, julgamentos, conceitos e assunções fáticas de modo a produzir uma justificação substantiva para um grupo de normas jurídicas. O que se escreve sobre o Direito com a pena turvada pelo romantismo, portanto, também possui pouco ou nenhum "valor de orientação". O doutrinador, por outro lado, possui a capacidade de julgar o grau de complexidade e concreção necessários para produzir clareza sobre as razões para agir geradas pelo Direito em determinados contextos.

A natureza ampliativa da inferência à melhor explicação (em contraste com a inferência dedutiva) permite também que os argumentos sejam refinados. A conclusão de uma dedução é necessariamente implicada pelas premissas: no que diz respeito ao suporte dado pelas premissas à conclusão, o argumento dedutivo não pode ser aprimorado (ainda que, obviamente, deduções possam ser mais ou menos elegantes). A inferência à melhor explicação, por outro lado, pode ser mais ou menos cogente e, por esta razão, é possível refletir sobre, e refinar, a segunda premissa de argumentos produzidos anteriormente.

É possível reforçar esta cogência, por exemplo, por meio da identificação de outras normas jurídicas que também possam ser explicadas pelo programa normativo originalmente proposto. É possível também identificar normas que militem *contrariamente* à explicação por não serem facilmente acomodadas dentro do programa normativo originalmente proposto. Nestes casos, surge o ônus de (i) ou bem explicar por que a incapacidade de dar conta desta norma jurídica específica não diminui a cogência do argumento original, (ii) ou bem reformular o programa normativo originalmente proposto para acomodar a norma, (iii) ou bem abandonar o programa normativo original e partir em busca de outro que possa justificar as normas relevantes (nos termos descritos acima). Para tanto, o doutrinador deve ter desenvolvido não apenas a sua imaginação jurídica e um certo desapego aos resultados anteriores de sua atividade intelectual, mas uma capacidade refinada de perceber "familiaridade" entre normas jurídicas. Esta habilidade de perceber familiaridade entre normas jurídicas que não estão conectadas de modo óbvio não é, ela mesma, uma capacidade vulgar.

Esta capacidade de refinamento da inferência à melhor explicação não é restrita aos argumentos produzidos por um mesmo doutrinador. O mesmo processo de refinamento, reformulação e, por vezes, refutação é uma característica do empreendimento intelectual comunitário (mais do que meramente coletivo) que chamamos doutrina jurídica. A doutrina jurídica é uma *tradição de investigação racional*[253] e o sucesso neste tipo de prática social requer o engajamento apropriado com os programas normativos construídos por outros doutrinadores, sejam eles do passado, sejam eles contemporâneos. Entre os elementos essenciais de uma tradição de investigação racional encontram-se, por exemplo, (i) a necessidade de explicar o erro de concepções rivais sobre os programas normativos putativamente capazes de justificar um conjunto determinado de normas; (ii) uma explicação de como a concepção favorecida

---

[253] O conceito e seus elementos característicos, tomei emprestado de Alasdair MacIntyre (*Whose justice? Which rationality?* London: Duckworth, 1988, cap. 05, p. 80).

CAPÍTULO 8 A INFERÊNCIA À MELHOR EXPLICAÇÃO E A AUTORIDADE DA DOUTRINA

pelo autor não comete os mesmos erros das rivais; e (iii) uma explicação de como a concepção sugerida refina a *arché*[254] da investigação.

Aqui também há que se buscar o justo meio virtuoso entre dois extremos viciosos. De um lado, há o *solipsismo* de quem pretende encontrar as soluções para problemas jurídicos complexos sem qualquer engajamento com a tradição doutrinária. Este solipsismo por vezes se manifesta na forma de opiniões oraculares que só alguém que não se vê engajado em um empreendimento intelectual comum pode conceber como merecendo alguma autoridade. Outras vezes o solipsismo vem acompanhado de ingenuidade sobre os poderes intelectuais do autor, que procura produzir justificações racionais no vácuo.

De outro lado, há a *idolatria* de quem repete a opinião de outros sem submetê-la à análise racional. Frequentemente (mas não sempre) referências ao direito comparado no contexto de uma investigação doutrinária padecem deste mal. Os programas normativos propostos por outros para explicar um conjunto de normas são fetichizados e a tradição de investigação se enrijece. Para o doutrinador, esses programas normativos propostos por outros são apenas isto: propostas. Sua cogência, e a cogência dos argumentos que se fundam nelas, devem ser testadas, medidas e avaliadas. Se necessário, deve-se reformá-las ou abandoná-las.[255] Entre o solipsismo e a idolatria está o engajamento do doutrinador com as construções intelectuais dos que o precederam.

O ambiente intelectual no qual se insere o doutrinador contemporâneo (em especial, mas não exclusivamente, no Brasil) é inóspito à investigação doutrinária. É cada vez mais difícil ouvir a voz dos textos canônicos que constituem a espinha dorsal da tradição doutrinária em meio a cacofonia de vozes que instanciam um ou mais dos vícios intelectuais mencionados acima.

---

[254] A *arché* de uma tradição de investigação racional é uma certa concepção preliminar sobre o objeto da investigação. Esta noção é preliminar pois, se houvesse absoluta clareza sobre o objeto da investigação, não haveria nada a investigar. É uma marca da investigação racional saudável que as sucessivas formulações de investigadores apresentem uma versão progressivamente mais refinada da *arché* (vide MACINTYRE, Alasdair. *Whose justice? Which rationality?*, p. 80, e MACINTYRE, Alasdair. *First principles, final ends and contemporary philosophical issues*. Milwaukee: Marquette University Press, 1990, pp. 34-9).

[255] Estes não são os únicos vícios intelectuais que podem impedir a criação de doutrina jurídica, em sentido próprio. Por vezes, por exemplo, o investigador (mesmo aquele que é competente) pode ser afetado por uma certa "naturalização" de certas formas de pensar aspectos do direito positivo. O passado não se fetichiza de modo consciente, mas se reifica. Uma certa forma de ver a justificação de um conjunto de normas jurídicas se coisifica e se torna algo que não passa pela cabeça do investigador questionar.

Nesta situação, é urgente refinar e esclarecer a compreensão do que constitui a atividade doutrinária. A utilização da inferência à melhor explicação é um aspecto central desta atividade e, como procurei demonstrar acima, sua compreensão esclarece também outros aspectos centrais da doutrina. Em particular ela ajuda a identificar as virtudes do doutrinador, plantadas que estão no "justo meio" Aristotélico entre dois vícios intelectuais.

Maior clareza sobre o papel da abdução jurídica na doutrina me ajudou a compreender o projeto intelectual subjacente aos seminários da disciplina de Teoria Geral do Direito Civil que cursei em 1993. Nossos professores tentaram fornecer-nos as ferramentas que nos permitiriam participar do empreendimento intelectual comunitário que é a doutrina jurídica (com maior ou menor sucesso). O constante exame de clássicos, o treinamento para separar meticulosamente publicações que merecessem exame aprofundado de outras tantas publicações, a fertilização cruzada entre diversas disciplinas jurídicas e não jurídicas, o respeito às fontes do Direito, tinham por objetivo proteger-nos deste ambiente inóspito e permitir que, por nossas próprias forças, pudéssemos participar ativamente desse empreendimento.

CAPÍTULO 9
ILICITUDE E VONTADE NO *ESBOÇO*: TEIXEIRA DE FREITAS FILÓSOFO?

É corriqueiro encontrar na literatura sobre Teixeira de Freitas opiniões sobre seu relativo despreparo filosófico.[256] Não há quem duvide de seu conhecimento do direito romano,[257] de seu vasto conhecimento das fontes, ou de sua capacidade quase sobre-humana de impor ordem racional a conjuntos complexos de normas e conceitos jurídicos.[258] Tampouco há dúvida de que ele estudou e foi influenciado por muitos filósofos diretamente (e.g. Bentham,

---

[256] Sobre a falta de formação filosófica de Teixeira de Freitas, ver Nelson Saldanha 'História e sistema em Teixeira de Freitas' *Revista de Informação Legislativa* ano 22, n. 85 (Jan/Mar 1985), 237-256, p. 245-246. A opinião não é nova e foi expressa também por Clóvis Bevilaqua em seu conhecido 'Teixeira de Freitas' *Revista de la Universidad Nacional de Córdoba* Ano 4, n. 1, 1917, -. 45-61, à página 57. Por outro lado, houve quem, como o Barão de Penedo, pensasse ser Teixeira de Freitas um "jurisconsulto filósofo" (como reportado por Sá Vianna, *Augusto Teixeira de Freitas. Traços Biográficos* Rio de Janeiro: Typ. Hildebrandt, 1905).

[257] Moreira Alves fala da "sólida formação romanista" de Teixeira de Freitas (em Moreira Alves, José Carlos 'A formação jurídica de Teixeira de Freitas e seu espírito inovador' in Sandro Schipani (ed) *Augusto Teixeira de Freitas e il Diritto Latinoamericano* Padova: CEDAM, 1988. p. 19), apesar das faculdades de direito de São Paulo e Recife não possuírem cátedra específica a ensinar o direito romano antes de 1854. Aloysio Ferraz Pereira descreve a centralidade do direito romano no "quase mecânico" método de Teixeira de Freitas: escolher uma regra, instituto ou conceito do direito luso-brasileiro, compará-lo com seu "étimo jurídico" de Roma, submetê-lo à análise tecno-jurídica, lógica e semântica (Pereira, Aloysio Ferraz 'O uso brasileiro do direito romano no século XIX: papel de Teixeira de Freitas' in Sandro Schipani (ed) *Augusto Teixeira de Freitas e il Diritto Latinoamericano* Padova: CEDAM, 1988. p. 92). O próprio Teixeira de Freitas, como é sabido, ao ser acusado de "romanista" declarou em carta ao acusador, Caetano Alberto Soares, que "não podeis fazer maior honra do que chamar-me romanista."

[258] Como atestam Nelson Sandanha, op cit., 247 e Francisco dos Santos Amaral Neto (em 'A técnica jurídica na obra de Freitas, A criação da dogmática civil brasileira in Sandro Schipani (ed) *Augusto Teixeira de Freitas e il Diritto Latinoamericano* Padova: CEDAM, 1988, p 155 ss), Caio Mário da Silva Pereira (em 'A influência de Teixeira de Freitas na elaboração do Código Civil Brasileiro' *Revista da Academia Brasileira de Letras Jurídicas* v 1, n 1 (1985), p. 167), entre muitos outros.

Leibniz) e indiretamente (e.g. Kant, Descartes). Mas de todas as partes chegam avisos de que Teixeira de Freitas não foi filósofo, não possuía formação filosófica, não fez contribuição significativa à filosofia do direito. De fato, um olhar perfunctório sobre a sua obra já oferece evidência de que estes avisos estão bem fundados. As elucubrações de Teixeira de Freitas sobre as relações entre direito e moralidade, por exemplo, não são particularmente sutis ou originais[259] e, por vezes, sua utilização de ferramentas filosóficas é embaraçosa[260].

Pode parecer estranho, portanto, que alguém cujos interesses sejam primariamente filosóficos decida dispender esforço estudando – e mesmo escrevendo – sobre a obra de Teixeira de Freitas. Há, no entanto, boas razões para fazê-lo. Em primeiro lugar, porque a concepção de "filosofia jurídica" que subjaz aos avisos de pouca sofisticação na obra de Teixeira de Freitas não é particularmente feliz. De fato, há obscuridade e discordância (por vezes mais implícita do que explícita) sobre (i) em que consiste a forma de pensar o direito do *filósofo* e sobre (ii) como esta se relaciona com a forma de pensar o direito do *jurista*. O que está claro é que a filosofia do direito contemporânea não se reconheceria como uma atividade que procura atingir, nas palavras de Bevilaqua, as "alturas vertiginosas" não atingidas

---

[259] Sobre o tema das relações entre o direito e a moral, por exemplo, as afirmações de Teixeira de Freitas são por vezes imprecisas (e.g. "Nesta altura de vistas, é que se percebe a íntima união do Direito com a Moral, e ao mesmo tempo se pode conhecer em que ordem de ideias separam-se estes dois ramos da Ciência do bem.", em Teixeira de Freitas *Código Civil: Esboço* Rio de Janeiro: Typographia Universal Laemmert, 1860, nota ao artigo 445, p. 277, de aqui por diante, simplesmente *Esboço*), por vezes derivativas (e.g. na nota ao artigo 36 do *Esboço* afirma que o artigo expressa "a pedra angular de todo o Direito Civil que for legislado sobre a base da natureza humana", *Esboço*, nota ao artigo 36, p. 42) e, de modo geral, parecem ter pouco interesse em si mesmas.

[260] Por exemplo, no *Esboço*, Teixeira de Freitas argumenta que "A primeira proposição do raciocínio moral é a lei, a segunda é o ato que se quer praticar, e a conclusão mostra a conformidade ou discordância do ato com a lei. *Sabem todos que a falsidade de uma ou outra das duas proposições conduz necessariamente à falsidade da conclusão.*" (*Esboço*, nota ao artigo 445, p 294, itálicos nossos). O trecho em itálico eleva ao status de princípio lógico algo que é, na verdade, uma conhecida falácia (a chamada "falácia da falácia"). Em sua forma mais comum, a "falácia da falácia" deriva da falsidade de uma ou mais premissas de argumento, duas conclusões: (i) a de que o argumento atacado não suporta a conclusão (o que é correto), e (ii) a de que a conclusão do raciocínio atacado é, ela mesma, falsa (o que é logicamente incorreto). Tome o seguinte argumento: (P1) Todos os elefantes são vermelhos; (P2) A luz no semáforo que significa PARE é um elefante; (C) A luz no semáforo que significa PARE é vermelha. O argumento é formalmente válido, ambas as premissas são falsas, e a conclusão é verdadeira. Uma falácia da falácia consistiria, por exemplo, afirmar (corretamente) que é falso que "todos os elefantes sejam vermelhos" e concluir daí ser também falso que "A luz no semáforo que significa PARE seja vermelha."

por Teixeira de Freitas.²⁶¹ Em vez disso, a análise e o refinamento do ferramental conceitual que nos permite compreender melhor o direito se tornou, ao longo do último século, uma das atividades centrais do filósofo do direito – na tradição da filosofia analítica, talvez seja até mesmo *a* atividade central.²⁶² E há evidência abundante de que, nesse mister, a habilidade de Teixeira de Freitas sobejava. Como disse Nelson Saldanha, Teixeira de Freitas possuía "uma enorme capacidade de análise conceitual"²⁶³. O próprio Teixeira de Freitas parecia estar consciente dessa sua punção pela análise conceitual. Em sua carta de 1867 ao Ministro da justiça, Teixeira de Freitas afirmou que "Além disto, sem definir, sem distinguir, sem dividir, nunca me foi possível formular a parte imperativa das matérias".²⁶⁴ Talvez seja hora, portanto, de reavaliar o lugar comum de que a obra de Teixeira de Freitas não possui interesse filosófico.

Há, contudo, uma segunda razão que justifica o interesse filosófico no estudo da obra de Teixeira de Freitas. Trata-se da proximidade entre a atividade intelectual na qual Teixeira de Freitas atingiu um nível de excelência extraordinário – isto é, a análise conceitual – e uma das atividades intelectuais centrais dos filósofos do direito contemporâneos – notadamente, mas não exclusivamente, os filósofos analíticos. Isso deixa antever a possibilidade

---

[261] Bevilaqua, *op cit.*, p. 52

[262] Filósofos analíticos prezam de modo especial a clareza na apresentação de argumentos (em especial na sua utilização de conceitos) e a explicitação minuciosa de todas as premissas e inferências apresentadas em seus argumentos. Esta preocupação fez com que alguns métodos filosóficos tenham particular popularidade entre filósofos analíticos (ainda que não seja correto dizer nem que outros filósofos não empreguem estes métodos, nem que filósofos analíticos exclusivamente os empreguem). Em particular, filósofos analíticos frequentemente utilizam ferramentas de análise conceitual lógica para produzir e analisar teses e os argumentos que procuram suportá-las. A preocupação central é a de delimitar conceitos, esclarecer relações entre conceitos, introduzir novas distinções que possam iluminar seu objeto de estudo (seja ele o direito, a estética, a moralidade, o conhecimento, etc). Filósofos analíticos do direito procuram esclarecer tanto os conceitos gerais que utilizamos para dar conta da experiência jurídica ("norma jurídica", "dever jurídico", "direito subjetivo", etc) quanto conceitos relacionados a aspectos particulares da experiência jurídica ("responsabilidade", "causalidade", "constituição"). Obviamente que a preocupação com a clareza não é exclusivamente encontrada entre filósofos analíticos, mas esta profunda (e, para alguns, excessiva) preocupação é uma das marcas da filosofia analítica (para uma opinião similar, ver Michael Beany 'What is Analytic Philosophy? In M Beany (ed) *The Oxford Handbook of the History of Analytic Philosophy* (OUP: Oxford, 2013), p. 24-25.

[263] Saldanha, *op cit.* p. 246, nota 33.

[264] Teixeira de Freitas, A 'Carta de Teixeira de Freitas de 20 de setembro de 1867', publicada na *Revista de Direito Civil, Imobiliário, Agrário e Empresarial* Vol. 1 (1977), 364. O trecho discutido acima foi pinçado e discutido argutamente por Nelson Saldanha, op cit., p. 254.

de que, ao estudarmos a obra do jurista baiano, possamos aprender algo sobre modos em que a atividade intelectual do jurista pode se conjugar com a atividade intelectual do filósofo. Portanto, o interesse no estudo da obra de Teixeira de Freitas pelo filósofo não é apenas o de corrigir uma injustiça histórica na avaliação dessa obra, mas o de abrir uma janela que nos permita observar e refletir, sob uma perspectiva privilegiada, a respeito da conjugação da atividade do jurista com a atividade do filósofo. Tal perspectiva, porém, só pode ser obtida no estudo de problemas e conceitos particulares de interesse filosófico dos quais se ocupou Teixeira de Freitas.

O primeiro objetivo da presente contribuição é discutir uma particular, mas importante, constelação de conceitos jurídicos-filosóficos cuja compreensão é desenvolvida e refinada por Teixeira de Freitas a partir de sua reflexão sobre a noção de ato ilícito. Os pontos mais luzentes dessa constelação são os conceitos de "vontade", "liberdade", "intenção", "discernimento" e "imputabilidade". Teixeira de Freitas delineia relações entre esses conceitos com insuspeita sofisticação. Isso leva ao segundo objetivo do texto abaixo: oferecer subsídios para questionar a percepção dominante de que Teixeira de Freitas não foi filósofo e não fez contribuição significativa à filosofia do direito. Mas esse resgate biográfico é também um meio para atingir um terceiro objetivo, quiçá mais importante. Ao utilizar ferramental filosófico contemporâneo para refinar e discutir as relações conceituais desenhadas por Teixeira de Freitas, espera-se também identificar um modo importante pelo qual a investigação típica do filósofo e a investigação típica do jurista, mantendo o que é distintivo de cada qual, se relacionem de modo produtivo.

Minha estratégia para atingir esses objetivos é, em primeiro lugar, apresentar as linhas gerais do tratamento dado por Teixeira de Freitas no *Esboço* ao que hoje chamaríamos de "reponsabilidade civil" (parte 9.1) e, em segundo lugar, focar a atenção do leitor na relação entre *ilicitude*, *vontade* e *intencionalidade* no *Esboço* (parte 9.2).

9.1. Ato Ilícito no *Esboço*

O *Esboço* dedica um capítulo da parte geral (o Capítulo III, Título II, Sec. III, do Livro Primeiro) ao conceito de "ato ilícito" e um título inteiro do Livro Segundo (Seção III, Título V) às obrigações que resultam de atos ilícitos, mas seria impossível compreender adequadamente a noção de ilicitude que permeia o *Esboço* sem tomar em conta os artigos que dizem respeito aos fatos

CAPÍTULO 9 ILICITUDE E VONTADE NO *ESBOÇO*: TEIXEIRA DE FREITAS FILÓSOFO?

voluntários (em especial os artigos 431 a 451) e as notas que os acompanham. De fato, a concepção de ilicitude do esboço é construída a partir da noção de ato voluntário, o que explica por que Teixeira de Freitas não tenha tratado (para utilizar a terminologia Ponteana) do Fato Jurídico ilícito em sentido estrito ou do Ato-fato Jurídico. A ilicitude, para Teixeira de Freitas é uma propriedade da ação humana voluntária.

Essa concepção de "ilicitude" pode parecer, à primeira vista, trivial. Mas o fato de que outros, como Pontes, aceitam a existência de ilicitude em fatos *não voluntários* dá razão para crer que haja uma forma alternativa de conceber a ilicitude. De fato, há duas perspectivas diferentes a partir das quais uma teoria sobre a ilicitude civil pode ser construída: (a) ela pode ser pensada, primariamente, como uma teoria sobre como qualificar o comportamento de um *agente* ou, (b) por outro lado, pode ser pensada, primariamente, como uma teoria sobre as situações nas quais alterações na esfera de direitos de alguém podem gerar uma posição jurídica ativa para a pessoa afetada como, por exemplo, um direito a indenização. Em outras palavras, uma teoria da ilicitude pode ser primariamente focada no *agente* ou na *vítima*.

Pontes de Miranda oferece um exemplo paradigmático de teoria da ilicitude do segundo tipo.[265] A ilicitude, para Pontes de Miranda, decorre de uma *intervenção não autorizada na esfera de direitos de outrem*. Cada sujeito de direito possui uma "esfera de direitos" composta por todas as suas posições jurídicas ativas, ou seja, por seus direitos (subjetivos e potestativos), pretensões, ações de direito material e exceções de direito material. A ideia de uma "intervenção", para Pontes, não traz conotações de voluntariedade: um evento da natureza que destrói um determinado objeto, fazendo desaparecer o direito de propriedade sobre ele, intervém na esfera de direitos do proprietário. Qualquer evento que afete negativamente a esfera de direitos de alguém – ou seja, que destrua uma posição jurídica ativa daquele sujeito de direito – é uma intervenção. Por vezes, essas intervenções serão ações humanas e, nesses casos, será necessário também perquirir se a intervenção foi autorizada. Porém, a mera intervenção – e, em se tratando de intervenção voluntária, aquela não-autorizada –, não é suficiente para a caracterização da ilicitude: é necessário, para Pontes, que a intervenção gere uma obrigação de indenizar. Assim, o evento da natureza que destrói um objeto (como no exemplo acima) só contará como ilícito se dele decorrer uma obrigação de indenizar

---

[265] PONTES DE MIRANDA, Francisco Cavalcanti. Tratado de Direito Privado. Tomo II, § 164, item 1. São Paulo: Revista dos Tribunais, 1983, p 201-216.

(como ocorreria se o objeto estivesse assegurado ou, mais genericamente, nos casos de responsabilização por caso fortuito). Portanto, a teoria do ilícito civil, em Pontes de Miranda, diz respeito primariamente ao estudo dos fatos jurídicos dos quais surge uma obrigação de indenizar. Dentro desse estudo há, obviamente, um espaço considerável para aquelas situações que derivam de um ato voluntário (notadamente atos ilícitos, mas também, atos-fatos ilícitos), mas o foco da teoria Ponteana é a situação daquele que tem suas situações jurídicas subjetivas ativas alteradas contra (ou na ausência de) sua vontade: a "vítima" de um evento jurídico.

A concepção de "ilicitude" de Teixeira de Freitas, por outro lado, concentra-se no agente. Não há espaço para a ilicitude fora do contexto de uma ação voluntária. Por certo que determinados atos podem ser *objetivamente* ilícitos,[266] mas a ausência do elemento subjetivo da vontade faz deles meros fatos involuntários. Eles são atos ilícitos meramente na aparência. Como afirmou Teixeira de Freitas:

> "Uns e outros [i.e. atos lícitos e ilícitos] são considerados pelo seu lado objetivo, e pelo seu lado subjetivo. Objetivamente considerados, os atos lícitos são *prima facie* atos voluntários não proibidos e como tais devem produzir seus efeitos próprios; e os atos ilícitos também em sua aparência são fatos proibidos, e como tais são imputáveis a seus agentes. [...] Os atos que perdem seu caráter ostensivo de lícitos ou ilícitos, por não serem atos voluntários, entram na classe dos fatos involuntários de que trata o art. 434."[267]

Portanto, todos aqueles que Pontes consideraria fatos ilícitos em sentido estrito e atos-fatos ilícitos seriam ou bem "fatos exteriores" ou bem "fatos humanos involuntários" para Teixeira de Freitas.[268] Em qualquer caso, eles não seriam *ilícitos*.[269] É verdade que o *Esboço* utiliza a expressão "fato ilícito"

---

[266] *Esboço*, nota ao artigo 434 (p 268)
[267] *Esboço*, nota ao artigo 444 (p 274)
[268] *Esboço*, "Art. 432. Os fatos, ou são exteriores, ou fatos humanos. [...]". Os fatos humanos, por sua vez, são involuntários, ou voluntários, segundo o artigo 434 do *Esboço*.
[269] Alguma confusão pode ser causada ao leitor da edição do Esboço publicada pela editora da UnB, que contém um erro editorial no artigo 435. Na edição da UnB o artigo 435 diz: "Art. 435. Os fatos *involuntários* ou são atos lícitos, ou ilícitos. [...]" Esta redação não se coaduna com as definições de ato lícito em outros artigos e nas notas de Teixeira de Freitas ao *Esboço*. Na edição da Typographia Universal Laemmert de 1860, porém, fica claro que o texto correto é "Art. 435. Os fatos *voluntários* ou são atos lícitos, ou ilícitos. [...]"

CAPÍTULO 9 ILICITUDE E VONTADE NO *ESBOÇO*: TEIXEIRA DE FREITAS FILÓSOFO?

(art. 822), mas os elementos do conjunto designado por esta expressão são todos atos ilícitos.[270] Para o autor baiano, todo o ilícito é um ato.

O elemento subjetivo de todo o ilícito é, portanto, a vontade do agente. A análise da voluntariedade é central para a concepção de ilicitude de Teixeira de Freitas. E o autor baiano não desaponta. Suas notas ao *Esboço* contêm uma complexa e plausível teoria da voluntariedade, concebida como um ato mental que possui três características: é praticado por alguém que possui discernimento, é praticado intencionalmente, e é praticado livremente. A segunda parte desta contribuição se dedica a apresentar e analisar esta teoria da voluntariedade.

Em Teixeira de Freitas, o ilícito, como vimos, possui também um aspecto objetivo, manifesto na redação do artigo Art. 822, segundo o qual: "Nenhum fato voluntário (art. 445) terá caráter de fato ilícito (art. 444), se não for expressamente proibido por lei." A tipologia dos atos ilícitos, adotada pelo *Esboço*, é ligada diretamente a este elemento objetivo: "crimes/delitos" são os ilícitos proibidos simultaneamente pelos Códigos Penal e Civil (art. 824), "ofensas" quando são tão somente proibidos pelo Código Civil (Art. 825) e "faltas" quando proibidos pelo Código Civil (indiferentemente de se também proibidos pelo Código Penal), mas dependerem de obrigação pré-existente (art. 826). A distinção entre, de um lado, faltas e, de outro crimes/delitos e ofensas, não é clara no sistema do *Esboço*. Uma interessante sugestão recente de como compreender a distinção tem que uma ofensa corresponde a "noção de ação contra norma proibitiva"[271] e a falta como "omissão à norma imperativa".[272] Todavia, essa sugestão não se compatibiliza facilmente com dispositivos do *Esboço*. Tome-se, por exemplo, o art. 842, 6º. Segundo o qual "Art. 842. Haverá ofensa [...] 6º. Por dano procedido de animais (art. 390), [...] na pessoa do ofendido [...]". A norma é mais bem compreendida como uma norma imperativa que estabelece um dever para o dono do animal: o dever de agir de tal modo a prevenir que seu animal cause danos (previsíveis) a outrem. Portanto, a norma é imperativa. Tome-se, por outro lado, o artigo 844, que determina que:

---

[270] Essa utilização da expressão "fato ilícito" (como no artigo 822) pode, por vezes, gerar a impressão de que os elementos dos conjuntos designados pelas expressões "fato ilícito" e "ato ilícito" não sejam coextensivos (por exemplo, Fernando Rodrigues Martins parece sugerir isto em seu 'Os conceitos de Ilícito e dano na obra de Teixeira de Freitas: contribuições para a dogmática pós-moderna' *Revista Jurídica Luso-Brasileira* ano 5 (2019) n.1, pp. 811-849, p. 829.
[271] Martins, Fernando Rodrigues 'Os conceitos de ilícito e dano...' p. 833.
[272] Martins, Fernando Rodrigues 'Os conceitos de ilícito e dano...' p. 833-834.

844 Haverá falta:
1º. Quando o devedor não cumprir a obrigação.
2º. Quando a cumprir de forma irregular.
3º. Quando a cumprir fora do lugar próprio.
4º. Quando a cumprir fora do tempo.

A falta, nesses artigos, é definida a partir da noção de "descumprimento de uma obrigação". Todavia, o conceito de "obrigação" do *Esboço* também contém obrigações de não fazer (nos artigos 953 e 954). Essas obrigações são normas (individuais) de tipo *proibitivo*. Portanto, tanto a lista das ofensas contém normas imperativas quanto a lista das faltas compreende normas proibitivas.

Isso sugere que a distinção entre "ofensa" e "falta", conforme imaginada por Teixeira de Freitas, seja feita com base em outro critério. A relação das faltas com a noção de "obrigação" (palavra que, para Teixeira de Freitas, possui significado técnico exaustivamente explicado na seção I do Livro segundo do *Esboço*) sugere que a intuição de Teixeira de Freitas era destacar as peculiaridades do *inadimplemento* (faltas) em relação aos ilícitos que prescindem da pré-existência de relação obrigacional (crimes/delitos e ofensas). O critério básico para a distinção é, portanto, o fato de que, nos crimes/delitos e ofensas, ao contrário das faltas, os deveres violados não são parte de uma relação obrigacional privada pré-existente. Portanto, a distinção não diz respeito à natureza imperativa ou proibitiva das normas.

Além da (a) violação de proibição legal e do (b) ato de vontade do agente (cuja avaliação depende, em parte, dos critérios para imputação de culpa, nos termos dos artigos 827, 2º., 831, 832, 833 e 834), a caracterização do ato ilícito requer também que o ato tenha, nos termos do artigo 827, 1º. do *Esboço*, (c) "causado dano, ou outro ato exterior que o possa causar". Como é sabido, essa caracterização do dano como um elemento da ilicitude civil aparece também no artigo 186 do Código Civil de 2002.[273]

---

[273] Em que pese alguma insurgência contra a noção de que o dano é requisito da ilicitude civil, por exemplo, no intrigante argumento apresentado por Marinoni sobre a desnecessidade do dano para a tutela inibitória do ilícito, não está claro que seja possível identificar o que é particular da ilicitude *civil*, sem incorporar nela o conceito de dano. Mas o debate permanece aberto e, infelizmente, nos limites do presente artigo, não é possível enfrentar o problema com a vagar que ele demanda (ver MARINONI, Luiz Guilherme. 'Tutela inibitória e tutela de remoção do ilícito' *Revista da Academia Brasileira de Direito Processual Civil*. Disponível em: <www.abdpc.org.br/abdpc/artigos/Luiz%20G%20Marinoni%282%29%20-%20formatado.pdf>. Acesso em 14 de maio de 2022;

CAPÍTULO 9 ILICITUDE E VONTADE NO *ESBOÇO*: TEIXEIRA DE FREITAS FILÓSOFO?

Diversos aspectos da arquitetura conceitual e normativa elaborada por Teixeira de Freitas para dar conta da ilicitude civil são dignos de nota e análise. Todavia, o ponto central desta construção é sua tentativa de organizar e relacionar regras e conceitos esparsos em diversas fontes (no direito romano, nas ordenações, na legislação comparada) a partir de uma concepção complexa de "ato voluntário". A partir de sua concepção de "ato voluntário", Teixeira de Freitas procurou compreender a noção de "culpa" (*Esboço*, arts. 827, 2º., e 831), as excludentes de culpa (*Esboço*, arts. 832 e 833), as relações entre o ato ilícito e o ato jurídico lícito, a distribuição de carga probatória entre autor e vítima (*Esboço*, art. 3630), entre tantos outros desafios enfrentados por civilistas. E é nesta concepção de "ato voluntário" que encontramos não apenas a pedra angular de seu sistema de ilicitude, mas também sinais mais claros de sua insuspeita competência filosófica – e, por extensão, da natureza filosófica da atividade do civilista.

9.2. O Ato Voluntário como Pressuposto da Ilicitude no *Esboço*

A) "Voluntariedade" e "intencionalidade" para o filósofo e para o jurista

Para o jurista, assim como para o filósofo, é fundamental determinar em que condições uma ação pode ser considerada voluntária ou involuntária. Para o filósofo, a voluntariedade é parte de uma explicação para certas intuições morais vastamente compartilhadas, em particular intuições sobre imputação de responsabilidade e sobre circunstâncias de exculpação. De modo similar, para o jurista, a voluntariedade é uma parte central da explicação de diversas normas e conceitos sobre imputação e exculpação que encontramos nas fontes de direito de diversos ordenamentos jurídicos. Não é surpreendente que muitas de nossas intuições morais se encontrem formuladas (em forma "universal") em nossas fontes de direito; não é surpreendente, portanto, que muitas das soluções produzidas por filósofos para explicar intuições morais compartilhadas tenham tanto em comum com as soluções encontradas por juristas em suas tentativas de explicar as normas e conceitos que lhes compete explicar.

---

ver também Martins-Costa, A linguagem da responsabilidade civil. In: BIANCHI, José Flávio; MENDONÇA PINHEIRO. Rodrigo Gomes de; ARRUDA ALVIM, Teresa (Coords.). *Jurisdição e Direito Privado: Estudos em homenagem aos 20 anos da Ministra Nancy Andrighi no STJ* São Paulo: Revista dos Tribunais, 2020, p. 399-400).

É importante notar que, como acontece com diversos outros conceitos, a capacidade de fazer julgamentos sobre a voluntariedade de uma ação determinada não depende da habilidade de explicar satisfatoriamente o conceito de "voluntariedade". A maior parte dos falantes competentes de português emprega palavras como "verde", "veículo", ou "cadeira" de modo perfeitamente competente, demonstrando a habilidade de utilizar corretamente os conceitos que a utilização correta das palavras pressupõe, sem que possam necessariamente ser capazes de explicar tais conceitos. Nos julgamentos morais que fazemos no cotidiano, frequentemente empregamos o conceito de "voluntariedade" (por exemplo, quando utilizamos expressões como "foi sem querer" ou "fiz isto só por reflexo") de modo competente. Da mesma forma, juristas utilizam competentemente diversos mecanismos introduzidos nas fontes ao longo dos séculos para identificar, por exemplo, déficits de voluntariedade nas ações ("o contrato foi assinado sob coação", "o agente é inimputável"). Por vezes, essa competência no emprego de um conceito é suficiente para os fins específicos da investigação particular na qual o jurista está engajado. Mas nem sempre será assim.

Há boas razões para buscar uma explicação satisfatória sobre o que seja voluntariedade de uma ação. Em primeiro lugar, nem sempre o emprego de um conceito ocorre sem percalços. Há situações em que não está claro se algo conta como um objeto "verde", ou como um "veículo", ou como uma "cadeira". Nessas situações, uma explicação satisfatória sobre o conceito pode ajudar a determinar a correção de um determinado juízo. Em segundo lugar, uma explicação satisfatória pode nos ajudar a perceber outras situações, até o momento insuspeitas, nas quais juízos sobre a voluntariedade seriam apropriados. Em parte, isso se deve ao fato de que a utilização de conceitos – em especial de conceitos normativamente carregados, como o conceito de voluntariedade – ajuda a perceber déficits de coerência em nossas estruturas jurídicas[274]. Se (i) a involuntariedade da ação φ é uma razão para excluir a imputação de responsabilidade ao agente, e (ii) se a ação ψ é indistinguível da ação φ sob o ponto de vista de uma explicação correta da involuntariedade,

---

[274] A utilização da coerência como padrão de racionalidade jurídica é, por certo, controverso. Enquanto Joseph Raz, entre outros, argumenta que considerações sobre a coerência são normativamente inertes (em Raz, J 'The Relevance of Coherence' in J Raz *Ethics and the Public Domain* Oxford: OUP, 1994, pp. 277-325), Neil MacCormick, entre outros, defende suas credenciais racionais (e.g. em MacCormick, N *Legal Reasoning and Legal Theory* Oxford: OUP, 1978, pp. 152-194). Amalia Amaya produziu a melhor e mais compreensiva discussão sobre da utilização da coerência na argumentação jurídica de que tenho notícia (Amaya, Amalia *The Tapestry of Reason* Oxford: Hart, 2015).

então (iii) há também uma razão para excluir a imputação de responsabilidade ao agente que pratica ψ.[275]

É fácil perceber, portanto, por que um jurista como Teixeira de Freitas, com amplo conhecimento das fontes, ao se propor a elaborar um projeto de código civil, tenha procurado produzir uma teoria articulada sobre o que seja um ato voluntário. Uma tal teoria poderia desvelar a conexão entre as diversas fontes de Direito que inspiraram diferentes dispositivos tanto do *Esboço* quanto da *Consolidação* e apontar na direção de aperfeiçoamentos que tornem as regras codificadas mais coerentes.

É verdade que a noção de "voluntariedade" é ubíqua no direito privado ocidental do século XIX, mas o papel que lhe deu a doutrina é mais frequentemente o de explicação do que o de objeto de estudo. É notório que, durante o império do chamado "dogma da vontade", as explicações frequentemente remetiam à voluntariedade de uma ação; mas tomar a voluntariedade como um *objeto* de explicação foi – e é – empreendimento menos comum entre os juristas. De fato, Teixeira de Freitas deixa transparecer no *Esboço* sua frustração com o fato de que Savigny não teria explorado adequadamente as possibilidades abertas por uma teoria adequada da voluntariedade. A tal falta o jurista baiano creditava o que reputava serem erros na concepção de invalidade de Savigny.[276] No *Esboço*, e em particular nas notas ali contidas, Teixeira de Freitas toma para si não apenas a tarefa de explicar como a vontade se relaciona aos fatos exteriores, aos fatos involuntários, aos atos lícitos e ilícitos, mas também a de explicar a própria noção de voluntariedade.

B) A ação voluntária em Teixeira de Freitas

Mas como Teixeira de Freitas concebe a ação voluntária? Segundo o artigo 445, 2º. do *Esboço*, para que um fato possa ser qualificado como um fato voluntário, três condições devem estar satisfeitas: (i) o agente deve possuir discernimento, (ii) o agente deve ter agido intencionalmente e (iii) o agente deve ter

---

[275] Esta é uma formulação modesta da relevância da coerência na argumentação jurídica, uma vez que infere da coerência não mais do que uma razão *pro tanto* para agir. Versões mais fortes derivam razões excludentes (em maior ou menor grau) e até mesmo razões conclusivas (como parece sugerir Dworkin) da coerência.

[276] Teixeira de Freitas crê que a invalidade pode ser explicada a partir de uma ideia suficientemente sofisticada da voluntariedade, e que Savigny, que não explicou bem a voluntariedade, acabou por aceitar que os atos inválidos são voluntários. Como resultado, Savigny teria acabado por atribuir a invalidade do ato jurídico a uma "ilicitude". (ver *Esboço* nota ao artigo, 445, pp. 281-282). Voltaremos ao ponto na abaixo.

agido com liberdade.²⁷⁷ Os três elementos não são conceitualmente independentes (por exemplo, a falta do discernimento no agente implica que sua ação não tenha sido intencional), mas cada qual pode ser analisado separadamente.

O primeiro elemento da ação voluntária é o discernimento, ou "capacidade de conhecer". O discernimento é uma *faculdade* – ou, talvez, conjunto de faculdades – do agente, sem a qual é impossível formar uma intenção de agir. Há agentes que, por uma razão ou outra, não possuem essa *faculdade* de direcionar suas ações intencionalmente como ocorre, por exemplo, "nos primeiros anos da idade dos agentes".²⁷⁸ Se o agente não possui essa capacidade, nenhuma voluntariedade pode ser atribuída a sua ação, já que a *intenção* não pode se formar. O *Esboço* lida com a presença de discernimento a partir de uma série de presunções, sendo a mais importante delas a presunção geral de que todos os agentes têm discernimento.²⁷⁹ Em relação aos atos ilícitos, o *Esboço* não contém presunção mais específica que afaste a presunção geral, mas Teixeira de Freitas esclarece que o artigo 10 § 1. do Código Penal vigente à época criava a presunção de ausência de discernimento nos primeiros anos de vida (presunção esta que, Teixeira de Freitas parece crer se estende também ao ilícito civil).

Note-se aqui que Teixeira de Freitas vê na ação voluntária algo mais do que a um mero *desejo* expresso pelo agente. Como é notório, um agente imaturo é perfeitamente capaz de desejar e expressar seus desejos, mas, por não possuir discernimento, não é capaz de ação voluntária. A formação da intenção implica algo mais do que o mero desejo. O filósofo Michael Bratman, em seu trabalho seminal sobre intencionalidade, tratou dessa irredutibilidade da intencionalidade ao mero desejo. Segundo ele, em opinião hoje largamente aceita, uma teoria da intencionalidade deve ser capaz de dar conta de um aspecto da intencionalidade que não é redutível a um desejo, mesmo que seja o desejo estável e predominante: é necessário para que se possa falar de ação intencional que o agente tenha um certo comprometimento com o curso de seu agir.²⁸⁰

Se Bratman estiver correto, a distinção postulada por Teixeira de Freitas entre possuir a *faculdade* de formar intenções (o discernimento) e a *formação*

---

²⁷⁷ A estas três condições subjetivas, agrega-se a condição objetiva de existência de um ato exterior pelo qual a vontade se manifeste, nos termos do *Esboço*, artigo 445, 1o.
²⁷⁸ *Esboço*, nota ao artigo 445, p. 286-287.
²⁷⁹ *Esboço*, nota ao artigo 445, p. 285.
²⁸⁰ Bratman, Michael *Intention, Plans, and Practical Reason*, Cambridge, MA: Harvard University Press, 1987, pp. 18 e ss.

da intenção de praticar uma determinada ação φ ajuda a compreender por que crianças podem (i) ter desejos estáveis de praticar a ação φ, (ii) praticar a ação φ, mas, ainda assim não terem a *intenção* de praticar a ação φ (e, portanto, a *vontade* de φ). Se o sistema cognitivo do agente não é suficientemente desenvolvido, o tipo de comprometimento com o curso de ação que Bratman pensa ser condição necessária da ação intencional não é possível: o agente não saberia com o que está se comprometendo e, talvez nem mesmo, o que signifique se comprometer. Em suma: um dos modos pelos quais uma ação pode ser não intencional é a falta de capacidade de comprometimento com a ação, comprometimento este que não pode existir sem que o agente possua a faculdade do discernimento.

Esse aspecto de comprometimento da ação voluntária é claramente capturado por Teixeira de Freitas, em sua concepção de ação intencional. Se o *discernimento*, primeiro elemento da ação voluntaria, indica uma faculdade, a *intenção*, seu segundo elemento, é "a tendência ou direção da vontade esclarecida pelo discernimento para esse fato que exteriormente se manifestou".[281] Em outras palavras, a intencionalidade é o exercício daquela faculdade.[282] Nas extensas notas ao artigo 445, fica claro que a intencionalidade é concebida como um evento mental específico[283] que precede temporalmente o ato exterior. Ali se lê que: "Todo o ato é precedido de um juízo

---

[281] *Esboço*, nota ao artigo 445, p. 288.

[282] *Esboço*, nota ao artigo 445, p. 287-8.

[283] O debate filosófico sobre a questão de ser ou não a "intenção" um evento mental específico tem ocupado intensamente a filosofia, desde a publicação de *Intention* de Elisabeth Anscombe (Oxford: Blakwell, 1958). Anscombe, Donald Davidson (antes de 1978) e, mais recentemente, Michael Thompson, defenderam a tese segundo a qual a intencionalidade não corresponde a um evento mental específico. "Intencional" seria, nos termos de Davidson (antes de 1978) um termo "sincategoremático", ou seja, um termo que não corresponde a um objeto ou evento específico. A posição mais comum hoje (incluindo a de Davidson, após 1978) é de que "intencionar" corresponde a um evento mental específico (Davidson, Donald 'Intending' in *Essays on Actions and Events* Oxford: Oxford University Press, 1980, pp. 83 ss). O problema que se viu na tese seria sua incapacidade de explicar o terceiro dos três problemas centrais da filosofia da intenção (i.e., explicar (i) o que significa dizer que uma ação é intencional; (ii) determinar a intenção específica do agente em uma ação e (iii) explicar intenções para o futuro que ainda não correspondem a nenhuma ação). Para Davidson, a tese de que não há um ato mental específico de "intencionar" seria incapaz de lidar com o último problema. A discussão persiste na filosofia contemporânea, na qual há quem, como Thomson, negue ser possível a pura intenção (Thompson, Michael *Life and Action* Cambridge/Ma: Harvard University Press, 2008, em especial p. 91-2 e 133 e ss). Se ele está correto, a retratação de Davidson teria sido desnecessária.

moral formado na consciência de um agente, e este mesmo juízo é o que se faz na imputação quando julgamos atos alheios."[284]

Mais ainda, a relação não é apenas temporal, mas também causal. O juízo moral que ocorre na mente é a *causa* do movimento orgânico em que consiste o "ato exterior" referido no artigo 445, 1º. Isso é afirmado diversas vezes nas notas ao artigo 445, como por exemplo na seguinte passagem:

> "[...] nem sempre os atos humanos, isto é, o movimento orgânico com todas as suas consequenciais exteriores, são um efeito da vontade esclarecida pelo discernimento, ou que podia ser esclarecida. Muito bem. O ato que não for efeito da vontade esclarecida, ou que se podia esclarecer, pelo discernimento, é para mim um ato praticado *sem intenção*. No caso contrário o ato é praticado *com intenção*."[285]

Mas o que seria este "juízo moral"? Tanto para esclarecer este conceito que é tão diretamente ligado ao de ação intencional no *Esboço* quanto para esclarecer outros aspectos do conceito de intencionalidade que Teixeira de Freitas procura desenvolver, é útil lançar mão de ferramentas conceituais desenvolvidas pela filosofia da ação contemporânea. Em particular, a teoria da intencionalidade produzida por Donald Davidson em 1963[286] lança luz sobre a intuição filosófica que Teixeira de Freitas procura explicar por referência a este "juízo moral" e, consequentemente, facilita também a tarefa de avaliar as limitações da concepção de intencionalidade do autor do *Esboço*. Para Davidson, a ação intencional é aquela que pode ser explicada a partir do que chamou de uma "razão primária". Uma razão primária possui dois elementos, (i) uma crença de que uma determinada ação possui uma determinada propriedade e (ii) uma "atitude favorável" a ações que possuem aquela propriedade. Assim, a ação "chamar um taxi nos próximos 5 minutos" é intencional se

> (i) eu creio que ela possui uma certa propriedade como, por exemplo, a crença de que "chamar o taxi nos próximos 5 minutos" (ação) "torna mais provável que eu chegue a tempo do início do concerto" (propriedade) e

---

[284] *Esboço*, nota ao artigo 445, p. 294.
[285] *Esboço*, nota ao artigo 445, p. 293.
[286] Davidson, Donald 'Actions, Reasons, and Causes' *Journal of Philosophy* 60 (1963), Republicado em Davidson, Donald *Essays on Actions and Events* Oxford: Oxford University Press, 1980, pp. 3-20 (edição utilizada para este trabalho).

(ii) Eu tenho uma "atitude favorável" (a *"pro attitude"*) em relação a ações que tem a referida propriedade (ou seja, uma atitude favorável a ações que "tornem mais provável que eu chegue a tempo do início do concerto).

Esta "atitude favorável" não é necessariamente, para Davidson, uma convicção moral ou mesmo uma preferência consciente. Ela cobre "não apenas traços de caráter permanentes que se refletem nos comportamentos de toda uma vida, tais como o amor aos filhos, mas também o mais passageiro dos desejos".[287] Portanto cabem na noção de "pro attitude" desejos, quereres, ímpetos, suscetibilidades, várias opiniões morais, princípios estéticos, preconceitos econômicos, aderência a convenções sociais e objetivos e valores públicos e privados.[288] Note-se que, em contraste com Teixeira de Freitas, não há aqui um tipo de "ato mental" específico que subjaz a todas estas atitudes; um ato mental de "intencionar". Como viu-se na nota 28 acima, a partir de 1978, Davidson passa a crer que talvez haja de fato um ato mental único que consiste em "intencionar" ou "formar uma intenção" e que não seja redutível à uma razão primária conforme descrita acima. Como explicado naquela nota, nem todos se convenceram com a retratação de Davidson e há aqueles que ainda preferem a análise da intencionalidade brevemente descrita acima com base na noção de razão primária. De qualquer modo, independentemente de seu mérito filosófico, a explicação da intencionalidade com base na ideia de razão primária é perfeitamente adequada para dois fins: (i) é uma ferramenta analítica que ajuda a compreender a noção de intencionalidade e de voluntariedade que subjaz (ou que deveria subjazer) aos apontamentos de Teixeira de Freitas no *Esboço* e, indiretamente (ii) ajuda a perceber como as atividades do jurista e do filósofo podem ser integradas.

Uma teoria da intencionalidade capaz de explicar satisfatoriamente a forma como Teixeira de Freitas emprega a noção de "intencionalidade" em sua discussão do ato ilícito deve ser capaz de lançar luz sobre três aspectos da concepção de "intencionalidade" esposada no *Esboço* e sobre como estes três aspectos se relacionam, quais sejam: (a) o conteúdo motivacional do ato voluntário, (b) a relação entre intencionalidade e o que Teixeira de Freitas chama de "juízo moral" e (c) a relação entre intencionalidade, erro (ou ignorância) e imputabilidade do ato ilícito.

---

[287] Davidson, *Actions, Reasons, and Causes*, p. 4 (minha versão ao português)
[288] Davidson, *Actions, Reasons, and Causes*, p. 4

Sobre a relação entre "intenção" e "ação", Teixeira de Freitas faz um conjunto de afirmações pouco claras. Ele afirma ser a intencionalidade uma "tendência ou direção da vontade".[289] Essa direção da vontade, por sua vez, é "esclarecida pelo discernimento". O discernimento é tanto a "capacidade de conhecer em geral" quanto "a faculdade que fornece motivos à vontade em todas as suas deliberações".[290] Mas como poderia o *conhecimento* direcionar a ação? Muitos dos fatos que conhecemos não fornecem qualquer motivo para agir. Eu sei que há uma foto da minha família em um porta-retratos na minha mesa de trabalho. A foto estar onde está, no entanto, não oferece normalmente qualquer motivo à minha vontade para fazer o que quer que seja.

Talvez por essa razão, Teixeira de Freitas relaciona este conteúdo "motivacional" com a existência de um "juízo moral" que antecede a ação. Com isso, o autor do *Esboço* identifica um *tipo de conhecimento* que julga ser capaz de motivar a vontade: o conhecimento sobre o valor normativo da ação. Conforme afirma,

> "Em presença de certas ações, a razão de cada um as qualifica logo como boas ou más, como justas ou injustas. A ideia do bem e do mal, do lícito e ilícito aplica-se imediatamente ao movimento orgânico que é a realização exterior do ato: tal é o ponto de partida em todos os casos de imputabilidade.[291]

Portanto, o aspecto do discernimento que se realiza na formação de uma intenção diz respeito a qualidades normativas da ação a ser praticada: ser ela boa ou má, lícita ou ilícita. Como vimos, para Teixeira de Freitas, "todo o ato é precedido por um juízo moral formado na consciência de um agente". Mas aqui surge outra perplexidade: se a intencionalidade é o exercício de minha capacidade de discriminar entre ações boas e más, como é possível que eu tenha agido intencionalmente se eu concluir *erroneamente* que uma determinada ação é boa? Em outras palavras, em que sentido minha capacidade de discriminar entre o bem e o mal (ou entre o lícito e o ilícito), pode ter sido "aplicada" quando meu juízo sobre o valor da ação é falso? Aquele que pensa ser sempre correto mentir para obter algum proveito pessoal fez um juízo sobre o valor de uma ação, mas esse juízo não foi a atualização de sua

---

[289] *Esboço*, nota ao artigo 445, p. 284.
[290] *Esboço*, nota ao artigo 445, p. 284.
[291] *Esboço*, nota ao artigo 445, p. 289.

capacidade de discriminar entre o bem e o mal da ação. Teixeira de Freitas, em sua discussão da voluntariedade, se preocupa em separar, de um lado, a existência de intencionalidade em uma ação e, de outro, o fato de ser a intenção do agente boa ou má.[292] Ou seja, o "juízo moral" ao qual ele se refere pode ocorrer mesmo quando ele não está empregando seu discernimento. Como Teixeira de Freitas deixa claro, para ele, "moralidade", por vezes, não tem como contraponto "imoralidade", mas sim a *ausência* de um juízo normativo. Se assim não fosse, o ato ilícito que, para Teixeira de Freitas, está proximamente relacionado a ato imoral, seria involuntário (algo que o jurista baiano patentemente rejeita). Portanto, o relevante para a existência da intencionalidade não é o fato de ser o agente capaz de identificar *corretamente* o valor de uma ação, mas sim sua capacidade de fazer e responder apropriadamente a juízos avaliativos. Quem age intencionalmente deve ser capaz de perceber um curso de ação *qua* valioso e de ser motivado a praticar a ação por esta percepção. É essa habilidade que, nas palavras de Teixeira de Freitas, faz com que a intenção possa ser a "causa" da ação exterior praticada pelo agente.[293]

Por fim, Teixeira de Freitas procura determinar o impacto jurídico da inexistência de intencionalidade em uma ação. Ao fazê-lo, seu foco é quase exclusivamente na ação causada por erro ou ignorância sobre fatos.[294] Seu ponto de partida é sua insatisfação com a tese, (que, como vimos acima, ele atribui a Savigny) segundo a qual todo o ato causado por erro ou ignorância do agente é voluntário.[295] Teixeira de Freitas considera que um ato praticado por erro ou ignorância do agente pode, sim, resultar em involuntariedade (por lhe faltar intencionalidade) e, consequentemente, excluir a imputação. É nessa relação entre erro, intencionalidade e imputação que repousa sua ambiciosa tentativa de produzir uma concepção geral do erro/ignorância que permita explicar tanto o impacto do erro na imputabilidade do ato ilícito quanto o seu impacto na invalidade dos atos lícitos. Todavia, a concepção de erro apresentada nas notas ao artigo 445, e nos artigos 454, 464 e 465 do *Esboço* (que contêm definições de erro de fato e de

---

[292] Entre outras passagens, Teixeira de Freitas distingue as duas possibilidades quando afirma que "No juízo sobre os atos ilícitos temos, pois estas três conclusões possíveis: 1o. falta de intenção. 2o. Intenção. 3o.s intenção maléfica, ou direta." (*Esboço*, nota ao artigo 445, p. 295)

[293] *Esboço*, nota ao artigo 445, p. 288

[294] À discussão do erro e da ignorância se segue uma brevíssima, e confusa, discussão da ação praticada sem liberdade (que, como vimos acima, é um dos elementos da voluntariedade) no *Esboço*, nota ao artigo 445, p. 300-301).

[295] *Esboço*, nota ao artigo 445, p. 281-282.

ignorância de fato, e as noções relacionadas de "fato principal e "fato acessório") não é de todo clara. Uma fonte de obscuridade (entre outras) é a relação postulada por Teixeira de Freitas entre a intencionalidade da ação praticada por erro ou ignorância e a escusabilidade deste erro ou ignorância.

Segundo o artigo 454 do *Esboço*:

> Art. 454. Haverá *ignorância de fato*, quando os agentes não tiverem absolutamente sabido do que existia ou não existia, ou do que podia acontecer, em relação ao fato que foi causa principal da determinação da vontade. Haverá *erro de fato*, quando supuserem verdadeiro o que era falso, ou falso o que era verdadeiro, também em relação ao fato que foi causa principal da determinação da vontade.

A definição de "erro", portanto, supõe uma representação mental equivocada da realidade sobre algo. Mas o que é esse algo? O dispositivo esclarece que a representação mental equivocada diz respeito "ao fato que foi causa principal da determinação da vontade". Essa explicação, no entanto, não é clara. Qual é o fato que "foi causa principal"? O artigo 465 procura esclarecer o que seja este fato em relação ao ato ilícito:

> Art. 465 Entender-se-á por *fato principal que constitui o ato ilícito*, aquele que essencialmente o caracteriza segundo a sua qualificação legal; e não qualquer outro circunstancial ou acessório, sem o qual o ato ilícito pode existir.

Para ilustrar, tomemos um ato ilícito "típico" como o furto. Aqui, um erro sobre ser o bem alheio ou não, por exemplo, pode ter 'determinado' a minha vontade de subtrair um bem que, na verdade, pertencia a outrem. Mas a definição de *fato principal que constitui o ato ilícito* não explica em que consiste essa "determinação" da vontade do agente. A chave para compreender essa noção parece repousar na noção de "intencionalidade".

Além disso, como antecipado acima, Teixeira de Freitas crê ser a escusabilidade do erro uma condição para considerar a ação praticada por erro como involuntária (por lhe faltar intencionalidade).[296] O artigo 466 articula essa escusabilidade como um requisito de que o estado de erro ou ignorância não

---

[296] O artigo 466 articula essa escusabilidade como um requisito de que o estado de erro ou ignorância não tenha resultado de negligência ou imprudência do agente.

tenha resultado de negligência ou imprudência do agente, mas são as notas ao artigo 445 que deixam explícita ser a escusabilidade do erro um requisito para que a ação possa ser considerada intencional:

> "Se os agentes obraram sem ter ciência destes resultados previstos, e sem poder tê-la nos limites da atenção do espírito humano, ou por ausência completa de conhecimento, ou por um engano ou equívoco; a ignorância ou erro são escusáveis, *não há intenção nos atos*. [itálicos no original]. [297]

Portanto, "intencionalidade" em Teixeira de Freitas não designa um estado mental *simpliciter*, mas um estado mental que possui certas *características normativas* (i.e., um estado mental ao qual se chegou sem culpa). Como entender a complexa relação que Teixeira de Freitas propõe entre as diferentes relações do estado mental "intencionalidade" com diferentes aspectos normativos? O esquema analítico produzido por Davidson é útil tanto para melhor entender estas relações quanto para compreender o conteúdo motivacional da intencionalidade e sua relação com o que Teixeira de Freitas chamou "juízo moral".

Como vimos acima, considerar uma ação como *intencional* significa explicá-la a partir da razão primária que levou o agente a agir.[298] Nessa razão primária, existem dois elementos, quais sejam, (a) a convicção sobre uma certa ação possui uma certa propriedade e (b) uma atitude favorável ou desfavorável a estas propriedades. O primeiro elemento resulta do exercício de uma capacidade cognitiva do agente que atribui certas propriedades a uma determinada ação e o segundo é o exercício da capacidade de considerar algo (no caso, a propriedade que se crê ser parte da ação) como sendo *valioso*.

No *Esboço*, a razão pela qual o erro e a ignorância têm o condão de excluir a intencionalidade reside na sua relação com o primeiro elemento da intencionalidade. No erro, o agente atribui uma determinada propriedade à ação que esta, na verdade, não possui; na ignorância, deixa de atribuir uma propriedade que a ação, na verdade, possui. O problema aqui é a crença do agente sobre a ação ser falsa. Pensemos no exemplo acima, em que o agente toma para si um objeto móvel que crê ser seu, mas que, na verdade, pertence

---

[297] *Esboço*, nota ao artigo 445, p. 294.
[298] Há, obviamente outros modos de explicar a mesma ação. Ela pode ser explicada como moralmente boa, ou como esteticamente bela, ou como causada por certas forças físicas ou sociais. Parte do ponto de Davidson é que explicar da ação *qua* ação racional significa explicá-la a partir de uma razão primária.

a outrem. Nesse caso, o agente obviamente não teve a intenção de furtar o objeto; a crença em relação à qual ele possui uma atitude favorável é a de que a ação "tomar o objeto" possui propriedade de "tomar o que é me pertence". Sua atitude favorável diz respeito a uma ação que possui tal propriedade e não, por exemplo à propriedade de "tomar o que pertence ao outro".

Para que se caracterize o ato ilícito, Teixeira de Freitas crê ser necessário ter a intenção de praticá-lo. Mas o erro que importa para o jurista não é um erro sobre toda e qualquer propriedade da ação possa ter e, em relação à qual, ele tem uma atitude favorável. Importam para o jurista apenas os erros sobre as propriedades da ação que são elementos essenciais da ilicitude do tipo de ato que se praticou. Entre as propriedades do ato que constitui o furto, por exemplo, é necessário que o bem que se toma pertença a outrem. Aquele que considera, erroneamente, ser *seu* o bem tomado de outrem não tem a intenção de praticar um ato ilícito. Isso ajuda a compreender o texto do artigo 464 do Esboço, segundo o qual:

> Art. 464. Tratando-se de *atos ilícitos*, a ignorância ou erro de fato só excluirá a responsabilidade dos agentes, provando-se que versava sobre o *fato principal que constitui o ato ilícito*. (itálicos no original)

Portanto, em termos de sua razão primária, o agente que pratica o ato ilícito deve ter uma atitude favorável a ações que possuem todas as propriedades que, tomadas em conjunto, tornam a ação ilícita. Note-se que não é necessário que o agente tenha também a crença de que estas propriedades tornam a ação ilícita: como a ignorância da lei não escusa (de acordo com os artigos 456 a 458 do *Esboço*), não é necessário ter o agente uma má intenção (a intenção de agir de modo sabidamente ilegal). Até aqui, a teoria da intencionalidade fundada em razões primárias oferece uma articulação mais refinada da concepção de intencionalidade que subjaz às relações que o *Esboço* traça entre intencionalidade, ilicitude e erro/ignorância. Mas Teixeira de Freitas adiciona um elemento inesperado à sua concepção de intencionalidade: uma ação praticada por um agente que está em erro sobre o fato de que a ação praticada possui o conjunto de propriedades que a tornam um ato ilícito pode ser considerada intencional se o erro não é escusável. Teixeira de Freitas não deixa qualquer dúvida sobre o fato de que, em relação à ilicitude, a inescusabilidade do erro implica a existência de intencionalidade. Mas a escusabilidade ou não do erro não parece ser, em si mesma, um evento mental (como a formação de uma opinião, ou um desejo). É, sim, uma

CAPÍTULO 9 ILICITUDE E VONTADE NO *ESBOÇO*: TEIXEIRA DE FREITAS FILÓSOFO?

avaliação sobre as ações que precedem ao estado mental no qual o agente crê que algo é verdadeiro ou falso. São tais ações negligentes? São imprudentes? Em outras palavras, deveria o agente ter tomado mais cuidado ao formar sua opinião sobre algo?

Aqui o esquema explicativo gerado a partir da razão primária ajuda a perceber Teixeira de Freitas como um filho de seu tempo. O esquema demonstra que a escusabilidade é uma consideração de outra ordem (de ordem normativa) que não versa sobre o evento mental que Teixeira de Freitas considera ser a intenção, mas sobre outros eventos (as ações ou omissões que precedem o "juízo moral") e das quais resulta a crença que constitui o primeiro elemento da razão primária. Mas procurar reconduzir todas as estruturas normativas do direito privado a um aspecto da vontade é precisamente a agenda que domina o direito privado ocidental durante boa parte do século XIX e, nesse ponto, Teixeira de Freitas não destoa. O que é peculiar em Teixeira de Freitas é sua insatisfação com os privatistas que utilizam o conceito de "voluntariedade" sem se preocuparem com explicar o conceito analiticamente. Como vimos acima, chega a demonstrar impaciência com Savigny – jurista por quem tem profunda admiração – por este não ter sido capaz de explicar adequadamente por que o erro vicia o ato lícito. Para Savigny (ou, ao menos, para o Savigny de Teixeira de Freitas), o que vicia o ato praticado com erro é a sua "imoralidade", não sua involuntariedade.[299] Nesse seu apreço pela delicada análise conceitual reside a característica central do jurista-filósofo Teixeira de Freitas.

Mas, como vimos, a análise da intencionalidade a partir da noção de razão primária não condiciona a intencionalidade à diligência do agente na formação da crença que constitui o primeiro elemento da razão primária. O esquema conceitual de Davidson permite ver que as ações ou omissões que levaram o agente a formar uma representação mental da realidade não são parte do que constitui a intencionalidade da ação. E como vimos também, para Teixeira de Freitas, a escusabilidade é um requisito da intencionalidade – não apenas da imputabilidade. Dessa tensão entre a análise da intencionalidade pelo filósofo e a análise da intencionalidade pelo jurista, ambos investidos da tarefa de análise conceitual, há talvez uma lição mais geral sobre as diferenças e possíveis colaborações entre a análise filosófica e a análise jurídica.

---

[299] *Esboço* nota ao artigo, 445, pp. 281-282.

A análise filosófica da intencionalidade ajuda a perceber que a solução encontrada por Teixeira de Freitas para explicar a relação entre escusabilidade do erro e imputação (ou seja, que a escusabilidade é uma condição necessária para haver intencionalidade e que a intencionalidade é, por sua vez, uma condição necessária para a imputação de ilicitude) confunde razões de tipo diferente (descritivas e normativas) que, mais importante, versam sobre objetos diferentes. Mas em que isto ajuda ao jurista? Deveria o jurista renunciar ao requisito de escusabilidade no erro ou talvez mesmo abandonar integralmente a ideia de explicar os atos jurídicos a partir da intencionalidade?

Aqui é importante manter à vista as preocupações que orientam o trabalho do jurista. Quando Teixeira de Freitas inclui a escusabilidade do erro como uma condição para afastar a imputabilidade da ação, ele dá voz a um aspecto da tradição jurídica ocidental. Essa construção jurídica, por sua vez, responde à percepção de muitos juristas de que considerar o mero erro (i.e., a representação mental equivocada da realidade) como condição *suficiente* para excluir a imputação, seria uma solução inadequada, pois a extensão do conceito de "imputação" seria subinclusivo (i.e., o conjunto de todos os casos em que haveria imputação não incluiria casos que o jurista considera que, intuitivamente, deveriam ser incluídos, como aqueles em que a representação mental equivocada resulta de negligência do errante). Essa intuição do jurista não é idiossincrática. Ao contrário do filósofo que, ao tratar da intencionalidade, só precisa dar conta de um conjunto de intuições sobre o modo como utilizamos o conceito, o jurista é (e deve ser) sensível a considerações normativas. No presente caso, considerações a favor de considerar que deve ser imputada ao errante a responsabilidade pelo erro na formação da intenção, se esse erro resulta de sua própria negligência ou imperícia.

O que importa aqui não é a tese de que a escusabilidade seja a forma correta de alargar o conjunto de casos em que as consequências do erro são imputáveis ao errante. De fato, nas últimas décadas, juristas têm discutido se a recognoscibilidade do erro (por outrem) seria o melhor modo – talvez de modo complementar à escusabilidade, talvez de modo substitutivo – de articular a intuição de que a mera representação mental equivocada da realidade não é suficiente para excluir a imputação do ato.[300] De fato, uma parte

---

[300] Ana Kliemann, em sua excelente dissertação de mestrado, mapeia a hesitação entre escusabilidade e recognoscibilidade no próprio Min Moreira Alves, a quem incumbiu redigir a parte geral do projeto de Código Civil do qual surgiu o Código Civil de 2002. Kliemann, Ana Carolina O Erro Invalidante na Dogmática do Negócio Jurídico, Dissertação de Mestrado defendida na Universidade Federal do Rio Grande do Sul, 2006, p. 102, disponível em https://www.lume.ufrgs.br/bitstream/handle/10183/7686/000553759.pdf?sequence=1

CAPÍTULO 9 ILICITUDE E VONTADE NO *ESBOÇO*: TEIXEIRA DE FREITAS FILÓSOFO?

significativa da doutrina contemporânea considera que o artigo 138 do novo Código Civil, que trata exclusivamente dos negócios jurídicos (e não de atos ilícitos), teria abandonado o critério da escusabilidade em favor da recognoscibilidade do erro pelo destinatário da declaração de vontade como fator limitador da possibilidade de limitar a imputar a negócio ao errante.[301] O que importa é notar que o *explanandum* do jurista inclui um conjunto de intuições *normativas* que estão, frequentemente, expressas em dispositivos legais. O filósofo ajuda a perceber que a solução sugerida no *Esboço* não é satisfatória, mas o problema que levou Teixeira de Freitas a articular sua solução para o problema da subinclusividade da imputação dos atos viciados de erro não desaparece. Seja porque o jurista permanece responsável por explicar as fontes de Direito nas quais estas intuições normativas estão depositadas, seja porque muitas destas intuições são parte da cultura jurídica ocidental, o jurista não pode abandonar o problema sem abandonar sua vocação. Por isso, o problema da intencionalidade para o jurista é visto como parte da solução para um problema fundamentalmente normativo sobre como repartir responsabilidades, riscos, ônus entre as partes de uma relação jurídica determinada. Os ônus do filósofo da ação são diferentes: trata-se para ele de explicar nossas intuições – frequentemente refletidas no nosso uso da linguagem – sobre juízos intencionais.

Jurista e filósofo compartilham parte de sua metodologia e, mais importante, há um grande espaço para colaboração entre eles. Mas suas tarefas permanecem distintas e, portanto, os critérios para avaliar suas teses e teorias (i.e., as explicações, mais ou menos complexas, que elaboram) são, também, distintos.

9.3. Conclusão

Na introdução da presente contribuição, três objetivos foram delineados. Em primeiro lugar, procurava-se apresentar a teoria da ilicitude contida no *Esboço*, buscando esclarecer pontos que podem oferecer dificuldades ao leitor de Teixeira de Freitas. Para esclarecer os pontos mais obscuros da concepção de ilicitude, seria necessário investigar em mais detalhe as noções de "voluntariedade" e "intencionalidade" e, para fazê-lo, antecipava-se,

---

[301] Entre os quais o próprio ministro Moreira Alves, em Moreira Alves, José Carlos *A Parte Geral do Projeto de Código Civil Brasileiro* São Paulo: Saraiva, 1986, p. 111.

seria útil discutir em mais detalhes concepções contemporâneas de intencionalidade. Daí decorria um segundo objetivo: oferecer subsídios para questionar a percepção dominante de que Teixeira de Freitas não foi filósofo e não fez contribuição significativa à filosofia do direito. Talvez o filósofo analítico contemporâneo encontre mais causa comum com Teixeira de Freitas do que poderia antecipar aquele que, como Bevilaqua, concebe a filosofia de modo mais exageradamente grandioso e misterioso. Em terceiro lugar, ao utilizar ferramental filosófico para refinar e discutir a utilização do conceito de "intencionalidade" por Teixeira de Freitas, esperava-se apresentar ao leitor um modo no qual o tipo de investigação típica do filósofo e o tipo de investigação típica do jurista, mantendo o que é distintivo de cada qual, pudessem se relacionar de modo produtivo.

As considerações feitas neste texto não exaurem a apresentação da teoria da ilicitude de Teixeira de Freitas. Também não oferecem uma análise compreensiva das razões favoráveis ou desfavoráveis à tese de que o autor do *Esboço* possuiu insuspeito talento filosófico. E a forma de pensar a relação entre a atividade do filósofo e a atividade do jurista discutida na última seção é apenas delineada e não exaustivamente discutida. E mesmo essa relação não é apresentada como o único tipo de relação possível entre estas duas formas de investigação. Assim, o presente texto talvez levante mais problemas do que resolva.

Mas talvez isso não seja algo ruim.

Um vício intelectual comum na academia jurídica – inclusive na brasileira – é a pressa em oferecer soluções para problemas sobre os quais ainda não se tem suficiente clareza. Tornar mais complexa a nossa compreensão de um problema não é tarefa fácil, nem tarefa da qual devamos nos incumbir sozinhos. Se as considerações acima forem capazes de contribuir para uma concepção mais complexa da teoria da ilicitude de Teixeira de Freitas, de suas habilidades filosóficas, ou das diferenças e complementaridades entre formas de investigação típicas de filósofos e juristas, elas justificam levar o texto a público. Em King Lear, o Conde de Kent, irritado com a impertinência de Oswald, ameaça: "I will teach you differences". Entre juristas e filósofos, o imperativo de auxiliar uns aos outros a perceber as sutis diferenças conceituais que se escondem nas nossas intuições e fontes do direito não é uma ameaça, mas uma promessa.

NOTA EXPLICATIVA

Os textos publicados neste volume foram originalmente publicados em revistas nacionais, internacionais, e livros. A lista abaixo contém a informação bibliográfica da publicação inicial, na língua original.

Michelon, C (2002) Um Ensaio sobre a Autoridade da Razão no Direito Privado 21 *Revista da Faculdade de Direito da UFRGS*, p. 101-112.

Michelon, C (2012) Fundamentos Econômicos e não-Econômicos do Direito do Consumidor in *Trinta Anos de Brasil: Diálogos entre Direito e Economia*. (São Paulo: Saraiva).

Michelon, C (2012) The Public Nature of Private Law? In *The Public in Law* (Aldershot: Ashgate), p.195-206. A tradução foi originalmente publicada em *Estudos de Direito Privado e Processual Civil em Homenagem a Clóvis do Couto e Silva* J Martins-Costa and V de Fradera (Orgs), São Paulo, editora Revista dos Tribunais, 2014.

Michelon, C (2013) The Public, The Private, and the Law in C. MacAhmlaigh, C. Michelon, N. Walker (eds) *After Public Law* (Oxford: Oxford University Press), p. 83-100.

Michelon, C (2014) The Virtuous Circularity: positive law and particular justice 27(2) *Ratio Juris*, p.271-287.

Michelon, C (2018) What has Private Law ever done for Justice? 22(3) *Edinburgh Law Review*, 329-346. A tradução foi originalmente produzida para o o volume *Direito, Razão Prática e Justiça. Homenagem a José Reinaldo de Lima Lopes*. Luís Fernando Barzotto e Leonel Cesarino Pessoa (Orgs), ainda no prelo.

Michelon, C (2019) A inferência à melhor explicação e a autoridade da doutrina in *Direito, Cultura, Método*. Beck Varela, L.; Correa, A.R.; Santana Fernandes, M.; Monteiro Nitschke, G; Pargengler, M.; Benetti, G.V. (eds) Rio de Janeiro: GZ Editora, p. 3-26.

Michelon, C (2022) Primary Duty = Secondary Duty? In Haris Psarras Sandy Steel (eds) *Private Law and Practical Reason* (Oxford: Oxford University Press), p 227-242.

Michelon, C (2023, no prelo) Ilicitude e Vontade no Esboço: Teixeira de Freitas, Filósofo? M Fernandes, Luca Giannotti, J Martins Costa, Pietro Webber (eds) *Augusto Teixeira de Freitas: Humanismo, Sociedade e Sistema* (GZ editora).